WHAT WILL CHINA OFFER THE WORLD IN ITS RISE

THE BELT AND ROAD INITIATIVE

## 習近平主席が提唱する
## 新しい経済圏構想

# 「一帯一路」詳説

中国人民大学教授 王 義桅 ワン・イーウェイ [著]

日中翻訳学院 川村明美 [訳]

日本僑報社

**寄稿**

# 素晴らしき春の到来告げる

## 葉小文
### 中央社会主義学院第一副院長、党組書記

長期的な大戦略を立てるならば、今の世界を読み解くだけでは不十分だ。必要なのは今の中国を理解することである。

## 世界から見ると

ルネッサンス以降、近代の大国経済の発展は、いずれも工業化や都市化を基本モデルとして、石炭、石油・天然ガスなど再生不能資源を大量消費する必要と、市場・資源を常に拡大させる必要とを伴うものであった。近代、西側世界はその台頭の過程で、これらの需要を満たすために、海軍の増強や土地の占領、奴隷化などで資源を奪い取ってきた。こうした行為は近代以降の西側世界の繁栄につながったが、一方で世界のほかの国々の恨みを募らせることにもなった。現在、中国は世界最大の発展途上国として、すでに四十年近くにわたり急速な発展を続けている。ではこれから先はどう進んでいくのか。当然、対外的に資源ニーズと市場ニーズは継続して増えていくだろう。今日の中国は、これらのニーズをどう満たしていくのか。

2015年9月28日、国連演説の中で習近平国家主席はこう明確に指摘した。「われわれは開放・革新、包容・互恵の発展のビジョンを手に入れる必要がある。2008年に起きた世界的な経済金融危機は、利潤追求を放任すれば新たな危機を誘発することになるというわれ

われへの警告だ。道徳に欠けた市場では世界の繁栄と発展という巨大な建造物を支えることは難しい。富む者はますます富み、貧しい者はますます瀕する状態は長くは続かず、正義にももとるものである」。そして「すべての者がともに発展してこそ真の発展であり、持続可能な発展こそよき発展だ」として、「このほど閉幕した国連持続可能な開発サミットで2030アジェンダが採択された。われわれはこのコミットメントを行動に変えて、人々が欠乏から逃れ、発展を手にし、尊厳を享受する光り輝く未来をともに創り上げなければならない」と呼び掛けた。

## 中国から見ると

　まず、西へ目を向けてみよう。中華民族の歴史的輝きは、かつて世界の地政学の枠組みが「ランドパワー」政治を中心的権力としていたことにある。ユーラシア大陸間をつなぐ紐帯であったシルクロードはまさにこの歴史的輝きの描写である。所得平均の差ゆえに、市場ニーズは中国東部から新疆や中央アジア諸国へと階段状を呈している。また所得水準によって市場ニーズにいくらか違いが生じる。例えば、中国東部市場は所得水準の向上に伴って、百元単位の製品（服飾や小型家電）、千元単位の製品（大型家電）、万元単位の製品（コンピューター、旅行など）、十万元単位の製品（自動車や住宅など）といった段階的な大規模な需要が生まれ、これらに見合った産業が中国で育っていった。こうした産業は市場規模の巨大さゆえに生産規模も極めて大きくなり、規模の経済によるコスト優位性が生まれた。だが市場が飽和し、需要のピークが過ぎると、今度はその生産能力を生かす新たな市場を探さねばならなくなった。中国東部沿海の一部産業を西部に移転するチャンスをつかみ、政府の指導と調整の下、中央アジア地域に市場があるそれらの製品の産業を政策の優遇によって後押しする。そして生産基地を新疆に移し、三年か

ら五年の間に中央アジア市場向けの製造業基地をつくる。これは中国と中央アジア地域との貿易や経済取引拡大にとって原動力となり、同時に新疆の発展にもつながる。

　次に、東に目を向けてみよう。中国というこの堂々たる大国には平和的発展が求められる。東側では「第二列島線」を突破し、西側では戦略的に西進しなければならない。

　中国の大戦略はどうあるべきか。すなわち、東への開放を拡大すれば東から財源がよりもたらされ、西への開放を拡大すれば西からエネルギーがよりもたらされ、双方に開放を拡大すれば「左右逢源（万事順調に運ぶ）」になる。

　では、「開放・革新、包容・互恵」と「双方への開放」の道をどう進めばよいのか。

　中国は政治、外交、経済・社会の発展の全局にかかわる重大な戦略的決定を打ち出し、開放を拡大して有利な周辺環境を生み出す新たな重大な取り組みを実施した。すなわち「シルクロード経済ベルト」と「21世紀海上シルクロード」の建設である。例えるなら、この「一帯一路」は中国という大鳳（伝説のおおとり）にさらに二枚の翼を差し込むことであり、建設が完成すれば大鳳はさらに遠くまで羽ばたくことができるだろう。

　中国人民大学国際関係学部教授で、重陽金融研究院シニアフェローの王義桅氏は、この一時代の変化を敏感に感じ取った。「シルクロード経済ベルトと21世紀海上シルクロードの共同建設推進のビジョンと行動」の公表から三週間後に、王氏は人民出版社から本書を世に送り出した。本書は中国国内初の「一帯一路」研究の専門書である。「一帯一路」戦略を知りたいと切望していた国内外の多くの読者にとって、まさに天からの贈り物といえよう。本書は全編にわたって「一帯一路」発展戦略がもたらす周辺外交、地域協力、全世界発展などのチャンスについて鋭く論じ、チャンスに伴う政治、安全保障、経済、道徳、法律などのリスクに対し弁証と分析を行っ

5

ている。またこの戦略に対して人々が抱く疑問や誤解について、マクロ的視点と理論面から解釈と訂正を試み、権威性を持たせている。これは非常に高度かつ簡潔な優れた理論書である。

　王義桅氏はかつて中国駐EU使節団の外交官の職にあり、複数のシンクタンクで特約研究員を務めている。喜ばしいことに本書は、英語、アラビア語、ペルシャ語、韓国語、日本語、中国語繁体字版などで相次いで出版されるという。21世紀のシルクロードの物語を語り、「一帯一路」と運命共同体理念を伝える最初の書となるだろう。

　本書では中国の夢と世界の夢とをつなぐ「一帯一路」の手法を体系統的に分析し、「世界が中国を育て、中国が世界に報いる」という主題を際立たせている。結びで「一帯一路」を中国の国際協力イニシアチブおよび公共財と位置付けている点に大いに賛同し、本書の中で総括している「一帯一路」という中国の知恵は十分評価に値する。実際、海外メディアも気付き始めているようで、例えば韓国の「中央日報」は以前こう分析していた。囲碁の世界では、もし相手の手筋に引っ張られれば、それはすなわち敗北を意味している。中国はできる限りアジアの舞台で米国との対決を避けようとしている。もし米国がアジアに集中すれば、中国はこっそりとアジアから手を引き、世界に進出するだろう。西洋のチェスの狙いは相手のキングを手に入れることにある。つまり完全に勝利に狙いを定めたゲームなのだ。逆に囲碁は、相手より多くの陣地を確保して、比較優位を追求するものである。西側の軍事理論は、人口密集地域の首都や経済の中核施設に対する攻撃や防御を強調している。しかし、囲碁は周辺から中央を包囲する戦略を重視する。習主席の「一帯一路」戦略構想は、「三辺通中央必勝」に基づくものだ。これは三辺を使い各自が中央を通れば必ず勝利を手に入れられるという囲碁打法である。従って、もしアジア、ヨーロッパ、アフリカの三大陸を「一帯一路」計画によって接続すれば、必ず勝利を収められるはずだ。

本書の内容をまとめると以下のようになる。

　政策の意思疎通、インフラの接続、貿易の円滑化、資金の融通、民心の通い合いの「五通」に代表される相互接続によって、真の包括的グローバル化を実現することは、すでに21世紀のメインテーマになっている。米国化というグローバル化の継続が難しい今、中国が提起した「一帯一路」の偉大なイニシアチブは、古代シルクロードの中国化、時代化、大衆化である。「シルクロード」の概念はドイツの地理学者リヒトホーフェンによって1877年に打ち出された。米国は2011年、アフガニスタンからの軍の撤退をきっかけに「新シルクロード計画」を提起。これに対し中国は中国独自色の強い概念である「一帯一路」を用いて、中国の財産権を反映させた。「一生二、二生三、三生万物（道は一を生み、一は二を生み、二は三を生み、三はあらゆるものを創りだす）」の理念を受け継いだ「一帯一路」が語るのは、「千里の道も一歩から」の思想であって、単なる一本のベルト、一本のロードを指しているのではない。リヒトホーフェンのシルクロード（silk road）が用いる「ロード」も単数であるが、実際の古代シルクロードが茶葉のシルクロードや香料のシルクロード、磁器のシルクロード、南方シルクロードなど複数本あったことからすると、本来はsilk roadsとすべきだろう。「シルクロード経済ベルト」の概念は中国の改革開放で培われた「点から線へ」、「線から面へ」などの経験の外延である。各種経済回廊によって経済ベルトを形成し、海上経済回廊とともに陸海連動の体系的効果を生み出すものだ。では「21世紀海上シルクロード」はどう提起するか。21世紀の港湾改造や航路の高度化・改良をどのように実現するかを強調するために、海上輸送能力の向上だけでなく、「人海合一（人と海が一つになる）」を成し、陸上シルクロードが掲げる「天人合一（人と天が一つになる）」との呼応を図るべきだ。「21世紀海上シルクロード」は「21世紀」に価値がある。すなわち、これまでのグローバル化のリスクを効果的に回避し、「人海合一」

の調和と共生の持続可能な発展という新型海洋文明を創始するという表れである。拡張、衝突、植民地化という西側列強の古い海洋進出のやり方に走るのでも、米国の海洋覇権に対抗する悪の道に進むのでもない。

「一帯一路」の建設は、経済建設、政治建設、文化建設、社会建設、エコ文明建設の「五位一体」理念を遵守し、持続可能な発展という人類の新文明（グリーン・シルクロード）を創始しなければならない。「経済ベルト」の概念はいわば地域経済協力モデルに対する革新であり、その中の中国・モンゴル・ロシア経済回廊、新ユーラシア・ランドブリッジ、中国・中央アジア経済回廊、バングラデシュ・中国・インド・ミャンマー（BCIM）経済回廊、中国・インドシナ半島経済回廊、海上経済回廊などの経済回廊は、経済成長拠点から周辺に波及するという点で従来の開発経済学理論の考え方を超えたものだ。中国は世界最大の貿易国であるが、非同盟政策を取り、海上の覇者である米国と新型大国関係を築くことを提起している。これにより中国は、21世紀海洋協力の新理念を提案し、新たな海運、物流、安全保障協力モデルを生み出し、コンセッションや港湾共建などの方法で海上と陸上のシルクロードをつなげることが求められている。

　王義桅氏は年若い教授であるが、後生畏るべしである。牽引性の高いこの専門書は、さらに掘り下げた研究を引き出し、百家争鳴を誘い、21世紀のシルクロードの新たなページをともに開くことだろう。

寄稿

# 「一帯一路」が始まる偉大な時代

隆国強

**国務院発展研究センター副主任**

2014年、中国共産党中央対外連絡部が組織した中国共産党代表団に随行して英国に赴き、第七回中英政党対話に参加した。代表団は当時対外連絡部副部長であった洪君氏を団長に、団員は関連部委員会のリーダーや専門家で構成されていた。代表団で唯一大学から参加していたのが、中国人民大学の王義桅教授だった。この道中で見た彼の勤勉さと頭の回転の速さが強く印象に残っている。

何日か前に本書を手にした。軽く目を通すつもりが、その分析に引き込まれ、夢中になってページをめくった。情報があふれた今の時代、一体一年間にどれだけの本が出版されるのか想像もつかないが、その無数の出版物の中からどうやってこの一読に値する書を発掘できたのか不思議でならない。「一帯一路」に関心を持つ同僚にぜひとも薦めたいと思っている。

本書を推薦する理由はいくつかある。

まず、本書のテーマが重大な戦略的意義を持つことだ。2013年秋、カザフスタンを訪問した習近平国家主席は、ナザルバエフ大学での講演で「シルクロード経済ベルト」の建設を提唱した。続くインドネシアでは「21世紀海上シルクロード」の建設を提起し、「一帯一路」イニシアチブは国際社会から幅広い関心と熱烈な反響を集め、国内外のメディアにも大きく報じられた。「一帯一路」は今後の世界経済貿易の枠組みに大きな影響を与えるとみられる。そうなれば

国内外の人々はその戦略的意義に気付くようになり、体系的に深く理解したいと考えるようになるだろう。「一帯一路」に関する論述は非常に多い。しかし、体系的に紹介し分析している書物は意外に少ない。2015年4月に人民出版社から出版された本書は、国際関係の視点から「一帯一路」をとらえた中国国内初の本である。「一帯一路」について知りたいと願う読者にとって、本書は間違いなく十分それに応えるものである。

　次に、本書の体系性、全面性が挙げられる。「一帯一路」は60余りの国を対象とし、開放・包容の理念を受け継ぐことで、その対象範囲は波及的に広がる。「一帯一路」の内容は非常に豊かで、習主席はそれを「五通」という形でまとめている。すなわち政策の意思疎通、インフラの接続、貿易の円滑化、資金の融通、民心の通い合いである。実務協力を全方位的に推進し、政治の相互信頼、経済の融合、文化の包容の利益共同体、責任共同体、運命共同体を築くことを目指している。従って、「一帯一路」を全面的理解するには体系的な分析の上に立たねばならない。本書の構成は極めてシンプルで、序文と結びを除いて四章しかない。だがその内容は非常に充実している。「一帯一路」の背景に始まり、かつてのシルクロード復興計画やマーシャル・プランとの違いを比較分析している。さらに直面するチャンスとリスクを客観的に分析。全方位的な開放のチャンス、周辺外交のチャンス、地域協力のチャンス、全世界発展のチャンスを迎える一方、政治リスク、安全保障リスク、経済リスク、道徳リスク、法律リスクに直面すると指摘している。「一帯一路」構想が提起されて以降、中国国内ではそのチャンスばかりが語られ、リスクについての分析は不足していた。このことはこの戦略構想を本当の意味で確実に遂行する上で不利に働く。本書の分析は客観的、全面的で、厳粛かつバランスが取れたものといえる。最後に著者は「一帯一路」建設をどのように推進するかについて三つの革新、すなわち理念の革新、理論の革新、方式の革新を用いることを提案し

ている。

　そしてさらに本書を推薦する理由に、独自の分析や視点、見解がある。「一帯一路」は地域協力によって共同発展を求める構想でありイニシアチブである。そのため、地政学の視点から分析したものも国外に一部あるが、多くは地域経済協力の観点から語られている。だが本書は国際関係の視点で分析している。そうした違いゆえかもしれないが、著者は注目すべき多くの見方を示している。例えば、「一帯一路」に対する国内外の誤解には認知リスクが存在すると指摘し、本書の中でその誤解を十種類にまとめている。著者の考えでは、「一帯一路」は米国の「アジア回帰」戦略に対する中国の戦略では決してなく、一つの地域協力のイニシアチブであり、中国が提供するグローバルな公共財である。そのため、「戦略は慎重に口にし、文明について多く語る」ことで、中国が地政学的版図を拡大しようとしているなどと誤解されないようにすべきだ、としている。また、「『偉大な協力イニシアチブ』として、『一帯一路』は中国に属さず、沿線のすべて国家に属し、また世界に極めて大きな発展のチャンスをもたらすものである。『一帯一路』は沿線国家の共同事業であり、『ともに協議し、ともに建設し、ともに享受する』原則を堅持し、シルクロードをともに議論して建設することにより、リスクを分担し、協力して大事業を成し遂げるという目標を達成するべきである」とも述べている。こうしたインスピレーションにあふれた独創的な観点は、丹念に磨き上げる価値がある。読者がより全面的かつ客観的に「一帯一路」を理解し、それによりこの構想のチャンスをとらえる上で、非常に有益なものであるに違いない。

　本書は多くの「一帯一路」に関する論述の中でも、その独自性ゆえに一線を画しているといえる。それは著者の豊かな経験と無関係ではない。王教授はかつてエンジニアや外交官の仕事をしていたことがあり、現在は中国人民大学で国際関係と国際戦略の研究および指導に従事している。また多くのシンクタンクにも在籍し、対外連

絡部現代世界研究センター特約研究員、チャハル学会、春秋発展戦略研究院シニアフェローを兼務している。

# 目　次

序　文　「一帯一路」は中国の夢と世界の夢に通ず ······ 15

　一　五千年の時を経て、伝統の中国文明転換へ　16

　二　五百年の時を経て、近代の人類文明革新へ　17

　三　五十年の時を経て、中国の夢実現へ　20

第一章　歴史を超える「一帯一路」 ································· 26

　一　古代シルクロードの形成と発展　28

　二　古代シルクロードを超えた「一帯一路」　31

　三　古代シルクロードを伝承し発展させた「一帯一路」　37

　四　マーシャル・プランを超えた「一帯一路」　44

　五　シルクロード復興計画を超えた「一帯一路」　49

　六　「一帯一路」戦略の将来的任務　53

第二章　「一帯一路」のチャンス ································· 60

　一　全方位的な開放のチャンス　64

　二　周辺外交のチャンス　79

　三　地域協力のチャンス　93

　四　全世界発展のチャンス　105

**第三章 「一帯一路」の挑戦** ……………………………… 111

　一　政治リスク　114

　二　安全保障リスク　139

　三　経済リスク　156

　四　法的リスク　170

　五　道徳リスク　188


**第四章 「一帯一路」建設をどう進めるか** ……………… 199

　一　理念の革新　200

　二　理論の革新　211

　三　方式の革新　231


**結　び 「一帯一路」を語り、国際公共財を捧げよう** … 250


**付　録 シルクロード経済ベルトと21世紀海上シルクロード
　　　　の共同建設推進のビジョンと行動** ……………………… 261


あとがき ……………………………………………………… 278


訳者あとがき ………………………………………………… 280

## ▶序文

# 「一帯一路」は中国の夢と世界の夢に通ず

　中華民族の偉大なる復興という中国の夢を、どのような方法で実現させるのか。中国台頭の鍵となる段階に、どのような偉大な提唱によって国際的影響力を確立させるのか。そして、中華民族の偉大なる復興は人類文明にとってどんな任務を担うのか。これらの重大な問い掛けに対する的確な答えが、「シルクロード経済ベルト（一帯）」と「21世紀海上シルクロード（一路）」からなる「一帯一路」構想の提起である。

　では、なぜ今この構想を打ち出したのか。なぜ「新シルクロード」ではなく「シルクロード経済」なのか。「21世紀」を強調するのは歴史的海上シルクロードとどんな違いがあるからなのか。「一帯一路」は中国の戦略なのか、はたまた偉大な提唱なのか。既存の地域協力の枠組みやグローバル体系との関係は？　対象となる国と地域は？　カザフスタンとインドネシアで「一帯」と「一路」を提起した理由は？　建設の方法は？　チャンスとリスクは？　そして、中国と世界の関係はどう変わるのか。建設にどれだけの時間を要し、その完成の先にどんな変化が待ち受けているのか。

　本書はこうした根本的な問い掛けに、体系的な答えを見出そうとするものである。概括すれば、「一帯一路」は全方位的な対外開放の必然の論理であり、文明復興の必然の趨勢であり、包括的グローバル化の必然の要求でもある。グローバル化に参画する側であった中国が、グローバル化を創造する側へと転換することを「一帯一路」は示している。

15

人類文明史とグローバル化の構図からとらえると、「一帯一路」という偉大な提唱は、次に述べる三つの大きな任務を担っている。

# 一、五千年の時を経て、伝統の中国文明転換へ

　「一帯一路」は、中国文明の転換という歴史的任務を担っている。
　文明型国家として、中国は内陸文明から海洋文明へ、農耕文明から工業・情報文明へ、そして地域的な文明からグローバルな文明へと変わりつつある。こうした文明の転換は五千年もの間なかったことであり、人類の歴史的文明の復興と転換とを同時に進めるという奇跡が今まさに行われている。「一帯一路」戦略の提起は、グローバル化時代における中国の文明的な自信と文明的な自覚との大いなる表れといえよう。
　中国文明は長く北方の脅威に苦しめられ、内陸部に制約を受けてきた。国防の重点を沿海部に置くか内陸の辺境部に置くかをめぐり、中国の防衛配置は迷走を続け、また海洋進出か西進かの選択も、発展分布の面で常に悩みの種であった。だが「一帯一路」は、中国が陸上と海上に同時に進出し、従来の陸上文明の優位性を生かしつつ、海洋文明を進歩させることで、二つを協調して発展させ、陸海兼備の真の文明型国家となることをはっきりと示している。
　二本のシルクロードはまず第一に、鉄道、道路、航空、航海、石油・ガスパイプライン、送電線、通信ネットワークからなる総合的かつ立体的なヨーロッパ・アジア地域の相互接続交通網である。将来的には政策、インフラ、貿易、資金、民心の五つのつながりである「五通」にネットワーク通信の「第六通」を加えて、オンライン・シルクロードを建設することも可能だ。これらの交通路線に沿って関連する産業クラスターを徐々に形成し、産業集積と波及効果によって建築業、冶金、エネルギー、金融、通信、情報、物流、観

光などを総合的に発展させる経済回廊を構築していく。従って、「一帯一路」はハイテクの道であり、中国の資本や技術と引き換えにユーラシア大市場を手に入れて、メイド・イン・チャイナを国際標準に押し上げるものでもある。つまり、中国が農耕文明から工業・情報文明へと転換することの証しといえる。

「一帯一路」は中国の十数の省をアジア・アフリカ・ラテンアメリカの広大な地域とつなぎ、さらには南太平洋地域まで延びて、世界と中国との相互接続を図るものである。また北極海航路の開通に伴い、世界の地政学と地経学の版図を塗り替えるとともに、軍需産業を含む中国企業の海外進出を後押しする。つまり、「一帯一路」は中国がグローバル化に向けて提供する公共財であり、中国が地域的な文明からグローバルな文明へと転換することの象徴なのである。

# 二、五百年の時を経て、近代の人類文明革新へ

「一帯一路」は、人類文明の革新という現実的任務を担っている。

第一に、グローバル化をより包括的な方向へと発展させる。

これまでのグローバル化は、海で生まれ、沿海地域や海洋国家が先に発展して、大陸国家や内陸部が遅れを取ったために、大きな貧富の差を生んだ。また、ヨーロッパが始め、米国が広げたことで、国際秩序の「西洋中心論」を生んだ。その結果、東洋は西洋に従属し、農村は都市に従属し、陸地は海洋に従属するという一連の負の効果をもたらした。そして今、「一帯一路」によって進められているのがグローバル・リバランスである。西に向けた開放を奨励し、西部大開発や中央アジア、モンゴルなどの内陸国家の開発を促し、グローバル化の包括的発展理念を国際社会に広めている。同時に「一帯一路」は、中国の優れた生産能力や比較優位産業を積極的に西へ普及させることで、沿線諸国が真っ先に利益を得られるよう図

るものである。また、中央アジアなどシルクロード沿いの地域が、歴史的に東西貿易や文化交流の単なる通り道にとどまり、発展の「窪地」になっている状況を改めるものでもある。このようにヨーロッパ人によるグローバル化が引き起こした貧富の差、地域発展の不均衡を克服して、恒久平和、普遍的安全、共同繁栄の調和の取れた世界を構築していく。

第二に、ユーラシア大陸を人類文明の中心に回帰させる。

東西二大文明は歴史的シルクロードを介して一つにつながっていたが、オスマン帝国の台頭でシルクロードが分断されたことにより（歴史上、「オスマンの壁」と呼ばれる）、ヨーロッパは海洋に向かわざるを得なくなった。だが、そのおかげで羅針盤や火薬などの中国の四大発明がアラブを通ってヨーロッパへと伝わったことも事実である。そして、この海洋進出によって植民地化という形でグローバル化が始まったが、このことがアラブ人の海上輸送開始に続き、シルクロードの衰退を加速させる要因になった。東洋文明は閉鎖的・保守的になり、いわゆる近代の西洋中心世界へと突入した。しかしそれも米国の台頭までのことで、西洋の中心がヨーロッパから米国へと移ると、ヨーロッパは統合を幾度繰り返しても劣勢を挽回することができなかった。だが今、ヨーロッパは再び世界の中心的地位を取り戻す歴史的チャンスを迎えている。これはすなわちユーラシア大陸の復興を意味している。英国の地政学者マッキンダーによって「世界島」とも称されたユーラシア大陸が統合されれば、ポーランド出身の在米政治学者ブレジンスキーが著書『The Grand Chessboard』（邦題　地政学で世界を読む―21世紀のユーラシア覇権ゲーム―）で述べたように米国を「孤島」に回帰させる戦略的効果とユーラシア大陸を人類文明の中心に復帰させる地縁的効果とを生み、世界の地政学およびグローバル化の版図が塗り替えられるだろう。欧州連合（EU）による相互接続計画①と中国による「一帯一路」とを結び付けることで、政策、貿易、インフラ、資金、民心の

「五通」が平和、成長、改革、文明の中国・EU「四大パートナーシップ」とリンクすれば、ユーラシア大陸は人類文明の中心に回帰し、その影響はアフリカ大陸まで波及するだろう。

　第三に、人類文明を革新し、グローバル・リバランスを実現する。グローバル化はヨーロッパ人が始め、その後米国が主導する形となったため、今に至るまで世界の海上物流は主に環大西洋、環太平洋の間にある。

　「一帯一路」によって太平洋と大西洋の間に二本の経済ベルトがつくられれば、世界はよりバランスよく発展し、内陸文明の復興、海上文明と内陸文明の結合が進むだろう。

　「シルクロード」はユーラシア大陸の交易路であっただけでなく、ユーラシア文明の交流の懸け橋でもあった。「シルクロード経済ベルト」はかつての交易と文明ルートを単にグローバル化時代の中で継承するだけのものではない。陸上のグローバル化によって海上のグローバル化のリスクを相殺し、文明の交流と学び合いによってユーラシア大陸の平和と繁栄を実現させるものである。また経済建設、政治建設、文化建設、社会建設、エコ文明建設の「五位一体」理念によって、持続可能な発展という人類の新しい文明を創始するものでもある。「経済ベルト」の概念とはすなわち地域経済協力モデルの革新である。その中の中国・モンゴル・ロシア経済回廊、新ユーラシア・ランドブリッジ、中国・中央アジア経済回廊、バングラデシュ・中国・インド・ミャンマー（BCIM）経済回廊、中国・インドシナ半島経済回廊、海上経済回廊などの経済回廊は、経済成長拠点から周辺に波及するものであり、従来の開発経済学理論を超越している。中国は世界最大の貿易国であるが、あえて非同盟政策を取って、海上の覇者である米国と新型大国関係を築くことを打ち出した。このため中国には、21世紀における海洋協力の新たな理念を提案し、例えばコンセッションや港湾の共建・共有などの方式によって海運、物流、安全保障の協力モデルを刷新し、海上シルクロー

ドと陸上シルクロードをリンクさせることが求められる。「21世紀海上シルクロード」が「21世紀」に重きを置いているのはなぜか。それは中国が従来のグローバル化のリスクを効果的に回避する方法を探り、「人海合一（人と海が一つになった）」の調和と共生の持続可能な発展という新型海洋文明を創始しようという表れにほかならない。拡張、衝突、植民地化という西側列強の古い海洋進出のやり方に走ろうとも、また米国と海洋覇権を争うという悪の道に進もうとも考えてはいない。

## 三、五十年の時を経て、中国の夢実現へ

「一帯一路」は、中国の夢の実現という将来的任務を担っている。

「一帯一路」は「二つの百年」目標の中国の夢とぴたりと符合する。中華民族の偉大なる復興という中国の夢を掲げたからには、それを実現するための実行可能な方法とロードマップが必要である。この重大な使命を帯びた「一帯一路」は、2021年をプロジェクト初期として、2049年のおおむねの完成を目指している。

「一帯一路」が見つめる中国の夢は、特に次の三つの面で体現される。

一つ目は、中国がグローバル化に融和する側から創造する側へと変化することであり、世界に向けた中国の開放から中国に向けた世界の開放へと変化することである。中国は60年余りにわたり独立自主の平和的発展の道を築いてきたが、この五十年を見渡しても一度として世界の潮流の創始者とはなり得なかった。五十年前、中国は打倒米国の帝国主義、打倒ソ連の修正主義を掲げて、特色ある社会主義の道を固めた。改革開放後は西側にリードされたが、今や中国がアジアやヨーロッパ、アフリカをリードする立場にある。二本の「シルクロード」の提起は、中国の対外開放戦略の歴史に新たな

一ページが加えられたことを示している。この開放の中身とは、「引進来（外資導入）」から「走出去（海外投資、海外進出）」への転換である。この二つをしっかりと結び付けて、国際経済協力や競争に参加し牽引するための新しい強みを育て、開放によって改革を促す。また、中国の西部地区の発展のために、西や南に向かって開放する戦略を実施し、全方位的な開放の新たな枠組みを構築する。さらに、世界の地域経済統合の流れに順応し、周辺を基礎として自由貿易圏戦略を加速させ、商品、資本、労働力の自由な移動を実現させる。中国の安全保障戦略の最大の余地は西部にある。そして中国のバランスの取れた発展、持続可能な発展の鍵を握るのも西部である。「一帯一路」は西部大開発を超越し、中国内部市場の統合をユーラシア大市場建設にまで昇華させるものだ。

　二つ目は、中国によりユーラシア統合を形づくり、大周辺拠点を打ち固めることである。「一帯一路」がつくる相互接続は、世界経済のエンジンとしてのアジア太平洋地域と世界最大の経済体であるEUとをつなぎ、ユーラシア大陸に新たな空間とチャンスをもたらし、さらには東アジア、西アジア、南アジアの経済波及エリアを形成する。そして貿易と投資の円滑化を進め、経済・技術協力を深化させ、自由貿易圏を構築して、最終的にユーラシア大市場の建設を目指す。また、域内貿易と生産要素を最適に配分し、地域経済統合を促進し、地域経済と社会を同時に発展させる。近年、EUはポルトガルのリスボンからロシアのウラジオストクに至るユーラシア統合戦略構想を提起し、ロシアもまたユーラシア経済連合戦略を打ち出した。「一帯一路」はこれらの戦略に比べ、より大規模で、より的確で、より包括的である。環太平洋経済連携協定（TPP）や環大西洋貿易投資パートナーシップ協定（TTIP）などのさらにハイスタンダードなグローバル化によって中国を排斥しようとする米国の目論見を見事に打ち砕くものだ。今やアジェンダやメカニズム、理念を持つ中国は、世界貿易機関（WTO）などの米国主導の国際体

系にこれ以上「ただ乗り」はしない。むしろアジア・アフリカ・ヨーロッパを中国に「ただ乗り」させたり、中国の「急行列車」に乗せたりする立場にある。「一帯一路」は、今はまだ中国が大周辺を経営する戦略的取り組みである。だが大国の台頭はまず周辺を足場に、その後世界に波及するのが歴史の常だ。周辺は中国の心のよりどころであり、発展・繁栄の礎である。「一帯一路」は歴史上の文明共同体理念を基礎として、グローバル化経営、ユーラシア統合という戦略配置に従って、中国とその大周辺の利益共同体、責任共同体、安全共同体を築き、最終的には運命共同体を構築することを目指している。それにより中国の国際的影響力とソフトパワーは間違いなく最大限まで引き上げられるだろう。

　三つ目は、中国のグローバル化戦略の比較優位を再構築し、中国の競争力を全面的に高めることである。「一帯一路」は、全方位的な開放によって国際分業体制における中国の新たな比較優位をつくり出すものだ。新たなグローバル化競争の中で、中国はグローバル・サプライチェーンのローエンドからハイエンドへと邁進し、比較優位もまた労働・資源集約型から技術・資本集約型へとグレードアップさせる。「一帯一路」はつまり中国がグローバル・サプライチェーンのハイエンドからローエンドへと優れた生産能力を移行させるプロセスであり、中国が持つ相互接続を基礎とした関連業界の労働力、物資、資金力、経験、標準の全方位的な比較優位を存分に生かし、技術、資本、標準などの分野における中国の国際競争力を全面的に引き上げるものといえる。

　古代の海上と陸上のシルクロードは、中国を東洋・西洋とつなぐ「国道」であり、中国、インド、ギリシャの三つの主要文化が合流する懸け橋であった。そして今、シルクロードはその輝きを再び取り戻し、新たな情勢の下、中国の対外開放の重要な戦略配置となった。「一帯一路」沿線は中央アジア、東南アジア諸国連合（ASEAN）、南アジア、中欧・東欧、西アジア、北アフリカなど65の国家を含む。

序文 「一帯一路」は中国の夢と世界の夢に通ず

その人口は世界全体の63％に当たる44億人、経済規模は同じく29％の約21兆ドルである②。2013年の中国および「一帯一路」沿線諸国の貿易額は1兆ドルを超え、中国の貿易総額の四分の一を占めた。過去10年で見ると中国と沿線諸国の貿易額は年平均19％増加。中国の貿易額の年平均成長率は同期比で4ポイントアップし、今後もさらなる成長が見込まれる。「第13次五カ年計画（2016年〜2020年）」では、10兆ドルの商品輸入、5,000億ドル超の対外投資、延べ約5億人の海外旅行者を掲げており、中国の周辺国家およびシルクロード沿線諸国はいち早くその恩恵にあずかるだろう。習近平国家主席が述べた通り、「一帯一路」は中国の大きく羽ばたく二つの翼であり、またアジアの大きく羽ばたく二つの翼である。ともに議論し、ともに建設し、ともに享受する原則と、開放、包容の理念とを強調しているが、これは現地にすでにある協力の枠組みと共存することであり、新たな手段を講じることは極力避けるということである。またロシア・米国・ヨーロッパ・日本など域外の力を受け入れることであり、排除するものではないということでもある。国際協力における公共精神と公共財の属性を重視しており、決して中国の一方的な戦略ではない。つまり「中国の夢は世界各国の人々がよりよい生活を求める夢と相通じるものである」という理念の実践なのである。スリランカの夢、ロシア復興の夢、インドネシアの海洋強国の夢、モンゴルの夢などがシルクロードの夢と結び付けば、中国のチャンスを世界のチャンスに、世界のチャンスを中国のチャンスに変えることは十分可能だ。「一帯一路」によって沿線諸国や地域と中国との戦略的協力パートナーを実現することは、グローバル・パートナー・ネットワークを根付かせることでもある。そのために中国は機会をみて、包括的で開放的で持続可能な「シルクロード安全保障観」を提起し、プレゼンテーションを行う一団を国内外に派遣して、その意図や策略、現地にもたらされるメリットを詳しく説明するとよい。そして、国連開発計画（UNDP）の事前の寄与を強

調し、「一帯一路」を国連の持続可能な開発のための2030アジェンダに盛り込み、中国共産党第十八回全国代表大会報告で打ち出された「五位一体」理念を実践し、グリーン・シルクロードを建設するべきだ。

　「一帯一路」は一つの実体とメカニズムではない。協力を発展させる理念と提唱である。中国と関係国との既存の二国間・多国間メカニズムをよりどころとし、実効性のある既存の地域協力プラットフォームを支えとするものであって、その目的は古代「シルクロード」という歴史的シンボルの下、平和的発展を旗印に、沿線諸国との経済協力パートナーシップを積極的にはぐくみ、政治の相互信頼、経済の融合、文化の受容の利益共同体、運命共同体、責任共同体をともに構築することにある。

　当然のことながら、「一帯一路」の大戦略は孤立したものではなく、また中国の大戦略のすべてでもない。国内における改革の全面的深化と全方位的な開放（四つの自由貿易区、長江経済ベルト、北京・天津・河北省の京津冀一体化）を立脚点として、アジア太平洋自由貿易圏（FTAAP）とともに中国の「一体両翼」大戦略を構成して、中国の夢をともにかなえるものである。

　総括すると、「一帯一路」は、中国の夢を実現する方法の選択肢というだけでなく、大国の発言力と比較優位とを強める戦略的ビジョンという側面も持ち、中国の手で世界をよりよくするという人類の任務も帯びている。世界で急速に膨らむ需要と旧式のグローバル化供給との間の矛盾こそが、中国の発展と「一帯一路」建設の原動力である。「一帯一路」は新しい長征であり、沿線諸国における中国の宣言書、宣伝隊、種まき機である。中国と関係国との協力と友好を広げて深化させ、中国の製造能力、建設能力、計画能力と信用を最大限まで引き上げて、中国の威信を高めるものだ。「一帯一路」は「シルクロードの夢」によって中国の夢を成就させ、世界の夢を後押しするものといえる。この理念を胸に、シルクロードの文化を

24

伝承し、シルクロードの物語を語り、シルクロードの精神を説くことが、シルクロード公共外交における努力目標である。

---

① EUも欧州新シルクロード計画を打ち出しており、その目標はリスボンからウラジオストクに至る自由貿易圏を設けることである。それによりパートナー国は「モスクワかブリュッセルかを選択する」必要がなくなり、中国・EUの大陸間協力が可能になる。
②「一帯一路」はオープンなものであり、国家の数は65に限らない。

# ▶第一章

# 歴史を超える「一帯一路」

「無数鈴声遙過磧、応駄白練到安西（無数の鈴声　遥かに磧を過ぐ、応に白練を駄びて安西に到るなるべし）」。唐代の詩人・張籍の詩に、千年前の古代シルクロードの賑わいを垣間見ることができる。一本のシルクロードが漢・唐時代の輝かしい繁栄を支え、この道を通って輸出されたシルク、茶、陶磁器などの品々に世界が酔いしれた。張騫によってシルクロードが切り開かれてから、陸上シルクロードと海上シルクロードの二つ輸送手段が徐々に形づくられていった。このうち陸上シルクロードはさらに北線と南線とに分けられる。「具体的には、前漢の張騫が西域に使者として赴いた公式ルートである『西北シルクロード』、モンゴル高原を北に向かい、天山山脈の北麓を西行して中央アジアに入る『草原のシルクロード』、さらには中国から南シナ海を抜けて、太平洋、インド洋、ペルシャ湾に入り、遠くアフリカ、ヨーロッパに至る海上シルクロードがある」①。「海上シルクロード」の概念は、1913年にフランスの中国研究家エドゥアール・シャヴァンヌによって初めて提起された。シャヴァンヌはその著書『西突厥史料』の中で「シルクロードには陸上と海上の二つのルートがある。北道は康居を抜け、南道はインドの諸港を通る海の道である」と述べている。

　古代の海上シルクロードの歴史は二千年余り前までさかのぼることができる。まず漢の武帝によって東南アジアを経てインドに至る海上ルートが開拓され、唐王朝では対外貿易の重点が陸路から海路へと移った。そして宋・元時代に広州や泉州に交易に訪れるアラブ

26

第一章　歴史を超える「一帯一路」

商人が大いに歓迎されるようになると、当初広州から東南アジアを経て南インドに至るまでであったルートが、インド洋を超えてペルシャ湾に入り、アラブ沿岸一帯にまで広がった。さらに明代半ばにヨーロッパの入植者が東方に進出を始めると、明王朝が福建省漳州月港の鎖国令を一部解除したこともあって、個人の海外貿易船による取引が許可されるようになった。その中でスペインの入植者はフィリピンでの植民地支配を維持するために、マニラからメキシコのアカプルコに至る大帆船貿易航路を開拓。中国商船によってマニラに中継輸送された中国生糸や絹織物が、太平洋を経てアメリカ大陸へと運ばれ、そこからさらに大西洋を経由してヨーロッパ各地に届けられた。これによって中国の古代海上シルクロードに大きな変化が生まれた。すなわち地域貿易航路から東洋と西洋をつなぐ世界貿易航路へと進化を遂げたのである。

　シルクロードは友好と富の道であり、交流と共栄の道である。商人が絶えず行き交い、異なる文明が幾度もぶつかり合うことで融合してきた。すべてを包括するという理念は、シルクロードの隆盛とともに現代に至るまで連綿と受け継がれ、さらに新しい時代の風が吹き込まれた。

　古代の陸上シルクロードと海上シルクロードは今まさに合流しようとしている。これはもはやシルクロードではない。なぜなら中国はもう単なるシルクの国ではないし、シルクも「メイド・イン・チャイナ」の代名詞ではなくなったからだ。いうなれば高速道路、高速鉄道、石油・ガスパイプライン、送電網、海上航路などをはじめとする相互接続である。

　ドイツの地理学者リヒトホーフェンも1877年に自らが命名した「シルクロード」がまさか21世紀に復活し、世界の政治と経済の構図を再構築することになろうとは、夢にも思わなかっただろう。実のところ「シルクロード」は二千年にわたる東西交易、文化交流に対する総称である。そもそも一本の道を指した言葉ではなく、シル

27

ク、茶葉、草原、磁器、香辛料の道の総称であった。加えて、シルクは決して東西交易の主たる原動力ではなかった。単にシルクが中国の特産品で、かつローマ帝国の貴族に好まれたがゆえに名づけられたにすぎない。このことはシルクロードが輸送コストもリスクも高かったことの反映でもある。軽くて柔らかくて持ち運びしやすく、かつ黄金のように価値あるシルクでなければ輸送の割に合わなかったからだ。実は、ヨーロッパ人が東洋に求めた第一の物は香辛料であった。「オスマンの壁」によってシルクロードが分断され、ヨーロッパ人が海洋進出を余儀なくされた動機がその何よりの証拠だ。スペインの派遣で遠洋航海に出たコロンブスはアメリカ大陸に到達したが、これをインドと信じて疑わなかった。それはインドこそ香辛料を生む国であり、ヨーロッパ人にとって海の冒険の目的地であったからにほかならない。その後は黄金や財宝を手に入れることが、スペインやオランダなどのヨーロッパ人入植者の原動力となった。

　では、なぜシルクロードは今になって復活を遂げたのか。今日のシルクロードと歴史的シルクロードとの間にはどんな違いと関係があるのだろうか。


# 一、古代シルクロードの形成と発展

　中国から西洋にシルクが輸出されていたという記録は、張騫が使者として西域に赴く以前から西側世界にあった。古代ローマの地理学者は紀元前三世紀の時点ですでに中国を「Sinae国」と呼んでおり、この「Sinae」はギリシャ語で「蚕」や「生糸」を表す言葉と深い関係があるという。西側世界にとって、中国は生糸立国であり、生糸強国であったのだ。漢の武帝によってシルクロードが公式なものとなる百年も前に、中国のシルクはすでに西洋に伝わり、当時の諸国が中国を理解するための重要な媒体となっていたわけである。

そして、このことが張騫の「鑿空の攻（西方への道を切り開いた）」の土台となった。

前漢時代、北方の匈奴の力は強大であった。張騫はこれを討伐すべく同盟を求めて遊牧民族国家「大月氏」に派遣されたが、西行の途中で匈奴に捕らえられ、十数年にわたり拘束された。最終的には「大月氏」の領地にたどり着き、漢族の文化を伝えつつ、西域諸国の栄養を吸収して、東西交流の懸け橋をつくることに成功した。新の王莽の時代に政権交代や国内の対立が激化すると、シルクロードの発展は足踏み状態となったが、後漢誕生後、班超が張騫と同じ道を歩んだことで、西域が再び開かれ、さらに地中海付近にまで範囲が拡大された。この二度目の「鑿空の攻」によって、東西間の物資の交易と文化の交流が一層促されたのである。

「壮志西行追古踪、孤煙大漠夕陽中、驢鈴古道絲綢路、胡馬猶聞唐漢風（大志を以て西行した古の足跡を追い、大砂漠の夕陽の中に遠くたなびく一筋の煙が見える。古の絹の道を行く驢馬の鈴の音、胡馬の鳴き声が聞こえ、唐と漢の栄華の風が感じられる）」。千年経った今も、われわれは詩人がつむぐ言葉の中から当時の繁栄ぶりを感じ取ることができる。

図　13世紀のシルクロード

シルクロードは隋・唐時代、その独自の役割を真に発揮して、中国と西洋にかつてない繁栄をもたらした。中国から茶業、シルク、陶磁器が次々に輸出され、西洋からは香辛料や科学技術が続々と入ってきた。唐の都・長安では外国商人が数多く行き交い、太宗は各部族から最高君主を意味する「天可汗」の称号を贈られた。だが唐の「安史の乱」以降、陸上シルクロードは妨害に苦しめられるようになり、それと対照的に海上シルクロードが徐々に花開いていった。両宋時代、北方の陸上シルクロードは長く遼、金、西夏王朝の手中にあったため、北宋時代の陸上シルクロードは発展がままならなかった。一方、南宋時代に王朝が中原を失って地方の一隅に安んじるようになると、首都・臨安の地の利を生かし、海運事業が発展していく。それによって海上シルクロードがそれまでの陸上シルクロードの主導的役割に取って代わるようになり、東西を結ぶ有効な手段となった。そして明王朝初年、海上シルクロードの発展は頂点に達し、広州、泉州、杭州などが重要な港になったが、太祖朱元璋が「海禁政策」を取ったために徐々に衰退していった。

　歴史的シルクロードの発展をたどると、その千年にわたる変化の中で確かに浮き沈みはあったものの、決して衰えることなく、中国と西洋に極めて大きな歴史的貢献を果たしたことが分かる。まず、中国と西洋との間の交易と商業を活性化させた。千里を超えるシルクロードを商人が絶えず行き交い、ラクダの鈴の音が響きわたる様はどんなににぎやかだったことだろう。交易によって珍しい品々が広く行き渡り、交換によって中国と西洋は物質的豊かさを手に入れ、富のネットワーク、資源のネットワーク、人のネットワークの流れが進んだ。また、沿線の民族同士の安定も促された。民族間の経済や貿易の取引が活発になり、文化交流による相互理解が進んだことで、大きな衝突や紛争が回避された。そればかりか民族融合の動きすら生まれ、それぞれの民族が個々に進歩を遂げた。さらに、シルクロードは一本の経済貿易の道であった以上に、一本の文化の道で

あった。さまざまな文明がこの道に集まり、その包容と開放の精神で世界の文化の多様性をはぐくみ、世界の文化がつながって交流する場を築いた。その中で特筆すべき点は、このシルクロードによって仏教がインドを経て西域に伝わり、後に中原地区に至って中国に幅広く伝播したことである。仏教以外の各種宗派、例えばネストリウス派キリスト教、ゾロアスター教、マニ教なども次々と入ってきて、中国人の宗教的アイデンティティを形づくり、自己の精神的境地を高め、社会の安定を維持する上で大きな意味を持った。中国における古代シルクロードの発展の葉脈を理解することは、現在の「一帯一路」建設と古代シルクロードとの関係をマクロ的にとらえ、それによって両者の関係と違いをより全面的に理解する助けとなるはずだ。

# 二、古代シルクロードを超えた「一帯一路」

## 1.「一帯一路」とは何か

　習主席は2013年9月、カザフスタンのナザルバエフ大学で「人民の友情を発揚し、ともに美しい未来を創ろう」と題した重要な講演を行った。この中で習主席は「ヨーロッパとアジア各国の経済関係をより緊密にし、相互協力をより深め、発展の可能性をより広げるために、革新的協力モデルによって『シルクロード経済ベルト』をともに建設しよう。これは沿線各国の人民に幸福をもたらす一大事業である」と呼び掛けた。中国の「シルクロード経済ベルト」建設の戦略構想がここで初めて提起されたのである。

　続いて10月のアジア太平洋経済協力会議（APEC）非公式首脳会議期間中に習主席は、東南アジア地域は古くから「海上シルクロード」の要衝であったと述べ、ASEAN加盟各国との海上協力を強化し、中国政府が設立した中国・ASEAN海上協力基金を活用して、

海洋協力パートナーシップを発展させ、21世紀の「海上シルクロード」をともに建設したい、と提案した。

「シルクロード経済ベルト」と「21世紀海上シルクロード」は、アジア・アフリカ・ヨーロッパの政策、貿易、インフラ、資金、民心を円滑につなぐ地域を超えた21世紀の協力モデルとなるものだ。古代シルクロードを超越し、また米国が戦後初期に進めた「マーシャル・プラン」も凌駕し、中国の夢と世界の夢とを融合させる21世紀の将来的任務を帯びている。2015年3月28日に国家発展改革委員会、外交部、商務部が共同で発表した「シルクロード経済ベルトと21世紀海上シルクロードの共同建設推進のビジョンと行動」（以下、「ビジョンと行動」）によると、「『一帯一路』共同建設の目的は、経済要素の秩序ある自由な移動、資源の効率的配分、市場の深い融合を促し、沿線各国の経済政策の協調を進め、より広範囲で、より高水準で、より深い段階の地域協力を展開し、開放、包容、均衡、互恵の地域経済協力の枠組みをともに構築することにある」。

「シルクロード経済ベルト」戦略は、ユーラシア・ランドブリッジを主とする北線（北京―ロシア―ドイツ―北欧）、石油・天然ガスパイプラインを主とする中線（北京―西安―ウルムチ―アフガニスタン―カザフスタン―ハンガリー―パリ）、国際幹線道路を主とする南線（北京―新疆の南部―パキスタン―イラン―イラク―トルコ―イタリア―スペイン）の三本のルートに分けられる。

この経済ベルトによって、中国から中央アジア、ロシアを経てヨーロッパ（バルト海）に至るルート、中国から中央アジア、西アジアを経てペルシャ湾、地中海に至るルート、中国から東南アジア、南アジア、インド洋に至るルートを重点的に開通させる。中国・パキスタン、BCIM、新ユーラシア・ランドブリッジおよび中国・モンゴル・ロシアなどの経済回廊はおおむねこの経済ベルトの陸地の骨格に当たる。このうち、中国・パキスタン経済回廊は石油輸送に特に力を入れ、BCIM経済回廊はASEANとの貿易を重視し、新ユ

第一章　歴史を超える「一帯一路」

ーラシア・ランドブリッジは中国とヨーロッパを直接つなぐ物流主要ルートである。また、中国・モンゴル・ロシア経済回廊は国家安全保障とエネルギー開発に重点を置いている。

一方、「21世紀海上シルクロード」の重点は、中国沿海の港から南シナ海を通ってインド洋に至り、ヨーロッパまで延びるルートと、同じく南シナ海を通って南太平洋に至るルートである。

「シルクロード経済ベルト」は「古代シルクロード」の概念を基礎として形成された一つの新しい経済発展エリアだ。「シルクロード経済ベルト」は第一に、経済ベルト上の各都市がまとまって協調して発展するという構想を具現化する、一つの「経済ベルト」概念である。シルクロード沿線国家の大部分は二つのエンジンに挟まれた「陥没地帯」にあり、いわば地域全体が「両側が高く、中間が低い」状況に陥っている。そのため、この地域の国家と人民にとって経済の発展とよりよい暮らしは普遍的な願いなのである。「シルクロード経済ベルト」という国際戦略の基礎は、こうしたニーズと二大経済エンジンの接続というニーズとが一つに重なり合って築かれている。

海洋は各国の経済貿易と文化交流の天然の懸け橋である。「21世紀海上シルクロード」の共同建設は、世界の政治、貿易の枠組みが変化していく中で、中国が世界とつながる新型貿易の道をつくることである。その核心的価値は主要ルートとしての価値と戦略的安全保障とにある。とりわけ中国が世界第二の経済体となり、世界の政治と経済の構図が合従連衡している今、「21世紀海上シルクロード」を創始し開拓することは、間違いなく中国の戦略的安全保障の大幅な強化につながるだろう。「21世紀海上シルクロード」と「シルクロード経済ベルト」、上海自由貿易区、高速鉄道戦略などは、すべてこの大きな背景の下で打ち出されたのである。

「21世紀海上シルクロード」の戦略的協力パートナーはASEANだけに限らない。むしろ点から線へ、線から面へ、重点港湾を接続

点として、円滑で安全で効率的な輸送大ルートを共同で建設し、沿線諸国や地域との交際を増やしていく。そして ASEAN、南アジア、西アジア、北アフリカ、ヨーロッパなどの個々の大経済セクターのサプライチェーンを一つにつなげて、南シナ海、太平洋、インド洋に向けた戦略的協力経済ベルトを展開し、アジア・ヨーロッパ・アフリカの経済貿易一体化を発展の長期的目標とする。ASEAN は海上シルクロードの十字路にあり避けては通れない場所だ。この新たな戦略の最優先の発展目標となるだろう。幅広い政治基盤と堅実な経済基盤とを持つ中国と ASEAN にとって、21 世紀海上シルクロード戦略は双方の共通の利益と共通の要求とに合致するはずである。

## 2．なぜ「一帯一路」を建設するのか

「一帯一路」は三つの戦略的問題を狙い撃ちする。ここにおいて「通路、通航（運航）、通商」の「三通」はこの戦略的問題解決で注力すべきポイントである。「三通」の範疇にある関連業種と銘柄は「一帯一路」建設による直接的利益をいち早く得られるだろう。中でも通路は「シルクロード経済ベルト」において最優先で解決すべき問題であり、通路の円滑な開通が中国の三つの戦略的問題解決の鍵を握っている。

### （1）「一帯一路」が狙い撃つ三つの戦略的問題

中長期の最重要発展戦略として、「一帯一路」は中国が抱える過剰生産能力市場、資源の獲得、戦略的縦深の開拓と国家安全保障の強化の三つの重要な戦略的問題を解決しなければならない。

#### ①中国の豊かで優れた生産能力の市場問題

過剰生産能力は中国国内の経済運営に大きな問題を招いたが、ほかの国にとってはそれが豊かで優れた生産能力となり得る。健全かつ利潤を生む設備稼働率は通常 85％以上といわれるが、国際通貨基金（IMF）の試算では、中国の設備稼働率は全産業で 65％以下

にとどまっている。中国の伝統的輸出相手国は比較的単一で範囲も狭く、米国、ヨーロッパ、日本がその中心国として大きな割合を占めている。しかしこうした伝統的輸出市場はすでに開拓され尽くした感があり、成長の余地はほとんどない。この市場を介して中国国内の豊かで優れた生産能力を消化することはもはや難しく、国内消費の拡大があまり見込めない中、「一帯一路」によって新たな輸出市場を開拓することはこの上ない突破口となる。

②中国の資源獲得問題

中国は石油・天然ガス資源、鉱物資源の国外依存度がやや高く、現在これらの資源は主に沿海の海路を通じて中国に入ってくる。鉄鉱石はオーストラリアとブラジルに、石油は中東に依存しているが、そのルートはかなり単一である。中国と他の重要な資源国との協力はなお不十分で、経済貿易協力も広く効果的に進んでいるとはいえず、資源をめぐる協力は不安定で決して強固な状況ではない。「一帯一路」によって有効な陸路の資源搬入ルートを新たに数多く増やすことは、資源獲得の多様化にとって非常に重要なことである。

③中国の戦略的縦深の開拓と国家安全保障の強化の問題

中国の資源搬入ルートは現在も沿海の海路が主であるが、沿海部は外部の脅威に直接さらされ、戦時には極めてもろい。また工業とインフラも沿海部に集中しているため、もし外部から攻撃を受けた場合、中国は一瞬にして中核施設を失うことになる。一方、戦略的縦深が沿海より深い中部や西部地区、特に西部地区は土地が広大な上に人口も工業も少ないので、工業やインフラの発展に大きな潜在力がある。戦時に受けるダメージも小さいため、「一帯一路」によって西部の開発を拡大することは、戦略的縦深の開拓と国家安全保障の強化に有利に働くはずだ。

（2）通路は「一帯」の突破口

「一帯一路」は中国の三つの重要な戦略的問題を狙い撃ちするが、

通路、通航、通商はこの戦略的問題解決において注力すべきポイントである。

中国の過剰生産能力問題を解決するためには、全体を考慮する必要がある。先に述べたように、「一帯一路」はこの問題を体系的に解決する最良の突破口である。具体的にいえば、西部のインフラが脆弱であることを考えると、外部を内部により呼び込むためには、スムーズな交通幹線の開通が第一である。これは「一帯一路」が掲げる目的とも一致する。つまり、まず着手すべきは必然的に通路、通航ということになる。

「一帯」が取り組むのは主に通路である。通路により推進する地域のインフラは脆弱で、高度化の余地は大きい。通路がつなぐのは西部の広大な内陸地であり、以下のように交通インフラ建設と石油・天然ガスパイプライン建設に力を入れていく。

交通インフラ建設は鉄道、道路、港湾、民間航空を含み、その重点目標は中央アジア、南アジア、東南アジアである。中国・ラオス、中国・タイ、中国・ミャンマー、中国・パキスタン、中国・キルギス・ウズベキスタンなどの鉄道プロジェクトは優先的に検討され、また中国・タジキスタン道路、中国・カザフスタン道路は重点改造区間になるとみられる。

石油・天然ガスパイプライン建設については、西北、西南、東北、海上のいずれも輸送のための戦略的ルートになる。その中でも中国・ロシア、中央アジア天然ガスパイプラインと中国・ミャンマー石油・天然ガスパイプラインは重点プロジェクト建設とされるだろう。また西南電力ルート、中国・ロシア電力ルートは計画・建設または高度化改造が行われる予定だ。

交通インフラ建設と石油・天然ガスパイプライン建設は、「一帯一路」戦略構想における相互接続の基礎にすぎない。これ以外に中国と沿線諸国との政策、貿易、資金、民心の多層的なつながりを内包している。

第一章　歴史を超える「一帯一路」

　なぜ「一帯一路」を建設するのか。概括すればそれは、海外への直接投資を増やし、海外市場を開拓し、製品の輸出を拡大し、過剰生産能力を解消し、貿易障壁をなくし、最終的に中国の長期的利益に合致するグローバル貿易と通貨体制を確立させるためである。

# 三、古代シルクロードを伝承し発展させた「一帯一路」

　「一帯一路」の提起は、古代シルクロードの開放と包容、異なものを受け入れる精神を受け継いでいるため、似たところがある。その一方で、「一帯一路」政策は新たな時代の息吹が吹き込まれたことで、「空間」と「性質」の二つの側面で従来のシルクロードの中身を超越したといえる。そして、革新的な継承を土台に、大いに発揚を続けることで、沿線諸国にこれまで以上の発展のチャンスを提供することができる。

## 1.「一帯一路」政策の歴史的伝承

　古代シルクロードは経済貿易協力、文化交流、民族の安定の三つの面において大きな役割を果たした。現在の「一帯一路」建設も同様にこの三つの独自の役割を発揮し、責任ある態度と誠実で寛容な大国としての姿勢で、自らの発展による恩恵を世界と分かち合うことができるだろう。習主席が述べた通り、「一帯一路」はヨーロッパとアジア各国の経済連携をより緊密にし、相互協力をより深め、成長モデルをより広める一助となるものであり、沿線各国の人民に幸福をもたらす一大事業だ。古代シルクロードと現代のシルクロードのどちらも「親善の道」であり、「繁栄の道」であり、「交流の道」なのである。

　「親善の道」とは、民族の安定と調和・共存に貢献した古代シルクロードのあり方に立脚し、平和的発展が時代のテーマとなりつつ

ある今、「一帯一路」を各国人民に幸福をもたらす発展の道とし、沿線の各国家・各民族間の友好と親睦を促すものである。中国の台頭に伴い西側世界の影響下で生み出された「中国脅威論」によって、今世界は中国の勢いに懸念を抱き、その強大さを現在の世界の政治秩序に対する脅威ととらえている。だが、この「親善の道」は、中国が平和的発展の道を歩み続けること、世界の覇権を求めていないこと、そして国力が強大となった今、「引進来」と「走出去」をしっかりと結び付けて自らの発展の恩恵を世界と分かち合うこと、相互接続を土台として各国と平等な発展と互恵・ウィンウィンを実現すること、を十分に映し出している。

「繁栄の道」とは、「一帯一路」によって、一端が活発な東アジア経済圏、もう一端が発達したヨーロッパ経済圏であるアフロ・ユーラシア大陸を貫くことで、経済貿易交流を進めて東西の二大市場を繁栄させ、沿線諸国に極めて大きな発展のチャンスと可能性とをもたらすことができる、ということを指している。それは、古代シルクロードが東西交易をつなぎ、多くの社会的富を生み出したことと同じである。「一帯一路」のアジェンダの設定から見ると、中日韓や中国・ASEANなどの一連の自由貿易圏と、BCIMや中国・ロシアといった各種経済回廊がグレードアップすれば、産業の合理的分業が効果的に促され、各国間の貿易障壁が減って、輸出入運営や経済貿易投資が円滑になり、高効率運営の「資産流通ネットワーク」、「物資輸送ネットワーク」、「通貨交換ネットワーク」を構築することができるはずだ。

「交流の道」は、現代の「一帯一路」が単に経済貿易の道であるだけでなく、文化交流、人民往来の道でもあることを指している。各国のインフラ整備と経済貿易協力が進むにつれて、この基盤の上に築かれる文化交流も同様に異彩を放つようになるだろう。「一帯一路」は現時点で30億の人口を網羅している。その建設プロセスで伝統ある「平和・協力、開放・包容、相互学習・相互参照、互

恵・ウィンウィン」の「シルクロード精神」を発揚し、開放と包容の姿勢で沿線各国の人民同士の交流を推し進めることができれば、「民心の通い合い」の早期実現と、政策に対する人々の支持と評価の向上が期待できる。さらに、文化の多様性を大きく広げ、文化交流を土台として物質と精神との二重結合を果たし、経済と人文の両面から「ともに議論し」、「ともに建設し」、「ともに享受する」協力理念を真に実現することができるだろう。

　現代の「一帯一路」の建設とは、発展の大局に立って、「親善」、「繁栄」、「交流」という伝統的な古代シルクロードの継承を基礎として、互いに尊重し信頼し合う道、協力・ウィンウィンの道、文明を映し合う道を築くことである。しかし、これは一つの継続的なプロセスであって、いとも簡単に成し遂げられるものではない。マクロ政策として、長い視野で、長期的な収益から政策の有効性を見極める必要がある。さしあたり、関連政策の調整とインフラ建設の強化を常時進め、各種問題を慎重に処理すべきである。目先の利益にとらわれたり、安易に事を進めたりするなどもってのほかだ。

## 2.「一帯一路」政策の時代的発展

　2013年11月の中国共産党第十八期中央委員会第三回全体会議で可決された「改革の全面的深化における若干の重大な問題に関する中共中央の決定」において、「シルクロード経済ベルト」と「21世紀海上シルクロード」の建設を推進し、中国の対外開放の新たな局面を切り開き、「一帯一路」政策を正式に中国の重要国家戦略とすることが明確に打ち出された。現代の「一帯一路」政策は、伝統的なシルクロード精神の伝承を基礎として、現在の国内外の情勢を踏まえ、古代シルクロードとは異なる新しい中身を加えて、二つの大きな超越を実現した。一つは、空間において従来のシルクロードの限界を越えたことである。対象となる地域の空間が広がったことで、協力の可能性も広げることができる。もう一つは、性質において新

たな中身を加え、伝統的なシルクロードの思考モデルを越えたこと
だ。その「時代性」、「先進性」、「開拓性」によって「一帯一路」建
設を着実に推進している。

（1）空間における超越
　古代シルクロードによって、中国からヨーロッパ、アフリカ大陸
につながる陸路が正式に開通した。この道は、前漢の都・長安を出
発して、河西回廊を経由し、その後二つのルートに分かれる。一つ
は陽関から鄯善国を経て、昆崙山北麓に沿って西行し、莎車国を経
て、西へパミール高原を越え、そこから大月氏国を出て安息国に至
り、西へ犁軒国（大秦国）を通るか、または大月氏国から南へ入り
身毒（古代のインド地方の呼称）へ至るルート。もう一つは、玉門
関を出て、車師前国を経て、天山南麓に沿って西行し、疏勒国を出
て、西へパミール高原を越え、大宛国を抜け、康居国、奄蔡国（前
漢時代に康居西北、すなわちアラル海・カスピ海北部草原に遊牧し、
後漢時代は康居に服属していた）に至るルートである②。このこと
から、古代陸上シルクロードは主に東アジアから始まり、中央アジ
アと西アジア地域を経由して、ヨーロッパ諸国とつながっていたこ
とが分かる。東南アジア、南アジアなどもシルクロードの影響をあ
る程度は受けていたとみられるが、西アジア、中央アジアなどと比
べるとやはり限りがあった。
　「一帯一路」の主な建設範囲は、古代シルクロードのルートにほ
ぼ則っている。既存のユーラシア・ランドブリッジを活用し、中央
アジア、西アジアなどの重要地域を通ってヨーロッパにつなげるこ
とで、沿線の各地域間の相互接続を図るものだ。ただ中国は、「一
帯一路」の建設プロセスで、これに付随する「経済回廊」建設を進
め、この経済回廊を介して過去に陸上シルクロードの主体ではなか
った地域も「一帯一路」に組み込むようにした。例えば、「中国・
パキスタン経済回廊」によって新疆からパキスタンを経由して南ア

40

第一章　歴史を超える「一帯一路」

ジアに至る新ルートを開拓。さらにこれを「BCIM 経済回廊」と組み合わせることで、南アジア地域と東南アジア地域を「一帯一路」にうまく組み入れた。同時に、これまでシルクロードの主要ルートでなかった中国の西南地域も「一帯一路」建設の重責を担うようになった。また、「中国・モンゴル・ロシア経済回廊」を建設することで北東アジア地域を「一帯一路」の対象に取り込めば、その空間的範囲は古代シルクロードをはるかに超えることになる。建設空間の拡大は、中国の各省の積極性を大いに刺激するだけでなく、南アジア、東南アジア、北東アジア、東アジア、西アジア、中央アジアさらにはヨーロッパを緊密に一つに結び付けて、古代シルクロードの地理的な空間概念を大きく広げ、そこに新しい時代の生命を吹き込むのである。

　習主席はかつて演説の中で、点から面へ、線から片へ、そこから徐々に地域の大協力を形づくり、同時に「政策の意思疎通」、「インフラの接続」、「貿易の円滑化」、「資金の融通」、「民心の通い合い」の「五通」を実現させると語った。この言葉から、「一帯一路」建設は「協力空間」の面で、経済貿易を主とする伝統的シルクロードの協力方式をはるかに凌駕したものであることが分かる。新時代の「一帯一路」建設において、「貿易のつながり」はあくまで一面にすぎない。重要なことは貿易のつながりを土台として、政策、インフラ建設、科学技術や文化、さらには民心の全方位的な相互接続を実現し、新たな情勢下での地域間協力のために頑丈な基礎を固めることである。

　以上の二点以外に、中国は海上と陸上のシルクロード建設を同時に進めようとしている。中国史上、海上シルクロードの隆盛は陸上シルクロードの衰退と密接に関係しており、「海と陸が同時に栄える」ことはこれまでになかった。しかし今、「一帯一路」は一つになった。それはすなわち、海と陸の協調的発展という繁栄を生み出すことに尽力するということだ。海と陸が一つになれば、その空間

41

の広さは古代シルクロードと比べるまでもない。

（2）性質における超越

　「一帯一路」政策は、伝統的シルクロードの中身を膨らませ、「時代性」、「先進性」、「開拓性」の三つの面で革新的発展を遂げた。

　第一に、時代性である。古代シルクロードは陸上に大きな繁栄をもたらしたが、陸上シルクロードにばかり依存して、海上の優位性を発揮する機会を得られぬまま、中国は大航海時代に乗り遅れてしまった。その上「鎖国」という閉鎖的な心理を生み、近代になって西側世界から屈辱や抑圧を受ける羽目になった。それが今や「海洋」は重要な戦略的資源となり、「大河」から「大海」へ、「内陸」から「海洋」へと進出することは中国の発展にとって必須要件となっている。陸上を重視し、海上を軽視した過去のシルクロードの姿勢を改め、「シルクロード経済ベルト」と「21世紀海上シルクロード」を革新的に結び付け、陸海統一の協調的推進を図ることは、「海洋強国」に求められる典型的な新時代の特性といえる。また、「一帯一路」を展開することは中国の西北、西南地域を開放の前線に組み込むことでもあり、東部沿海省との格差解消や、各省の共同富裕の実現につながる。これは同様に、改革開放を深化させ、対外開放の新たな局面をつくるという典型的な時代の要求に当てはまる。

　第二に、先進性である。古代、中国は農耕経済を主としており、商業活動は不利益を被っていた。士農工商の影響下にあった古代社会では、農産物や農業加工品が陸上シルクロードの輸出の重要な地位を占めていた。つまり、当時の輸出構造が不完全で、資源優位を十分に発揮できていなかったということである。その点、「一帯一路」政策は、実施方法と実施理念の二つの面で高い先進性を備えている。まず方法については、「五通」によって政治、経済貿易、交通、資金、民心を革新的に一つにすることで、中国の戦略的優位性を存分に生かして、自らの発展の恩恵を世界各国と分かち合うこと

42

ができる。これは対等な協力の典型的かつ先駆的な試みといえよう。次に、理念については、中国は古代シルクロードの開放と包容の精神を堅持し、かつこれを基礎に世界を統一された運命共同体と考えて、「共同富裕」を追求している。この点において、各国のこれまでの「利をはかる」心理を超越しているといえる。

　第三に、開拓性である。これまでに述べたことから、中国が「一帯一路」建設によって、権力の座につこうとしていないことは容易に分かったはずだ。むしろ世界を一つの統一された全体と考えて、沿線諸国の共同参加を呼び掛け、互いの対等な協力を通じて理解し合い、ともに繁栄した世界をつくり、発展の成果を分かち合い、それにより目まぐるしく変わる目の前の国際情勢に連携して対応しようとしている。中国のこの革新は、互恵・ウィンウィンという形式によって、従来の地域協力の方式を超越し、世界各国に新しい発展のあり方を提供した。古代シルクロードと比較して、「一帯一路」はその開拓性によって、沿線各国に過去をはるかに超える発展の活力を与えたのである。

　『後漢書・西域伝』に、「馳命走馳、不絶于時月、胡商人販客、日款塞下（命を馳せ駅を走らしむること時月に絶えず、商胡販客は日ごとに塞の下に款る）」とある。古代シルクロードの繁栄をうかがい知ることができる一節だ。今、中国は先人の跡を継いで、未来への道を開こうとしている。シルクロード精神を受け継ぎつつ、内外の実情を踏まえ、この古今の道に新たな活力を与えて、ヨーロッパとアジアを緊密に一つに結び付けるのである。伝承の下で登場した「一帯一路」というこの先駆的な取り組みは、間違いなく沿線各国の友好・協力、互恵・ウィンウィンを促し、シルクロードの新しく美しい詩文をともにうたい上げるに違いない。

　古代シルクロードは決して安定したものではなかった。沿線諸国の政治、経済状況と深くかかわり、その盛衰は中央王朝の統一と支配に握られていた。実際、唐王朝の「安史の乱」の後、シルクロー

ドは長い間打ち捨てられていた。この時期、航海術を身につけたア
ラブ人が海を通って広州、泉州、寧波などに来るようになったこと
で、陸上シルクロードの存在価値は色あせてしまったのだ[3]。

　「一帯一路」はこうした古代シルクロードの不安定さを乗り越え、
グローバル化を再構築するという時代の使命を果たさなければなら
ない。「一帯一路」がつくり出すユーラシア地域の交通網は、世界
経済のエンジンであるアジア太平洋地域と世界最大の経済体である
EUとをつなぎ、ユーラシア大陸に新たな空間とチャンスをもたら
し、さらには東アジア、西アジア、南アジアという経済波及エリア
を形成することだろう。貿易と投資の円滑化を進め、経済技術協力
を深め、自由貿易圏を設け、最終的にユーラシア大市場をつくるこ
と。これが二本のシルクロード建設の基本的な方向と目標である。
そして域内貿易と生産要素を最適に配分し、地域経済統合を促進し
て、地域経済と社会を同時に発展させていく。ユーラシア大陸自由
貿易圏あるいはユーラシア大市場の形成によって、現在の世界経済
の版図は大きく塗り替えられ、新たな世界の政治経済秩序が生み出
されるだろう。


# 四、マーシャル・プランを超えた「一帯一路」

　古代シルクロードのみならず、「一帯一路」は他の国家の類似戦
略をも超越している。「ニューヨークタイムズ」は2009年1月5日
の時点で早くも、中国の「走出去」戦略を「北京のマーシャル・プ
ラン」と呼んでいた。こうした言い方は「一帯一路」が提起されて
以降さらに広まった。だが実際は、「一帯一路」は中国版のマーシ
ャル・プランなどではなく、マーシャル・プランを超越したもので
ある。

　第二次世界大戦後ほどなくして、米国は戦争で被災した西欧国家

に対する経済援助と復興支援の計画を始動させた。欧州復興計画とも呼ばれるこの計画は、当時の米国務長官の名前から歴史的に「マーシャル・プラン」と称される。マーシャル・プランはヨーロッパと米国にウィンウィンをもたらすと考えられたが、欧州分裂の要因にもなった。一方米国は、自らが主導したブレトン・ウッズ体制を固め、北大西洋条約機構（NATO）の創設を推進させるなど、「マーシャル・プラン」の最大の受益者となった。

　確かに「一帯一路」戦略と「マーシャル・プラン」には多くの類似点がある。いずれも海外への投資によって、ふんだんな資金や豊かで優れた生産能力と遊休生産能力を消化し、自国通貨の国際化を促すものだからだ。しかも後者は前者にとって歴史的手本である。だが結局は、時代背景も、実施主体と中身も、方式も異なるものである。

　双方には複数の点でやや大きな違いがあるが、まとめると以下のようになる。

## 1．時代背景の違い

　米国のマーシャル・プラン推進の狙いは、ヨーロッパの資本主義国家の戦後復興をできるだけ速やかに実現して、ギリシャ、イタリアなどヨーロッパ国家の共産党が戦後の経済的疲弊や政治的混乱に乗じて政権の座を奪おうとするのを阻止し、それによって西へと勢力を拡大するソ連と共産主義国家に対抗することにあった。これは経済でいうところの「トルーマン・ドクトリン」であり、冷戦の重要な一部でもあり、米国が最終的に覇権を握るための全世界への奉仕であった。またこのプランによって、後に結成される地域軍事集団すなわちNATOの経済基盤が固められた。冷戦の引き金を引いたマーシャル・プランは、イデオロギーの色合いがかなり強いものだった。

　一方の「一帯一路」は、冷戦という背景もイデオロギーの色合い

もなく、古くもあり若くもある。古代シルクロードの現代の復興として、「平和・協力、開放・包容、相互学習・相互参照、互恵・ウィンウィン」のシルクロード精神を継承し、かつ大いに発揚するものである。また、国際協力イニシアチブとして、ポスト金融危機の時代に、世界経済の成長の牽引役たる中国が自国の生産能力の優位性、技術と資金の優位性、経験とモデルの優位性を市場と協力の優位性に転化させた結果であり、中国の全方位的な開放の結果である。

## 2．実施意図の違い

マーシャル・プランの真意は、米国が援助によってヨーロッパ経済を復興させ、これをソ連に対抗する重要なパワーとツールとすることにあった。と同時に米国がヨーロッパ市場をより便宜的に管理し支配できるようにする狙いもあった。米国はマーシャル・プランの提案に際し、非常に厳しい政治的条件を加えた。ヨーロッパの親ソ連国家はすべて排除し、また同盟国であっても、このプランに参加する国家には基準と規則を設けた。期限が限られ、返済利子も高かったが、支援を受ける西欧諸国はこれらを無条件に受け入れるしかなかった。このプランは結果的に、欧州分裂の要因となった。米国によるヨーロッパ支配という戦略的意図を見せつけ、ヨーロッパを安定させることによってソ連の勢力拡大に対抗するという戦略的使命を帯びたマーシャル・プランは、NATO誕生を促した。

一方の「一帯一路」は、一つの共同協力のプラットフォームであり、中国による国際協力イニシアチブおよび国際社会に向けた公共財である。「ともに議論し、ともに建設し、ともに享受する」原則を強調し、新型国際関係と21世紀の地域協力モデルを提唱している。このイニシアチブは協力・ウィンウィンの基礎の上に築かれ、沿線諸国と平等かつ友好的な経済取引、文化交流を行うことを呼び掛け、それにより沿線諸国の経済発展を促進するとともに、中国と呼応する国家との経済協力を強化するものである。こうした経済・文化交

流はすべて平等・自由意志を前提としてはぐくまれる。

## 3．参加国の構成の違い

マーシャル・プランの参加国は米国、英国、フランスなどヨーロッパの先進国を主とする20世紀資本主義強国であり、社会主義国家および多くの第三世界の国々は蚊帳の外に置かれた。これは第一世界対第二世界の援助である。

「一帯一路」は古代「陸上シルクロード」と「海上シルクロード」の沿線諸国を主として、他の国家へと範囲を開拓、延伸していく。その多くは発展途上国だが、新興国や先進国も含まれる。発展途上国同士の経済協力や文化交流の促進、各国家の優勢相補、差別化競争、経済統合の推進、南南協力、地域協力、大陸間協力の新モデル創設に資するものだ。

## 4．内容の違い

「マーシャル・プラン」の主な内容は、米国による西欧への物的資源、資金、労働、政治支援の提供であった。このうち資金援助については、米国製品の購入に充てること、できるだけ関税障壁を取り払うこと、外貨規制を取り消すか緩和することを西欧諸国側に求めた。被支援国は米国の監督を受け、自国と植民地で生産された戦略物資を米国に供給しなければならなかった。また、マーシャル・プランの援助資金を自国通貨で構成する資金に変換するための「見返り資金（counterpart fund）」が、米国が管理する形で設けられたほか、米国の個人投資と開発の権利が保障された。その結果、米国はヨーロッパ向けの輸出を数多く確保し、米ドルが西欧貿易の主要な決済通貨となったことで、戦後の米国による金融覇権の確立、ヨーロッパに対する米国の政治経済の影響力強化と拡大につながった。またマーシャル・プランは、社会主義国家との貿易削減、「国有化」計画の放棄など、冷戦の影響を強く反映した内容も含んでいた。

これに対し「一帯一路」は、中国とシルクロード沿線諸国とが優れた生産能力を分かち合うものであり、マーシャル・プランのような一方向の輸出では決してない。プロジェクト投資をともに協議し、インフラをともに建設し、協力成果をともに享受するなど「五通」を含んだその内容は、マーシャル・プランよりはるかに充実しているといえる。

## 5．実施方式の違い

　マーシャル・プランは1947年7月に正式に始動し、丸4年の財政年度の間続いた。この間に西欧諸国が経済協力開発機構（OECD）の参加を通じて受けた米国による援助の総額は、金融、技術、設備などの形式を含めて130億ドルに上った。この額はマーシャルが演説した年の米国の国内総生産（GDP）の5.4％前後に相当し、計画期間全体では1.1％を占めた。インフレ要素を勘案すると、この数字は2006年の1,300億ドルに当たる。計画の中心は、米国主導で同国の第二次大戦後の強大な経済力を元手に、西欧諸国に資金供与や融資、再建支援、経済援助、技術支援を行うことで、被支援国の戦後の経済再建を速やかに実現することにあった。ここには「米国―西欧諸国」という一対複数の図式が反映されている。

　「一帯一路」は中国により提唱され、「シルクロード」沿線諸国がともに参加し協力することで完成する。沿線諸国は積極的に辺境の港湾を開放し、交通インフラを共同で整備して、経済協力と文化交流のために完全なインフラをつくる。ここに反映されているのは「シルクロード」沿線諸国による複数対複数の協力モデルである。また、「一帯一路」は沿線諸国の発展戦略、計画、標準、技術のリンクを特に重視している。その趣旨は、中国の発展のチャンスを沿線諸国の発展のチャンスに変え、種族も信仰も文化背景も異なる国々がともに発展すること希求し、シルクロード基金とアジアインフラ投資銀行（AIIB）の設立を介して、より多くの公共財を周辺諸

国と地域協力に提供することにある。実施周期もマーシャル・プランよりはるかに長く、基本的には中国の「三段階発展」戦略の延長である。中央アジア、中東、東南アジア、南アジアなどのルートによって経済回廊、工業団地、港湾建設などのプロジェクトを陸と海から同時に展開し、ヨーロッパ・アジア・アフリカの相互接続ネットワークを段階的に構築するものだ。

　従って、「一帯一路」は決して中国版マーシャル・プランなどではなく、むしろこれを超越したものといえる。もちろん、マーシャル・プラン成功を支えた初期の宣伝手法やシステム化の実施方法など、参考に値する面もいくつかある。例えば、米国政府の国内組織「マーシャル・プラン支援委員会」は、労働組合や利益団体を通じて宣伝を実施。ヨーロッパ各国が援助の中で主導権を勝ち取るには、ヨーロッパ自らが団結し要求を提示していく必要があると力説し、ヨーロッパ統合の動きを米国が積極的に支持しているという姿勢を示してみせた。また、プラン実施において、国内立法によって合法性を保障し、国際協力によってシステム化を進め、社会の力を十分に引き出すことを重視した点も挙げられる。中国が推進する「一帯一路」の協力発展戦略が周辺諸国に受け入れられ、世界の強国に認められるようにするためには、こうした経験も多少は参考になるだろう。


# 五、シルクロード復興計画を超えた「一帯一路」

　中国は古代シルクロード復興の創始者では決してない。逆に新参者である。では「一帯一路」はどのようにして先駆者たちを追い越したのだろうか。

　過去に各国が打ち出したシルクロード計画と、中国がこのほど提起した「シルクロード経済ベルト」には大きな違いがある。「シル

49

クロード経済ベルト」は古代シルクロードとともに何代にもわたっ
て受け継がれるものだ。一般的な意味の経済ベルトの規模を超えた、
クロスボーダーの経済ベルトに属し、地域協力の新モデルを構築し
て、周辺国家と「利益共同体」、「運命共同体」を築くことを長期目
標としている。現時点ではまだ「シルクロード経済ベルト」はやや
抽象的な構想である。対象となる地理的範囲、協力分野や協力メカ
ニズムの調整、具体的な実施方法、実施ステップおよび目標などを
できるだけ速やかに具体化する必要がある[4]。

　**国際連合教育科学文化機関（UNESCO）とUNDPの「シルクロー
ド復興計画」**。UNESCOは1988年、東西間の文化交流を促し、ユー
ラシア大陸各国人民同士の関係改善を目的とする「シルクロード・
対話の道　総合調査」プロジェクトを10年を期限に始動させること
を宣言した。以降、科学的実地調査や国際学術シンポジウム、関連
文化財の展覧会、「シルクロード」観光プロモーションなど、「シル
クロード」問題をめぐる数々の活動を行い、「シルクロード」に対
する国際社会の関心を引き出した。

　一方、UNDPは2008年に「シルクロード復興計画」を提唱。230
のプロジェクトからなる同計画は、2008年から2014年を実施期間
とし、投資総額は430億ドルに上った。その目的は古代シルクロー
ドなどユーラシア大陸の主要道路、鉄道、港湾、通関をソフトとハ
ードの両面から改善し、二千年前のシルクロードを輝かしくよみが
えらせることにあった。ロシア、イラン、トルコ、中国など19カ
国が参加し、6本の輸送回廊の建設を計画。この中には中国からヨ
ーロッパ、ロシアから南アジアに至るルート、中東鉄道と道路の建
設が含まれていた。

　**日本の「シルクロード外交」戦略**。日本は2004年に中央アジア
五カ国およびコーカサス三カ国を「シルクロード地域」と定め、こ
の地域を日本の新たな外交戦略の重点とすることを打ち出した。
「シルクロード外交」構想に基づき、日本は地政学の観点から、中

央アジア・コーカサス地域というこの世界戦略の要衝に足場を固めようと考えた。同時に、経済的利益を考慮し、中東に劣らぬ埋蔵量を誇るこのエネルギーの宝庫を先んじて押さえ、政治的影響力と経済の浸透を強めることでこの地域のエネルギー開発と貿易の主導権を握ろうと試みた。

**米国の「新シルクロード」計画。**米国の「新シルクロード」計画はシンクタンクと政府当局による二つに分けられる。シンクタンク側は、2005年に米国のジョンズ・ホプキンス大学中央アジア・コーカサス研究所のフレデリック・スター所長が打ち出した「新シルクロード」構想である。南アジア、中央アジア、西アジアをつなぐ交通輸送および経済発展ネットワークの構築を目指すもので、アフガニスタンを軸として、石油・天然ガス資源が豊富な中央アジア、西アジアの国家と経済発展著しいインドないし東南アジアを接続し、それにより各国間および複数の大きな地域間の優勢相補を促し、アフガニスタンを含むこの地域の国々の経済と社会の発展を推進しようとした。

一方、政府当局が2011年に打ち出した「新シルクロード」計画は、アフガニスタンを中心とするもので、その狙いは米国をはじめとする国軍部隊がアフガニスタンから撤退した後、米国主導でアフガニスタンの戦後再建業務を進め、アフガニスタン隣国の投資や支援を期待してユーラシア大陸内陸部の発展プロセスにおける米国の主導的地位を守ることにある。これは実際には、米国を推進役に、アフガニスタンを中心として中央アジアと南アジアをつなぎ、一つの地域的な地政学、経済構造の確立を図るものである。その最も重要な点は、これらの国家は中国、ロシア、イランを包囲して抑止するために、米国の軍事基地を置かねばならないということだ。

「新シルクロード」は一本の道ではなく、地域交通と経済の広大な連携ネットワークであるというのが米国の考えである。米政府当局の解釈に従えば、この計画の建設にはソフトとハードの両面が含

まれている。ソフト面は貿易の自由化、貿易障壁の緩和、管理制度の整備、越境手続きの簡素化、通関処理の迅速化、役所的なやり方の克服、汚職・腐敗の根絶、投資環境の改善など。一方のハード面は中央アジア、アフガニスタン、南アジアをつなぐ鉄道、道路、送電網、石油・天然ガスパイプラインといったインフラ補修工事である。ソフトとハードの両面の建設を通して、商品、サービス、人の地域をまたいだ自由な移動を推進しようとしている。

　**ロシアの「新シルクロード」**。中国から中央アジアとロシアを経由してドイツのデュイスブルクに至り、かつヨーロッパ鉄道網と港湾をつなぐ「中国欧州輸送回廊」。この現在建設中の回廊をロシアは過去に何度も「新シルクロード」と称してきた。また、この「新シルクロード」でロシアは決定的な役割を果たすだろうとも表明している。

　**イランの「鉄道シルクロード」**。イランは2011年、イランの鉄道路線をアフガニスタン、タジキスタン、キルギスの三国を通って中国の鉄道路線と接続させる計画を始動すると述べた。この鉄道路線は、外部から「鉄鋼シルクロード」あるいは「シルク鉄道」と呼ばれている。

　**カザフスタンの「新シルクロード」プロジェクト**。2012年、カザフスタンのナザルバエフ大統領は外国投資家評議会第25回全体会議の席上で、「新シルクロード」プロジェクトの始動を宣言した。カザフスタンは自らの歴史的地位を取り戻すべきであると述べ、中央アジア地域最大の中継センター、そしてヨーロッパとアジアをつなぐ独自の懸け橋となって、同国の主要輸送回廊上に一元化された世界水準の貿易物流、金融ビジネス、製造技術革新および観光センターを建設することを打ち出した。

　「一帯一路」はこうしたシルクロード復興計画をどのように超越したのだろうか。このことは「一帯一路」の将来的任務の問題にかかわってくる。

52

# 六、「一帯一路」戦略の将来的任務

　世界地図を見ると、「一帯一路」の東端はアジア太平洋経済圏に、西端はヨーロッパ経済圏にまで及ぶ。「世界最長で、発展の可能性を最も秘めた経済大回廊」と考えてよいだろう。機先を制して国家戦略の「追い風」に乗ろうと、中国国内の多くの省（自治区・直轄市）が「一帯一路」計画と構想への参加に次々と名乗りを上げている。

　二本の「シルクロード」は国内の全面的開放戦略に立脚して、西部経済の発展を促すものだ。「一帯一路」の地方拠点は、陝西、甘粛、青海、寧夏、新疆の西北五省（自治区）と、重慶、四川、雲南、広西の西南四省（自治区・直轄市）と、江蘇、浙江、福建、広東、海南の東部五省とで構成されている。

表1　「一帯」九省（自治区・直轄市）の位置付け

| 省区 | 機能の位置づけ | 接続都市 |
|------|----------------|----------|
| 新疆 | 「一帯」の中心エリア | ウルムチ、カシュガル |
| 甘粛 | 「一帯」のゴールデン区間 | 蘭州、白銀、酒泉 |
| 寧夏 | 「一帯」の戦略支点 | |
| 雲南 | 戦略支点、ルートターミナル | |
| 広西 | 重要拠点、戦略接続点 | |
| 陝西 | 重要支点 | 西安 |
| 青海 | 西への開放の主要陣地 | 西寧、海東、格尔木 |
| 四川 | 「一帯一路」の重要交通ターミナルおよび経済内陸要地 | |
| 重慶 | 長江上流の総合交通ターミナル、内陸開放のための重要地 | |

表2 「一路」五省の機能的位置付け

| 省 | 機能の位置づけ | 接続都市 |
|---|---|---|
| 福建 | 「一路」の中心エリア | 福州、アモイ、泉州、平潭 |
| 広東 | 「一路」の足掛かり | 広州、深圳、恵州 |
| 江蘇 | 「一帯一路」の合流接続点 | 徐州、連雲港 |
| 浙江 | 「一帯一路」戦略の経済貿易協力先行エリア、オンライン・シルクロード試験区、貿易物流ターミナルエリア | 杭州、寧波、温州 |
| 海南 | 「一路」の拠点戦略支点 | 海口、三亜 |

　「一帯一路」は現状の点状、ブロック状の地域発展モデルを打破するものである。早期の経済特区にしても昨年成立した自由貿易区にしても、みな単一地域を発展の突破口としている。だが「一帯一路」はこれまでの点状、ブロック状の発展の枠組みを抜本的に改め、中国東部、中部、西部を貫く横のラインと、主要沿海港湾都市をつなぐ縦のラインとからなり、かつ中央アジア、ASEAN地域に向かって延伸していく。これによって中国の地域発展の版図が変わり、省や自治区の間の相互接続、産業の受け入れや移転がより重視されるようになり、経済モデルの転換と高度化の加速につながるだろう。

　このことから、「一帯一路」は中国の第二次改革開放であり、中国の地方が世界に進出するための重要な媒介であって、中国社会と外部世界とのさらなる融合を促すものであることが分かる。ポーランドのタデウス・チョムスキー駐中大使もこう語っている。「一帯一路戦略計画によってポーランドと中国の省や都市との間の協力は強まるだろう。こうした協力はすでに両国の戦略的協力パートナーシップの要の一つになっている」⑤

第一章　歴史を超える「一帯一路」

## 1　優位性発揮に注力

| 省（自治区） | 主な内容 |
|---|---|
| 新疆 | 「五大センター（交通ターミナル、商業貿易物流、金融、文化・科学教育、医療サービス）」の建設 |
| 青海 | 「一帯」の戦略ルート、重要支点、人文交流センター |
| 寧夏 | アラブ諸国とムスリム地区を重点として、開放型経済の新体制を速やかに構築 |
| 広西 | 国際大ルートの建設、「一路」の主要接続点と重要プラットフォーム |
| 江蘇 | 東部隴海産業ベルトと都市軸の構築 |
| 浙江 | 陸海統一、東西連携、南北貫通の開放の新たな枠組み |
| 海南 | 「一帯一路」戦略のリンクと支援サービス、経済開放度のアップ |

## 2　相互接続の促進

| 省（自治区） | 相互接続の重点 |
|---|---|
| 甘粛 | 総合交通、エネルギールート建設の重点的推進 |
| 青海 | 「一横三縦」総合輸送ルート |
| 雲南 | 「七出省」、「四出境」ルート |
| 陝西 | 中国が西へ開放する重要ターミナル |
| 浙江 | 上海国際航運センターとの相互接続の強化 |

## 3　メディアプラットフォームの提供（一路）

| 省 | メディアプラットフォーム建設 |
|---|---|
| 雲南 | 中国南亜博覧会、昆交会、バングラデシュ・中国・インド・ミャンマー地域協力フォーラムなどの協力プラットフォーム |
| 江蘇 | 中国・カザフスタン（連雲港）物流協力基地 |
| 浙江 | 「一帯一路」沿線をつなぐ物流ルートと協力プラットフォーム |

## 4　メディアプラットフォームの提供（一帯）

| 省（自治区） | メディアプラットフォーム建設 |
|---|---|
| 陝西 | 「中国・中央アジア経済協力工業団地」、特色ある輸出商品基地と中央アジア五カ国エネルギー交易プラットフォーム |
| 甘粛 | 蘭州新区、敦煌国際文化観光名城、中国シルクロード博覧会の三大戦略プラットフォーム |
| 寧夏 | 内陸開放型経済試験区プラットフォーム、中国・アラブ諸国博覧会「金字塔ブランド」 |
| 広西 | 中国・ASEAN博覧会、中国・ASEAN商務および投資サミット、中国・ASEAN自由貿易圏フォーラムなどの重要プラットフォーム |

## 5　接続都市の建設

| 都市 | 機能の位置付け |
|---|---|
| 湛江 | 広東とASEANをつなぐ先行区、21世紀海上シルクロードの主要接続点と重要プラットフォームの建設 |
| 恵州 | 21世紀海上シルクロードの足掛かり、競争優位産業協力発展結集区、臨海観光連動発展モデル区、民間交際文化交流活力区 |
| 舟山群島 | 21世紀海上シルクロードの重要地域と港湾接続点 |

## 6　発展の相乗効果の形成

| 地域 | 合意内容 |
|---|---|
| 江蘇、陝西、寧夏、新疆など | シルクロード経済ベルト物流連動発展協力同盟 |
| 西北五省区 | 「シルクロード経済ベルト西北五省区文化発展戦略同盟枠組み協定」 |
| 広東 | 沿線国家との協力強化、陸海統一の推進 |
| 雲南 | BCIM経済回廊の計画と建設 |
| 泉州、寧波、広州、南京など | 9都市合同で「海上シルクロード」を文化遺産に申請 |

第一章　歴史を超える「一帯一路」

　以上から、「一帯一路」は中国企業の「走出去」戦略を超越したものであることが分かるだろう。そればかりか、地方の「走出去」を進めることで、中国と世界が深く全面的に影響し合う新たな手段を確立するという、より大きな将来的任務を帯びているのである。

　「一帯一路」を提起した基本的背景には、中国と世界の関係の変化がある。単純にグローバル化に溶け込むのではなく、中国は新たなグローバル化のスタンダードを創造しようとしている。今世界ではさまざまな地域協力が図られ、米国もTPPやTTIPを積極的に推進している。全世界レベルの投資協定交渉、国際秩序、国際ルールそのものが変化しつつあり、従来の国際体系はすでにその維持が難しくなっている。中国ももはや単なるステークホルダーではなく、とりわけ金融危機後はグローバル化の最大の受益者であると国際社会から見られるようになった。そのため今では、多くのルールがつくられて中国は二度と「ただ乗り」が許されなくなり、より高いコストを払わねばならなくなった。よって、中国は新しい貿易ルール、投資ルールを積極的に生み出していく必要がある。

　中国の比較競争優位は、かつては安価な労働力であった。世界各地の原材料と資源は中国に運ばれて加工され、その後再び世界各地に輸送された。この種のモデルは持続可能なものではない。当初、中国は市場開放によって先進国の技術を引き換えに手に入れようと考えていたが、中核技術は市場を使って交換できるものではない。だが現在、中国は技術面で立ち遅れるどころか、リードしている分野すらある。資本にも比較的余裕があり、外貨準備高は４兆ドルに上る。資本と技術の両方にいくらかの優位性があるならば、より大きい市場を求め、技術と資本の優位性をスタンダードの優位性に変える必要がある。例えば、高速鉄道や送電網は普及することで「中国標準」となり、新しいグローバル競争の中で中国をサプライチェーンのローエンド、ミドルエンドからハイエンドへと成長させた。

　中国の経済成長は改革開放後、長い間投資と輸出によって牽引さ

57

れてきた。2008年以降、世界金融危機の影響を受けて、輸出相手の先進国市場が委縮するようになると、投資による牽引効果は一層顕著になった。2013年の経済成長に対する投資の貢献度は、他の国が過去最高でも40％にとどまる中、54.4％に達した。たとえ投資貢献度が落ちたとしても、多くの海外投資を続ける必要がある。かつての「Made in China」は全世界に向けて生産されていたが、今の世の中はそれほど多く消費できなくなった。中国経済もいわゆる「新常態（ニューノーマル）」に突入し、多くの生産能力を海外に移す必要が出てきた。外交は内政の延長であり、内政とは実のところ生産方式の転換であり、中国と世界の関係の転換である。外交において情勢を読んで動かねばならないというのは、つまりこの転換に基づいている。一方、中国は国際ルールを自発的に形づくる能力を備えつつある。資本と技術という一定の優位性を持つ以外に、米国が相対的に凋落し、ゲームのルールをつくる能力も願望も低下しているという要因もある。従って、中国はもはや単なるグローバル化のステークホルダーではなく、グローバル化のエンジンであるといえる。中国の生産方式が国際分業体制のどの地位にあるかによって、中国と世界の関係が変わり、さらには外交政策の対処方法が決まるということだ。中国と世界の関係は売買関係、投資関係から発展関係へとグレードアップし、利益共同体、責任共同体から運命共同体へとグレードアップする。「一帯一路」イニシアチブの提起から一年余りが経ったが、沿線の60カ国以上がこれに応え、明確に支持を表明し、あるいは自国の発展計画とリンクさせた。「一帯一路」が中国外交の今後の重点努力目標の一つとなったことは、「経済建設を中心とする韜光養晦（才能を隠して、内に力を蓄える）」の外交政策段階を超え、国際公共財を積極的に提唱し提供する「奮発有為（勇んで事を成す）」の段階に転換したことを意味している。

　これまでも、中国と世界のウィンウィンの追求は行ってきた。ただ、中国の利益が99％で、ほかの国の利益が1％しかないなら、当

然中国に非難が集中するだろう。先進国にはさらにウィンウィンを
強調すべきであるが、発展途上国に対してはウィンウィンばかりを
力説してはならない。中国は一般的な発展途上国ではなくなったた
め、ほかの発展途上国により多くの援助や先行投資、技術移転を行
うことが求められる。従ってわれわれは今、第三世界に対しては適
切な「義利観（政治的には正義・道義を堅持し、経済的にはウィン
ウィンの原則を厳守するという観点）」と「責任共同体」を打ち出
し、先進国に対しては「利益共同体」を説き、周辺諸国に対しては
「運命共同体」を説いている。アジアの新安全保障観とはすなわち、
この運命共同体の体現である。周辺の複数の面倒ごとを解決し、中
国と周辺国家の長い交流の道を見出すためには、外交を従来の経済
建設を中心としたものから、発展と安全保障の両輪駆動に変えねば
ならない。持続可能な発展、気候変動、エネルギー、安全保障など
多方面にわたるこの発展は、経済発展より幅広いものだ。

　一言でいえば、「世界が中国を育てる」から「中国が世界に報い
る」という変化が、「一帯一路」戦略提起の時代背景である。そし
て中国の夢と世界の夢を融合させることが、「一帯一路」の将来的
任務である。

---

① 袁新涛「"一帯一路"建設的国家戦略分析（「一帯一路」建設の国家戦略分析）」、
　『理論月刊』2014年第11号。
② 陳功「従全球文明的高度看"新絲綱之路"（グローバル文明の視点から見た「新
　シルクロード」）」、『戦略観察』第346号。
③ 葛剣雄「"一帯一路"的歴史被誤読（読み誤られた「一帯一路」の歴史）」、『金
　融時報』中国語サイト、2015年3月11日。
④ 李建民「"絲路精神"下的区域合作創新模式―戦略構想、国際比較和具体落実
　途径（「シルクロード精神」下の地域協力革新モデル―戦略構想、国際比較と
　具体的実施手段）」、『人民論壇・学術前沿』2013年12月上を参照。
⑤「波蘭：一帯一路重要参与者（ポーランド～一帯一路の重要な参加者）」、『対
　外投資』2015年3月。

## ▶第二章

# 「一帯一路」のチャンス


　「一帯一路」戦略は、中国が提起した偉大な提唱であり、国際協力公共財である。その目の前には全方位的な開放のチャンス、周辺外交のチャンス、地域協力のチャンス、全世界発展のチャンスが広がっている。

　まず、「一帯一路」戦略は中国に全方位的な開放のチャンスをもたらす。対外開放政策の中身を充実させ、政策面から対外開放を全方位に広げるよう導き、全方位的な開放の中のチャンスを引き出す。三十年余りにわたる改革開放の中で発展してきた対外開放の概念と実践を受け継ぎ、経済や文化など多くの分野に存在する対外開放の政治的な影響を取り除くべく努力していく。そして、平等互恵、独立自主を一貫して強調し、対外開放における経済を主とする戦略を打破し、文化の先導的役割を生かして、対外開放の中身を大きく進展させる。また、「一帯一路」戦略は中国の対外開放の配置を豊かにし、特に地方において西部と南部の対外開放に新たなチャンスをもたらす。対外開放全体に見られる「東強西弱、海強辺弱」の状況を適時調整し、全方位的かつ協調的な対外開放の新たな局面を地域に生む。東部沿海地域に産業構造の転換・高度化のチャンスを提供するだけでなく、中部・西部の内陸地域にも急速な対外開放のチャンスをもたらす。経済発展に付随する基幹産業やインフラ建設、関連政策の協調性の相対的不足といった顕著な問題から着手し、協調的発展という対外開放のあり方を形づくるのである。さらに、経済貿易協力や関連する基幹産業協力に力を入れると同時に、文化、教

育、観光、医療衛生など数々の分野に対外開放のチャンスを広げる。その一つとして、中国政府は関連支援産業の発展、貿易の円滑化政策、交通・インフラ建設などを手始めに、健全で持続可能な経済貿易協力を築くべく努力している[1]。またもう一つとして、歴史の伝承を強調し、文化先行によって世界の「一帯一路」に対する誤解を解き、関連国の共感を広げることに力を入れている。それによって他の分野での協力を効果的なものにし、「一帯一路」戦略を対外開放における真の文化交流ブランドに育て上げ、中国文化の「走出去」と国際的影響力の拡大とに新たな戦略的チャンスを提供する。

　次に、「一帯一路」戦略は中国に周辺外交のチャンスをもたらす。外交の枠組みの中で中国が周辺外交を第一に置いていることは、現在の中国外交政策における「周辺国を要とする」との言葉に端的に表れている。中国政府は周辺情勢と周辺環境の変化を意識するようになった。中国と周辺国家との経済貿易関係はこれまで以上に緊密に、また互いの影響力はかつてないほど強まっている。中国の周辺外交活動も状況や時代の変化に応じて柔軟に対応する必要が出てきた。周辺外交では善隣友好、誠実な態度、互恵、開放・包容を重視し、これらは「一帯一路」戦略でも一貫して掲げられている。東アジア地域では、中韓関係の発展と中韓自由貿易協定（FTA）の締結が、「一帯一路」沿線の自由貿易圏の手本となるだろう。また、「政冷経冷」の中日関係は「一帯一路」戦略が今後の転換の鍵を握ると思われる。ASEANについては、双方向交流プラットフォームである中国・ASEAN自由貿易圏の運用をベースに、同戦略によって双方の関係を再構築し、戦略的相互信頼を深める機会を得ることができるはずだ。一方、さまざまな対立が複雑に絡み合う南アジア地域はといえば、スリランカは「21世紀海上シルクロード」のインド洋上の支点となり、パキスタンは中国のエネルギー安全保障にとって新たな戦略的保障になるとみられる。またインドは中国との競争の中で双方の利益の一致点と協力の成長拠点を探る努力をしている。

中央アジア地域は、ユーラシア大陸の奥深くにあり港湾都市が少ないという地理的特徴が、長くその経済発展のボトルネックとなっている。「一帯一路」戦略は中央アジア地域の顕在化した矛盾と効果的に対応するものであり、この地域をヨーロッパとアジアをつなぐ戦略的ルートに築き上げるはずだ。そして中央アジア各国と外界との関係を広げ、共同でテロ対策に取り組み、この地域の各国経済を速やかに発展させるだろう。

　またさらに、「一帯一路」戦略は中国に地域協力のチャンスをもたらす。第一に、ユーラシア大陸をつらぬく「一帯一路」は、アジア太平洋経済圏とヨーロッパ経済圏をつなぐものであり、沿線諸国の経済と投資構造にはやや強い相互補完性がある。インフラ建設、道路交通、物流、商品サプライチェーンなどの一層の整備を基礎に、「一帯一路」戦略は経済貿易関係を発展させ、地域経済統合を加速させるだろう。第二に、アジア太平洋地域は複雑に入り組んだ安全保障問題を抱えている。長く安定した周辺環境を維持できないことは、アジア太平洋地域の経済とその他の分野の発展にとって足かせとなっている。この中でもテロリズムはこの地域の安全保障環境を阻害する要因の一つである。「一帯一路」戦略は上海協力機構（SCO）の協力プラットフォームをそのまま活用した上で、域内外の協力パートナーをさらに加えて、テロ対策の連動効果を図る。第三に、この戦略を支持する声は確かに主流ではあるが、一方で疑問や反対の声も少なくない。こうした疑問に対処する上で、民心の通い合いは「一帯一路」戦略の突破口になる。この戦略の策定と進展の過程で、中国政府は単に経済的利益だけを考えた習慣的思考からの脱却を図り、民心の通い合いが協力の中で果たす基盤としての役割を提唱し、人文交流が戦略の中で果たす役割を重視し、それによってこの戦略の民意基盤を固めていく。第四に、アジア太平洋経済圏とヨーロッパ経済圏との間の取引は交通や物流など一連の要因により、明らかに落ち込んでいる。アジアとヨーロッパをつなぐ「一

第二章 「一帯一路」のチャンス

帯一路」はアジアとヨーロッパの市場統合と協力拡大のきっかけとなるはずだ。

　最後に、「一帯一路」戦略によって、世界中がグローバルな発展のチャンスを手にする。中国が提起したこの戦略の初志は決して閉鎖的で利己的な協力体系を築くことではなく、強い互換性を持つ開放的な協力プラットフォームを構築することである。世界のどの国もこの戦略の中で発展のチャンスをつかめるだろう。「一帯一路」戦略は、国際的事務にもっと参与したい、国際的責務をもっと果たしたいという中国の前向きな願いの表れである。中国には能力も責任感もあるという国際的イメージを世界に示し、中国に対する世界の認識と位置付けを再構築することができるはずだ。そしてそれにより中国と世界の相互協力と交流は大きく進展するだろう。現在の世界経済は今なお危機から抜け出せておらず、回復力も弱い。「一帯一路」戦略は中国と世界をつなぐ新たな懸け橋として、中国モデルと中国の恩恵を世界に与えることができるに違いない。「一帯一路」は世界のつながりを強めて、世界各国の経済発展を一つのプラットフォームの中に収めるものだ。国家の大小や中国からの距離に関係なく、世界中の国々がこの戦略の軌道に乗せられ、自国の比較優位を発揮させて、互恵・ウィンウィンの国際経済協力新モデルを創造していく。一方で、地域および世界の経済統合推進において、ASEANが主導する東アジア地域包括的経済連携（RCEP）や、米国によるTPP、各国間のFTAなど一連の構想はそれぞれ異なる特徴を持つ。それに対し「一帯一路」戦略が提唱するのは、パートナー的で非競争的な関係である。各当事者はそれぞれの地域経済統合モデルの中の共通点と利益の一致点を探る努力をすべきである。それによりモデル同士の協調、相互補完、協力を引き出して、世界経済の統合と世界の発展に新しい成長分野を提供するのである。

63

# 一、全方位的な開放のチャンス

　改革開放から三十年余りが経過したが、その中で対外開放は中国の基本国策として、国民経済の発展を推進する重要な役割を果たしてきた。中国政府はこの間、対外経済と技術交流の大きな発展と強化に力を注ぎ、国際交換や国際競争にも積極的に参加してきた。その結果、中国の経済構造は閉鎖型経済から開放型経済へと転換を果たし、国民経済の健全かつ急速な発展を後押しした。だが、世界の政治経済が構造転換調整期に突入し、中国の対外経済情勢にも大きな変化が起きて「新常態」に入ると、対外開放政策は新たな壁にぶつかるととともに、これまでにない問題がいくつも表面化してきた。こうした歴史的タイミングでの「一帯一路」戦略の提起は、「対外開放の新たな枠組みを構築し、中国経済が世界にさらに融和するようリードする強力なエンジン」[2]となるだろう。そして、中国の対外開放の枠組みを豊かにかつ完全なものにして、対外開放が抱える固有の問題を効果的に解決できるはずだ。そうなれば中国は今後、全方位的な開放のチャンスを新たに迎えることになる。このチャンスが具現するものは、対外開放政策理論の拡大、対外開放の地域配置のよりよいバランス、そして対外開放に含まれる産業と分野の開拓である。

　第一に、「一帯一路」戦略は対外開放政策の中身を充実させ、政策面から対外開放を全方位に広げるよう導き、全方位的な開放の中のチャンスを引き出すものだ。中国の基本国策である対外開放は、極めて包括的な概念であり、その進化の過程は中身を広げ発展させる過程でもある。「対外開放」は1980年6月、鄧小平が外国からの客人に最初に接見した際に、中国の対外経済政策として初めて公になった。さらに1981年11月に開催された第五期全国人民代表大会第四回会議の政府活動報告の中で、「対外開放政策を実行し、国際

経済技術交流を強化することが、われわれの確固不動な方針である」と明確にうたわれた。そして、1982年12月に対外開放政策は正式に中国の憲法に明文化され、80年代から90年代初期には、経済特区、沿海開放都市、沿海経済開放区が次々に設けられた。だがこの時期、「対外開放」の中身はまだきちんと明確に整理されたものではなく、政府主導の「対外開放」は単に中国が世界を理解し、世界が中国を理解するための窓口を提供したにすぎず、開放する分野も範囲も極めて限られた「モデルケース」だった。その役割は主に、中国経済の閉鎖的局面を打破して、対外開放という窓口を用いて中国の市場経済の要素を育てることにあった。

　こうした限定的な対外開放が広がりを見せ始めたのは、1992年の鄧小平の南巡講話以降のことである。河川沿線、内陸、辺境都市が徐々に対外開放され、南から北へ、東から西へと段階的に広がって、「経済特区―沿海開放都市―沿海経済開放区―河川沿線・内陸開放都市―辺境開放都市」といった広範囲で多層的で重点的で、点と線と面が結合した対外開放の新たな枠組みが形づくられた。この時すでに対外開放は窓口とデモンストレーションという役割を超えていた。工業を主とし、外資の吸収を主とし、輸出の開拓を主とする「三つの主」の方針を堅持し、ハイテク産業の発展に力を入れ、中国経済を世界に融和させつつあった。世界市場が経済発展にもたらす作用を重視して、独立自主、自力更生、平等互恵の原則の下、国内外の二つの市場、二つの資源を存分に活用して、世界各国との経済貿易取引を大きく進展させた。

　21世紀に入った2001年、中国のWTO加盟で、対外開放の中身は飛躍的に拡大した。自国の体制やルールを国際慣行のルールに合わせるようになったことで、政府のマクロ調整方法に重大な変化が生じた。2002年の中国共産党第十六回全国代表大会報告で「走出去」戦略を初めて打ち出し、この戦略の実施は対外開放の新しい段階における重大な取り組みであると指摘した。次の2007年の第十七

回大会報告ではこれを踏まえて、「対外開放の広さと深さを拡張し、開放型経済のレベルを引き上げる。対外開放という基本国策を堅持しつつ、『引進来』と『走出去』をよりしっかりと結び付け、開放分野を広げ、開放構造を最適化し、開放の質を高め、内外連動、互恵・ウィンウィン、安全・高効率な開放型経済体制を整える。経済のグローバル化を背景に、国際経済協力や競争にかかわる新たな優位性を生み出す」としている。さらに2012年の第十八回大会報告では、開放型経済のレベルを全面的に引き上げ、経済のグローバル化という新しい情勢に適応することを強調し、開放戦略をより積極的に実行して、互恵・ウィンウィン、多様・均衡、安全・高効率な開放型経済体制を整えなければならないと提起した。以上のことから、対外開放政策が、範囲も分野も限られていた当初の開放から全方位的な開放へ、モデル事業を特徴とする政策主導の開放から法律の枠組み下での予見可能な開放へ、さらに一方通行の自己的な開放からWTO加盟国との間の相互の開放へと変化していったことが分かる。この時期、対外開放された中国の産業は大きく増え、生産と資本の国際化も進み、先の二つの時期には足を踏み入れなかった金融分野も世界の金融システムに融和し始めた。対外開放の中身は発展の中でさらに深化していった。

　「一帯一路」戦略は、以上の三つの時期を経て変化してきた対外開放の概念と実践を受け継ぐと同時に大きく進展させる。この戦略は対外開放の基本的中身を受け継いでおり、すなわち対外開放にその他の条件の制約はほとんど加えられていない。「一帯一路」は平等互恵を一貫して強調し、開放と包容の経済協力イニシアチブとして国や範囲を限定していない。一つの実体ではなく、閉鎖的なメカニズムでもなく、希望すればどんな国や経済体も輪に加わって「一帯一路」の支持者、建設者、受益者となることができる。「一帯一路」の戦略構想と実践方針は中国が打ち出したものではあるが、中国はこの戦略の中で他国の内政に干渉することも、主導権を握るこ

とも、勢力範囲を拡大することも決してない。独立自主と内政不干渉の原則を堅持する。「一帯一路」は中国を主とするのではなく、関係国による共同を主とするべきものだ。中国はこの戦略を実施するにあたり、関係国を一つのまとまった思考と推進ととらえて、関連プロジェクトを関係国の発展戦略の中に組み入れていこうとしている。同時に、二国間協議または多国間フォーラムを通じて各当事者の意見に耳を傾け、「一帯一路」を「利益共同体」や「運命共同体」にまで昇華させることを目指している。

また平等互恵、開放自主などの基本的中身を土台として、対外開放の中身を拡大発展させる。改革開放以降、中国の対外開放の多くは経済、貿易、金融分野ばかりで、ほかの分野は限られていた。「一帯一路」は経済協力の道であるだけでなく、文化や人々の交流の道でもある。経済を主とする対外開放の戦略を打破し、民間交流、人々の往来、世論による宣伝など人文交流の先導的役割を重視して、人文分野にも手を広げる。経済、文化、科学技術、交通など多方面にわたる対外開放によって、外向型経済のさらなる発展を支える。対外開放はもはや孤立した経済戦略ではない。「一帯一路」を建設するには、経済的利益のウィンウィンを超え、多くの分野にまたがる全方位の互恵・ウィンウィンを沿線諸国と実現し、共同発展・共同繁栄の運命共同体を築くことをより一層重視する必要がある。「一帯一路」はさらに、対外開放における中国の役割を改めて位置付けるものである。過去三十年余りにわたる改革開放の中で、中国は一貫して発展途上国と位置付けられてきた。自らをグローバル経済の参加者であり、ルールの追従者として、国際ルールを受け入れ、グローバル経済の発展が自分たちに与える推進作用を享受してきた。だが中国の総合的な国力が次第に強まるにつれ、国際社会により多くの公共財を提供する責任と義務が生まれてきた。「一帯一路」戦略の提起は、中国が受動的な追従者から能動的な引率者に変わったことの表れである。そして、世界の発展のために中国の責任を果た

し、選ぶに値する新たなゲームルールを世界各国に提供して、中国の発展の恩恵を周辺諸国さらには全世界に提供することを示している。

　同時に、「一帯一路」戦略は、対外開放が三十年余りにわたり抱えてきた複数の問題と不足した部分を修正し、中国の今後の全方位的な開放に道を開くものだ。対外開放は長い間政府主導の下で行われてきたため、この中で国家が果たす役割は極めて大きく、「企業の走出去」推進戦略にしても企業の背後には常に政府の影響があった。こうした特性が「中国脅威論」が膨らみ続ける温床となり、ともすれば他国から中国企業の対外行為は中国政府主導の下での行為であると受け取られ、二国間協力でも互いに不信感を抱くようになった。特に、経済利益主導の対外開放と政府主導の企業行為が入り混じったことで、通常のビジネス行為に政治のにおいが漂うことがあり、ビジネス紛争でも政府の影が後ろにちらつくことがあった。こうしたお国事情のために、中国人による投資活動はハードルが上がってしまった。例えば2011年、中国中坤投資集団の黄怒波会長がアイスランド東北部の土地を購入しようとした。だが、アイスランド政府による度重なる引き延ばしや「購入から貸借への変更」要求などで、結局は断念。同様の事態が、2014年に黄会長がノルウェーの北極圏内の土地を購入しようとしたときにも起こった。ノルウェーの現地紙「北極のオーロラ」は、「疑うまでもなく、億万長者の黄怒波氏の背後には中国共産党と中国当局がいる」[3]とコメントし、ノルウェー極地研究所のウェリ・オーストレーム所長も、エネルギーの獲得を渇望している中国が「自らの北極への野心を公に宣言」[4]してしまったと受け取った。しかし、「一帯一路」戦略は中国政府が打ち出した新たな「義利観」を引き継ぎ、国内外の企業が開放的交流の中でより主体的役割を発揮できるように、経済や文化など多くの分野における政治的な影響をなくし、企業の自主性を生かす努力をしている。中国が資本純輸出国となったのに伴い、投資の

第二章 「一帯一路」のチャンス

対外開放構造もこれまでの粗放型の特性から脱し、関係国との相互接続によって資本の国際的運用をよりしっかりと行う必要がある。

第二に、「一帯一路」戦略は中国の対外開放の配置を豊かにし、特に地方において中国の西部と南部に対外開放の新たなチャンスをもたらす。対外開放戦略の始動後、中国は相次いで沿海、河川沿線、辺境の開放政策を実施し、「陸海統一、東西双方向」の全面的な開放の枠組みを徐々に構築した。対外開放のプロセスで、中国は全国を同時に開放するのではなく、多層的かつローラー方式で段階的に範囲と深度を広げていく方針を取った。なぜなら中国の地域経済は発展が不均衡で、地理的条件の差が大きかったからだ。とりわけ閉鎖的で極度に中央主権的な計画経済体制が長年実施され、価格体系や産業構造が世界経済と切り離された状況下では、点から面へと緩やかに対外開放を進める方が、中国の国情と合致し、また経済の急速な発展を促すことができるからである。しかし、これによって各地域の対外開放レベルにスタートの時点でばらつきが生じた。また対外開放が進むと、沿海、河川沿線、辺境の三つの開放政策は、地域特性など多くの要因により、実際の効果に格差が見られるようになった。不均衡な開放戦略によって、各地域の対外貿易や外資誘致の進展に差が生まれてしまったのだ。その中でも辺境地域は、経済発展の立ち遅れ、産業支援の不足、周辺の国際政治環境の複雑化などにより、東部の沿海地域と比べて開放レベルが総じて低く、対外開放は全体に「東強西弱、海強辺弱」の様相を呈していた。2012年に国家発展改革委員会が初めて公表した「中国地域対外開放指数研究報告」も対外開放の発展の構図の直観的な印象を裏付け、地域の対外開放に格差と不均衡が生じていることを示していた。地域対外開放指数は、経済、技術、社会の三つの一級指標を設定して、各地域の対外開放レベルを総合的に評価したものである。報告によると、ランキングリストの上位三位を占めたのは上海、北京、広東。一方で最下位は貴州、青海、チベットだった。中でも対外開放の最

69

前線である上海は、経済開放度で北京や広東を大きく引き離し、中国の経済、金融、海運の中心である輸出志向型経済の優位性が示された形だ。対外開放から三十年余りが経つが、東部沿海地域は開放の前線基地として、中国の経済発展と内陸部の産業構造の転換・高度化を大きく促進させる役割を果たし、中国をアジア第一の、世界第二位の経済体にまで押し上げた。全体的に見れば、対外開放の構図が不均衡であるがゆえに中国の経済発展のスピードが落ちるということは決してなく、一貫して比較的高い成長率を維持してきた。しかし、ここ数年、その発展にも陰りが見え、成長率の鈍化が目立つようになり「新常態」に突入した。中部と西部の中でも西部の辺境にある省や自治区に発展が見られなければ、中国は今後、東部と西部地区の経済発展水準の格差ゆえに全体的な発展の水準が抑制されることになる。こうした経済発展水準の格差によって東部・西部地区の経済と社会の発展にはより一層ひずみが生じ、ひいては発展を遂げた東部の省や自治区を脅かして、国家の経済発展が一種の病的ともいえる不均衡な様相を呈するほどになるだろう。従って、「一帯一路」戦略は、対外開放政策が進む中で生まれた不均衡な発展に必要な政策的調整を行うものであり、東部と西部地区、沿海と内陸地区の経済社会のバランスの取れた発展と中国の経済社会の全体的な発展を実現するための戦略的決定である。東部と中部・西部地区に対外開放の新たなチャンスをもたらし、全方位的かつ協調的な対外開放の新たな局面を地域に生むだろう。

　また「一帯一路」戦略は、東部沿海地域に産業構造の転換・高度化のチャンスをもたらす。対外開放戦略が始まってから、東部地区はスタートであれ発展のスピードであれ国をリードする立場にあり、対外開放レベルや経済発展のスピードでも同様に国内の先頭に立ってきた。しかし、だからといって東部沿海地域の開放モデルが完全無欠というわけではない。国内外の経済発展の構図が変化し、対外開放を早急に深化させなければならなくなると、東部沿海地域の対

70

第二章 「一帯一路」のチャンス

外開放にもいくつかの綻びが見え始めた。中国はすでにハイテク製品の貿易大国であるが、貿易黒字であるからといって産業の国際分業の地位が高いわけではなく、依然として低い地位にあると言わざるを得ない。この点は東部沿海地域の産業配置にかなりはっきりと表れている。この地域は第一次、第二次産業の割合が高い傾向にあり、第三次産業も増えてはいるが、それでも著しく低い。しかもハイテク製品の輸出分野では、ことさらに労働力、土地、資源などの低コストの比較優位ばかりが目立ち、垂直的国際分業のローエンドにとどまっている。ハイレベルなコアコンピタンスを手に入れることが難しく、他国との競争で劣勢に立たされている。具体的に一産業を取り上げると、東部沿海の各省政府は収益周期を考えて、労働集約型産業ばかりを成長させ、技術集約型産業の発展は軽視してきた。そのためハイテク技術の導入不足は明らかだ。

「一帯一路」戦略は地域という側面からいえば、中国全域のほか、中央アジア、東南アジア、南アジア、西アジア、ヨーロッパなどいくつもの地域を網羅し、戦略という側面からいえば日本、韓国、シンガポールをはじめとする先進国だけでなく、ベトナム、フィリピン、カザフスタンなどの発展途上国や、バングラデシュ、モルディブ、ミャンマーなどの後発開発途上国も含む。さらに国家分布の面ではやや大きな階層的特徴があり、これらの点は東部沿海地域の産業構造転換と技術導入に有利である。産業構造転換の観点からいうと、「一帯一路」戦略によって産業移転を進める空間が広がれば、東部沿海地域は一部の労働集約型、資源・エネルギー多消費型産業を国内外の二つの方向に移転することが可能になる。相対的に立ち遅れた地区の経済発展を促すことができるだけでなく、東部沿海地域の産業の高度化の前に立ちはだかる壁をある程度取り除くこともできる。また技術導入の観点からいうと、「一帯一路」が提供するのは産業交流プラットフォームである。「一帯一路」によって相互接続ネットワークが構築されれば、国家間の技術交流も新たな段階

71

に進むことができる。特に中国経済が「新常態」に入り、生産要素による駆動、投資による駆動からイノベーションによる駆動への転換が重視されるようになったため、東部沿海地域はこれを契機に産業技術交流の深さと範囲を広げ、ハイテクの導入を増やし、産業移転の空間を活用して技術集約型産業の発展を加速させるべきだ。

さらに、「一帯一路」戦略は、中部・西部の内陸地区に対外開放を加速させるチャンスをもたらす。さかのぼること1992年、中国対外開放の波は東部沿海地域から十年余り遅れて、ようやく沿海から河川沿線や内陸、辺境都市へと到達した。だがスピードという点では、内陸部の経済発展水準が立ち遅れていたこと、関連産業の支援が不足していたこと、周辺諸国の政治経済環境が複雑であったことなどから、中部・西部地区の経済発展は緩慢で、その中でも開発が遅れていた辺境部は、中部・西部の対外開放の足を引っ張っていた。

こうした問題解決の力になるのが「シルクロード経済ベルト」である。中部・西部地区は多くの隣国と国境を接している。自国の発展だけを考えて、ただひたすらに内陸地区の対外開放を追求するのであれば、中部・西部地区と周辺諸国との経済社会発展の水準の差はさらに広がり、地域内の経済協力や貿易取引にとってマイナスとなる。従って、「シルクロード経済ベルト」戦略は中国の発展に限ったものではなく、周辺諸国の発展を促すことも目指している。中部・西部地区と中央アジア、南アジアなどの地域とで一つの利益共同体を築き、中部・西部地区の発展によって地域内経済の発展を促し、地域内経済の協調的発展によって中部・西部地区の安定した経済発展を保障するものだ。中部・西部地区の中でも周辺諸国と国境を接している地域では、環境の安全性が対外開放の進展を妨げる足かせとなっている。「一帯一路」戦略は本質的には軍事・安全保障戦略ではないが、経済発展にとって好ましい安全な環境を整えることも目的の一つである。同戦略によって今後、SCOによる中央ア

ジア地域のテロ対策合同活動を中心として、西部辺境地域の安全面での不安要素を一掃する努力がなされ、中国と周辺諸国の経済協力に安全で安定した戦略的空間がつくられるだろう。

中部・西部地区の対外開放の進展を妨げる重大な要因として、経済発展に付随する基幹産業やインフラ建設、関連政策の協調性の相対的不足が挙げられる。「一帯一路」戦略の実施において、先行する交通インフラの相互接続、具体的には道路、鉄道、海運などの接続プロジェクトは、中部・西部地区と関係国のインフラ建設企業に巨大な市場機会をもたらす。中国商務部の高虎城部長は「人民日報」の中でこう記している。「陸上、海上、航空インフラの相互接続を統一して計画し、ユーラシア・ランドブリッジ、新ユーラシア・ランドブリッジ、BCIM 経済回廊、中国・バングラデシュ経済回廊などの基幹ルート建設を積極的に進めて、寸断された区間やボトルネック区間の開通に努める。また港湾の建設や運営管理を強化し、海上航路と運行回数を増やし、水陸連絡輸送ルートを開通させ、民間航空の全面協力プラットフォームとメカニズムを拡張する」⑤。2013 年 10 月、中国は AIIB を創設し、ASEAN 各国を含む当該地域の発展途上国のインフラ建設を資金面で支援することを打ち出した。これはインフラ建設の重要な経済基盤にもなる。また、通関の円滑化は辺境部の開放レベルを引き上げる重要な手段であるが、現時点では望ましい状態であるとは言い難く、多くの地方で引き続き改善が求められる。この問題は、「一帯一路」が持つ対話と協調のメカニズムによって解決を図ることができる。通関地の開放が不平等であったり、通関処理能力に限界があったり、出入国手続きが煩雑であったりといった対外開放が抱える問題について、各国政府は対話や協議を進め、二国間・多国間で足並みをそろえて関連政策の協調性の相対的不足という問題に取り組むことで、中部・西部地区の対外開放の障害は取り除けるはずだ。

また、中部・西部地区は産業移転に関しては、産業を受け入れる

側であるが、これはこの地区が受動的な立場にあるということでは決してない。「一帯一路」戦略は地域の特性に応じて、その土地の状況に即した発展戦略を講じる。中部・西部地区の地方政府は政策指導を受けつつ、個々の比較優位を十分に生かして、対外開放の自主性を高めるべきだ。「一帯一路」戦略によって対外開放の主体が押し広げられたことで、以前はかなりの割合で中央政府主導で進められていた対外開放が、各地方政府や企業、ひいては個人が自主性を発揮できるものへと広がった。中部・西部は東部の産業移転を受け入れる際、選択肢と条件を付けて産業移転を進め、東部地区や周辺諸国との地域をまたいだ産業技術革新連盟を大きく成長させて、中部・西部地区の産業技術革新体制を整えていくべきだ。同時に、土地資源をしっかりと守り、環境破壊を防いで、持続可能な発展の理念に適応できない一部の産業の淘汰を断行し、産業移転の際に、東部地区や周辺関係国との戦略の協調性を保たねばならない。

　第三に、「一帯一路」戦略は、対外開放を行う産業と分野の開拓に素晴らしいチャンスを提供する。経済貿易協力は依然として「一帯一路」建設の基礎であり先導役である。建設の中で経済貿易協力の先導的役割が発揮されるよう尽力し、分野が広く、段階が深く、水準が高く、全方位的な協力の枠組みを沿線諸国が構築できるよう推進しなければならない[6]。この点からすると、経済貿易協力はなおも「一帯一路」戦略と対外開放の新たな枠組み全体の核心であるといえる。経済貿易協力を通して、資源要素の配分空間を広げ、沿線各国が持つ発展の潜在力を十分に引き出せれば、沿線諸国の人民に確かなメリットをもたらすだけでなく、他の分野での協力の基盤を固めることもできる。しかし、「一帯一路」戦略の具体的な取り組みについていえば、建設の主要な内容は「政策の意思疎通」、「インフラの接続」、「貿易の円滑化」、「資金の融通」、「民心の通い合い」であると中国共産党と政府は強調している。これはまさに全方位的な開放を行う産業と分野を開拓するために「一帯一路」戦略が

提供する素晴らしいチャンスといえる。「政策の意思疎通」、「インフラの接続」、「貿易の円滑化」、「資金の融通」が経済貿易協力を引き受けるということは、中国が経済貿易協力において従来の利益志向から経済貿易取引の協調的で持続可能な発展をより重視したものへと転換することを示している。また、「民心の通い合い」は、「一帯一路」戦略では経済貿易協力一つに限るのではなく、文化、教育、観光、医療衛生など数多くの分野を戦略の中に取り込み、全方位的な開放を行う分野を広げることを意味している。

対外開放における経済貿易協力は長年にわたり複数の問題を抱え、自らと外部の原因により数々の貿易紛争と貿易摩擦を招いてきた。中欧の紡績品、太陽光発電製品をめぐる貿易摩擦はその中の一例である。貿易摩擦は双方に起因するものだが、経済貿易協力においては中国側にいくらか固有の問題がある。中国の対外貿易戦略は中欧貿易摩擦を引き起こした主原因だ。中国はこの戦略で長く「輸出至上主義」を貫いてきたが、これは交易条件を悪化させるだけでなく、国際貿易摩擦も激化させ[7]、国際慣習法と突き合わせた場合に政策の一部で不調和を生みかねないものである。政府や企業は往々にして利益にばかり目を向けて、ルールの拘束的役割や業界の自主規制を軽視し、経済貿易協力における政府の働き掛けを過度に強調するきらいがあるが、マクロ調整の手段は市場化の情勢に適応させる必要がある。一方、「一帯一路」戦略ではこの問題を踏まえて、自国の経済発展を強く打ち出しつつ、平等互恵、共同繁栄をより重視し、経済貿易協力で正しく「義利観」が作用しているかを注視し、政府によるマクロ調整の手段を最適化して、市場の調整機能や経済貿易協力での企業の自主性の発揮に力を入れている。「新常態」下の中国経済を推進する経済貿易協力の役割を引き続き重視する一方、他方では、戦略の中に利益共同体と運命共同体の概念を築いて、沿線諸国が直面する成長モデルの転換、成長エンジンの増強という共通の任務と経済貿易関係の緊密化、経済貿易協力の拡大という共通の

願望をわが身に置き換えて考えている。そして、「団結・相互信頼、平等互恵、包容・相互参照、協力・ウィンウィンのシルクロード精神を受け継いで発揚し、各国や各当事者の発展の実情を密に結び付け」⑧、経済貿易協力分野の戦略的相互信頼を強調して、貿易摩擦の芽を摘んでいる。

　同時に、この戦略を進める中で、中国の各級政府は利益優先の姿勢を改めた。もはや経済貿易協力を孤立した単体の産業とは考えず、関連支援産業の発展、貿易の円滑化政策、交通およびインフラ建設などを手始めに、健全で持続可能な経済貿易協力を行うべく努力している。そして経済貿易協力の中で関係国に真に国家の発展と繁栄をもたらし、経済貿易協力によって他の産業の国際協力と対外開放とを引き出すことに力を入れている。その第一が、中国と関係国との双方向投資の促進である。これまでの単純な商品取引のあり方を打破し、沿線諸国との協力を相互投資へと転換していく。貿易と投資の双方を対外経済開放の一環とし、この二つを同時に進めて、共同発展を図る。第二が、地域のインフラの相互接続の推進である⑨。上述のユーラシア・ランドブリッジ、新ユーラシア・ランドブリッジ、BCIM経済回廊、中国・パキスタン経済回廊などの基幹ルートはいずれも将来的にインフラ建設の重点となるものだ。一方でインフラの相互接続はすでに一定の成果を挙げている。ただ、インフラ建設は孤立した単体の産業ではなく、さらにいえば中国だけの力で完成できるものでもない。インフラ建設で必要なのは互いの協力である。それがエネルギー開発、金融協力、港や物流交通の分野での戦略的相互信頼につながり、「交通インフラを突破口として、アジアの相互接続という初期の成果を得る」ビジョンが実現される。第三が、融資プラットフォームを創設して、中国の大国としての役割を示すことである。習主席は2014年11月、400億ドルを出資してシルクロード基金を創設することを発表した。この基金は開かれたものであり、アジア域内外の投資家の積極的な参加を歓迎している。

第二章 「一帯一路」のチャンス

「一帯一路」沿線諸国のインフラ建設、資源開発、産業協力などの関連プロジェクトに対し投融資の支援を行うものであり、世界第二位の経済体として中国はまず資金面で貢献を果たしたことになる。この基金はAIIBとともに「一帯一路」の相互接続建設の経済基盤となるだろう。第四が、交流のメカニズムを重視し、貿易の円滑化政策を推進することである。経済貿易協力において、二国間または多国間の政策の不調和、貿易の行き詰まりは協力の実施を阻害する重大な要因となる。また貿易紛争や貿易摩擦を招くきっかけでもある。過去の粗放型の対外開放では、中国はとかく自らの国情の特性を強調して、国際慣習法や貿易相手国との間の政策の協調を軽視しがちであった。「一帯一路」は開放的なプラットフォームとして、それ自体に二国間や多国間の協議メカニズムを備えている。それゆえ、プロジェクトの実施過程で生じた問題を速やかに話し合いで解決することができ、税関、品質検査、電子商取引、中継ぎ輸送など貿易の円滑化にかかわる重点分野において適時コミュニケーションと政策の協調を図ることができる。

　こうした経済貿易協力とその関連基幹産業協力に力を入れると同時に、「一帯一路」は対外開放の分野を拡大し、文化、教育、観光、医療衛生など多くの分野にも対外開放のチャンスを広げる。本質からいえば、「シルクロード経済ベルト」と「21世紀海上シルクロード」の二大戦略の提起は揺るぎない歴史と文化基盤を持つものであり、戦略自体についても文化先行の理念がある。2014年6月、中国、カザフスタン、キルギスの三カ国が共同申請していた古代シルクロードの東部分、「シルクロード：長安―天山回廊の交易路網」の世界文化遺産登録が決まった。これは多国間が協力して世界遺産申請に成功した初めての事例である。「シルクロード経済ベルト」という表現は古来のシルクロードを引き継いでおり、「21世紀海上シルクロード」の表現も「海上シルクロード」の概念を引き継いでいる。それは、沿線諸国の深い文化の内実をともに掘り起こし、「シルク

77

ロード」というこの「親近感と強いカリスマ性を持つ普遍的な文化シンボルを継承し発揚していく」⑩というものだ。

「一帯一路」イニシアチブは、歴史の伝承を強調し、文化先行によって「一帯一路」に対する世界の誤解を解き、関係国の共感を促すことに力を入れている。そして、それにより他の分野での協力も効果的なものにしていく。だが、イニシアチブによってプロジェクトが少しずつ実行に移されるようになると、とりわけ中国の出資によりシルクロード基金が設立されてから、このイニシアチブに対する誤解が絶えず耳に入ってくるようになった。西側は「一帯一路」イニシアチブを「中国版マーシャル・プラン」と誤って呼び、中国がこの戦略に躍起になっているのは、アジア太平洋地域での支配力さらには覇権を狙っているからだと分析している。国の立場の違いゆえに生じるこうした誤解に対して、経済分野から互恵戦略を築こうとしても無理な話であり、「一帯一路」はまず文化から進める必要がある。中国が提唱する「一帯一路」は発展を目標とし、「平和・協力、開放・包容、相互学習・相互参照、互恵・ウィンウィン」の新シルクロード精神を発揚しており、協力に対していかなる政治的条件も加えることはない。歴史を現実と結び付けることによって、中国が長年古代シルクロードを土台として平和友好、平等互恵の経済貿易取引と人文交流を行ってきたことが明らかになれば、戦略に対する関係国の共感が広がり、中国が覇権を狙っているなどという疑念も払しょくされるだろう。

「一帯一路」イニシアチブは、文化、教育、観光、医療衛生など多くの分野の対外開放にチャンスを広げるものだ。対外関係をはぐくむ中で懸け橋の役割を果たす文化は、一国のコアコンピタンスの重要な構成要素である。「一帯一路」戦略で文化交流をしっかり行うことは、中国の国際的影響力の拡大につながり、各国、各分野、各段階、各宗教・信仰の接触や交流を強化することは、中国と関係国が全方位的な協力を行う基盤となる。中国と沿線各国は文化の分

野ですでに交流のプラットフォームをいくつか持っている。中国と沿線の大部分の国と間で政府間文化交流協力協定および実施計画が交わされており、SCO、ASEAN、アラブ連盟などの多くの組織加盟国や中欧・東欧地域と人文協力委員会、文化連合委員会機構を設立した。これらは「一帯一路」戦略が文化交流を推進するためのプラットフォームであり基盤である。具体的にいえば、国際交流年、芸術祭、映画週間、観光プロモーション活動などはいずれも文化交流において柔軟に活用できる手法である。また中国政府は、「今後5年の間に、相互接続分野で2万人の研修生を周辺諸国から受け入れ、専門家集団の養成を支援する。一方で、勉学や交流のために留学生や専門家、学者をこれまで以上に周辺諸国に派遣したい」[11]と表明している。文化交流戦略全体では、中国政府は今後、「政府文化交流の中長期戦略計画を策定し、『一帯一路』沿線諸国との政府間文化協力協定と年間実施計画を実行に移し、折を見て関連計画に『シルクロード』共同建設の内容を盛り込み、中国と沿線諸国が文化交流や協力を拡大させていく上で法的保障を提供する」[12]ことに力を入れていく。そして「一帯一路」戦略を対外開放における真の文化交流ブランドに育て上げ、中国文化の「走出去」と国際的影響力の拡大に新たな戦略的チャンスを提供する。


# 二、周辺外交のチャンス

　長年の外交実績の末、中国外交は「大国を鍵、周辺国を要、発展途上国を基礎、多国間を重要な舞台とする」全方位外交の配置を形づくった。この中の「周辺国を要とする」との言葉から、外交の枠組みの中で中国が周辺外交を最も重要なものと位置付けていることがうかがえる。特に2013年以降、国全体の配置の中で周辺外交はかつてないほど重要視されるようになった。この年の10月24、25

日、周辺外交工作座談会が北京で開かれた。これは新中国誕生から64年目にして初の周辺外交活動会議であり、また新体制の共産党中央委員会が招集した最初の重大な外交事務活動会議でもあった。ここに、習主席を中心とする新中央指導部が周辺外交活動をいかに重視しているかが表れている。実際、中国と周辺諸国の指導者によるハイレベル相互訪問が頻繁に行われるようになり、中国とトルクメニスタン、タジキスタン、キルギスをはじめとする多くの国との間で二国間戦略的パートナーシップの締結やグレードアップが行われた。習主席は2014年8月のモンゴル訪問の際にこう呼び掛けた。「中国は周辺諸国に共同発展のチャンスと空間を提供したいと思っている。ぜひみんなに中国の発展という名の列車に乗ってほしい。急行列車に乗っても、ただ乗りしても一向にかまわない」。この言葉には、緊密さを増す外交関係を周辺諸国と進展させたいという中国の前向きな願いが強く表れている。

　その後、中国経済とともに周辺外交も「新常態」に入ると、これまでにはなかった特徴がいくつか見られるようになった。まず一つ目が、党中央が周辺情勢と周辺環境の変化を自覚するようになったことだ。中国と周辺諸国との経済貿易関係は以前にも増して緊密になり、互いの影響もかつてないほど大きくなり、中国としても周辺外交活動をその時に状況や時代の変化に応じて柔軟に修正する必要が出てきた。周辺情勢の変化を案内役として、周辺外交活動における新たな視点と新たな方法を打ち出さねばならない。「一帯一路」戦略とはすなわち、時代の変化に合わせてつくられた活動のイノベーションなのである。二つ目は、党中央が周辺外交の基本方針をさらに明確化したことである。「与隣為善、以隣為伴（隣国とよしみを結び、隣国をパートナーとする）を堅持し、睦隣、安隣、富隣（近隣国との友好、安定、経済成長の促進）を堅持し、親、誠、恵、容の理念（親密、誠実、互恵、包容の理念）を強く反映させて、周辺諸国との善隣友好関係をはぐくむ」ことを強調し、周辺外交では

善隣友好、以誠待人（誠意をもって人に接する）、互恵、開放・包容を重視するとした。これは「一帯一路」戦略でも貫かれていることであり、中国は周辺諸国とともに、インフラの相互接続や辺境地域の開放を加速させ、辺境の省や自治区と周辺諸国との互恵協力を深化させるべく努力する考えである。三つ目は、周辺外交において、相互信頼、互恵、平等、協力の新たな安全保障観を強調し、共通の安全保障の構築や地域の安全協力と戦略的相互信頼の構築に力を入れ始めたことだ。そして四つ目は、公共外交、民間外交、人文交流といったより庶民的な政治レベルでの対外交流を強くアピールするようになったことである。「一帯一路」戦略における「民心の通い合い」とリンクさせて、中国と周辺諸国との関係を長く発展させるための社会基盤と民意基盤を固めて拡大させ、周辺諸国の間の運命共同体意識をよりしっかりとはぐくんでいこうとしている。

　今後5年で、中国は10兆ドルの商品を輸入し、5,000億ドルを超える対外投資を行い、海外旅行客をのべ約5億人に増やす計画である。中国の周辺諸国とシルクロード沿線諸国は真っ先にその恩恵にあずかるだろう。

　以下で具体的に、「一帯一路」戦略が進めるいくつかの方向に的を絞って、東アジア、中央アジア、東南アジア、南アジアなど地域ごとの外交の進展にもたらされる新たなチャンスについて探ってみよう。


## 1．東アジアにおける周辺外交のチャンス

### （1）中韓関係の発展と中韓自由貿易圏の設立
#### ——「一帯一路」沿線の自由貿易圏の手本に

　2013年以降、北東アジア情勢にいくつかの変化が起きた。日本政界の右傾化思想が強まり、日米同盟は一層強固になった。朝鮮半島情勢はなお不透明で、日朝関係は接近傾向にある。こうした新しい情勢によって中韓関係は再構築されつつあり、同時に朝鮮半島非

核化問題の棚上げや、韓米関係のさらなる進展といったマイナスの影響も受けた。同様に、両国内の外交政策にも一定の方向転換が生じた。中国政府が推進する「親、誠、恵、容」の周辺外交理念と、韓国政府が打ち出す「信頼外交」理念には一定の共通性があり、戦略的相互信頼の構築が進んだ。韓国側は、中国の「一帯一路」と朴槿恵（パク・クネ）政権の「ユーラシア・イニシアチブ（Euraisa Initiatve)」とは、方法は異なっても結果は同じであると力説し、「一帯一路」が海上から北へ延びて自分たちの構想とつながることを期待した。

　2013年6月と2014年7月、中韓両国首脳が相次いで相互訪問し、「中華人民共和国と大韓民国共同声明」に署名した。声明の中で、両国の戦略的パートナーシップの今後の発展目標を、「共同発展を実現するパートナー、地域平和に尽力するパートナー、手を携えてアジアを振興させるパートナー、世界の繁栄を促進するパートナー」と位置付け、中韓戦略的協力パートナーシップの中身を充実させた。具体的には、同パートナーシップの進展は以下の四つの分野に集約できる。一つ目が、相互信頼を基礎として、朝鮮半島と北東アジアの平和と安定のために協力を強化すること。二つ目が、二国間の経済貿易と産業協力の拡大に力を入れ、東アジア地域の統合とグローバル経済の復興を牽引する力となること。三つ目が、人文交流の範囲と深さを広げ、2015年と2016年をそれぞれ「中国観光年」と「韓国観光年」と定めて、両国の未来をリードする若い精鋭らが参加する「中韓青年リーダーフォーラム」を定期的に開催すること。四つ目が、朝鮮半島非核化問題と朝鮮統一問題について幅広いコンセンサスを得て、朝鮮半島の核兵器開発に断固として反対する立場を再確認することである。

　また、中韓関係において最も進展した点は、中韓自由貿易圏の設立である。2015年2月25日、双方はFTA全文の仮調印を行い、協定の内容について確認。これをもって、中韓自由貿易圏はすべての

交渉が終了した。2012年5月に始まったこの交渉は、中国がこれまでに結んだFTAの中で対象範囲も国別貿易額も最大である。交渉の結果、開放レベルにおいて、貨物分野の貿易自由化率は「税目で90％、貿易額で85％」を超えた。この貿易圏の正式な設立は、「一帯一路」戦略提起後の自由貿易圏建設分野で最初の成果となった。両国企業の相互作用を引き出すだけでなく、中国・ASEAN自由貿易圏と呼応し合う効果も期待され、「一帯一路」沿線の自由貿易圏の手本となり、突破口となるだろう。

## （2）「一帯一路」戦略と転換期にある中日関係
### ——中日関係改善のきっかけに

同じ北東アジア地域に属する中韓関係と比較して、中日関係は2013年以降、互いによそよそしい「政冷経冷」状態が目立つようになった。日本政界の右傾化思想は深刻で、安倍政権は「価値観外交」を進め、中国抑止を目的とする「自由と繁栄の弧」を築くと同時に、「日本国正常化」に注力して、戦後数十年にわたる集団的自衛権行使に関する政府解釈の見直しを行った。日本政府の対外政策は中国との一致点を形成しにくい。より深刻なのは、両国関係の不安定要素が増加傾向にあることだ。歴史認識、台湾問題、領土主権と海洋権益などの問題で次々に対立が表面化し、特に釣魚島（尖閣諸島の中国名）の領有権をめぐる争いや靖国神社参拝、東シナ海防空識別圏問題では真っ向から対立し激しい衝突が起きている。二国間のこうした政治関係の悪化は、経済貿易分野でも一層の「政冷経冷」関係を招き、2013年の中日貿易額は前年比6.5％減って、二年連続のマイナスとなった。中国税関統計によると、2013年の中日貿易総額は3,125億5,000万ドルで、内訳をみると日本への輸出が前年比0.9％マイナスの1,502億8,000万ドル、日本からの輸入が同8.7％マイナスの1,622億7,000万ドルだった[13]。政治と経済貿易分野の二国間関係が悪化し続けたことで、双方の人的交流も落ち込んでいる。

83

「政冷経熱」から「政冷経冷」へと変わった中日関係は今、転換期を迎えている。「一帯一路」戦略を両国関係の緩和と一層の発展のきっかけとすべきであり、その中でも民間交流を突破口とするべきだ。国内の民意は往々にして国家の対外政策の基盤であり反映である。だが、中日の民間レベルの相互信頼の基盤は非常にもろい。その原因は、相手国に対する人々の理解が非常に浅いことと、またメディアがそうした流れを助長していることにある。実のところ、中日両国の民間交流には長い歴史がある。両国の国交正常化もそれまでの幅広い民間レベルの交流があったからこそ実現した。現状では、中日民間交流は文化交流独自の作用を重視すべきであろう。中国文化と日本文化の相互理解を促して、青少年の文化交流と民間レベルの交流を適切に進めて、民間レベルで戦略的相互信頼の基盤を築くべきである。同時に、双方には環境保護や省エネ・排出削減、新エネルギー開発、地域経済統合、海洋開発など、多くの分野で幅広い利益の共通点がある。中韓FTAの締結は、行き詰っている中日韓FTA交渉進展のきっかけとなるはずだ。そして「一帯一路」戦略における中日双方の経済貿易関係の突破口ともなるだろう。

## 2．ASEANにおける周辺外交のチャンス

中国とASEANとの対話は1991年に始まり、中国は1996年にASEANの全面的対話パートナー国となった。1999年、中国政府はASEAN自由貿易地域（AFTA）との連携強化を提案。2001年11月に中国とASEAN各国は「南シナ海行動宣言」に調印し、その年の「ASEAN＋1」首脳会議で、自由貿易圏交渉開始が合意された。翌年の11月4日、「中国・ASEAN包括的経済協力枠組み協定」を締結し、自由貿易圏設立に向け正式に動き出した。そして8年近い交渉期間を経て2010年1月1日、人口19億、GDP6兆ドル近くに上る世界最大の「中国・ASEAN自由貿易圏」が正式に誕生した。現在、すでに5年目に突入したが、その成長スピードは上昇を続けて

いる。2014年の双方の貿易額は前年比8.3％増の4,804億ドルに達した。中国の対外貿易の平均増加率3.4％と比較して倍以上の速さである。経済貿易の発展および人文交流のためのプラットフォームとして成熟度を増し、また「21世紀海上シルクロード」建設で運用可能なプラットフォームの基礎となっている。

しかし、中国とASEANの間にある一定の矛盾が、双方の関係進展に大きな足かせとなるだろう。まず、中国とASEAN加盟各国と間の貿易が不均衡な状態にあることが挙げられる。シンガポール、マレーシア、タイ、インドネシア、フィリピン、ベトナムと中国との貿易額は、中国とASEAN間の貿易総額の95％以上を占めている。一方で中国とミャンマー、ブルネイ、ラオスとの貿易額はわずか5％にも満たない。こうした貿易構造の不均衡は中国とASEANとの経済貿易関係の今後の進展に内部不調和を招くだろう。次に、アジア地域経済統合の動き加速し、RCEPやTPPなど地域経済の新たな枠組みをつくることを目的とした一連の貿易ルールがアジア太平洋地域にあふれ、中国・ASEAN自由貿易圏に相当のダメージを与えていることが挙げられる。特に米国主導のTPPは、シンガポールやブルネイ、ベトナム、マレーシアのASEAN加盟四カ国を交渉のテーブルにつかせようと誘いをかけている。2012年に出された「米国・ASEAN拡大経済協力」イニシアチブの推進で、ASEANにおけるTPPの影響力は拡大し続けており、今後米日市場をめぐる中国とASEANの輸出競争が激化する可能性がある。この上に米日投資がASEAN諸国に流れる動きが出始めれば、中国とASEAN市場の争奪戦にもなりかねない。このほか、南シナ海問題も中国・ASEANの経済貿易関係の進展に影響を与え得る軽視できない要因である。ベトナム、フィリピンなどASEAN加盟国と米国など一部の域外国家とが手を組むようになり、南シナ海問題に対するASEANの立ち位置が、「過去の中立的立場から積極的に介入する立場へと変わり」、ASEANのアジェンダにおける南シナ海問題は徐々に「周辺から中

心へと変わり」⑭つつあり、この問題は「ASEAN化」の動きを見せ始めている。ASEAN側に南シナ海問題を国際問題に発展させる意図は決してないが、中国政府の立場とどうしても食い違う部分はある。中国側は一貫して当事国との友好的な話し合いや交渉によって紛争解決を図りたい考えで、南シナ海問題は中国とASEANとの間の問題ではなく、中国と特定の紛争国との間の問題であると認識している。加えて、中国と関係国との領土、経済区、石油・天然ガス資源などをめぐる争いも、間違いなく両国間の経済貿易関係の進展に直接支障をきたし、中国とASEANとの経済貿易関係にもマイナスの影響を及ぼす可能性がある。

　「一帯一路」戦略は、中国・ASEAN自由貿易圏というこの交流プラットフォームの運用を基礎として、双方の関係を再構築し、互いの戦略的相互信頼を深めるチャンスをもたらすはずだ。経済効果ばかりを狙った従来の価値基準を改め、インフラ、物流、交通、人文交流などの分野で貿易パートナーとより幅広い協力を展開することができるだろう。また交通分野の相互接続の整備やインフラ、関連すそ野産業の拡充に伴い、シンガポール、マレーシア、タイ、インドネシア、フィリピン、ベトナムと中国との往来や貿易取引が進むだけでなく、ミャンマー、カンボジア、ブルネイ、ラオスの貿易投資環境の大幅な改善にもつながり、さらには中国の投資構造も最適化されて、中国とASEAN諸国との間のやりとりが一段と協調的なものになるはずだ。南シナ海問題の対応は、直接対峙するゼロサム的解決手段では各当事者にマイナスの影響を与えることになる。しかし、経済取引や人文交流などのやりとりが増えれば、双方の関係が前進するだろう。ASEANも各当事国の対話と協議のプラットフォームになり得るもので、特定の国が自国の利益を守るための道具にしてはならない。また、TPPは客観的には「一帯一路」や中国・ASEAN自由貿易圏と一種の競争関係にあるが、世界経済の統合が進めば、中国・ASEANの双方の関係も域外国家の影響を排除

第二章 「一帯一路」のチャンス

できなくなる。中国が認めないのは、米国の完全な主導下にあるアジア太平洋地域の枠組みである。「一帯一路」はアジア太平洋地域の経済と政治の関係を再構築する新たなモデルとして、地域内の国家間の戦略的相互信頼を深めるだけでなく、これを基礎に域外国家や他の経済協定締結国との対話を広げ、競争関係をパートナーシップへと変えて、アジア太平洋地域の経済統合のプロセスをともに推進することができる。

## 3．南アジアにおける周辺外交のチャンス

中韓自由貿易圏や中国・ASEAN自由貿易圏がすでに定着した一方、中国はまだ南アジア地域全体と確立した交流プラットフォームを築けていない。南アジア各国との具体的な関係もやや複雑で、「一帯一路」戦略に対する各国の姿勢には違いが見える。

### （1）スリランカ──「21世紀海上シルクロード」に浮かぶ真珠

スリランカは、ベンガル湾とアラブ湾の間の要衝地帯に位置し、インド洋の主要なシーレーンのセンターライン付近にあたる。「東西の十字路」と称されるほど、極めて重要な戦略的位置にあり、「一帯一路」戦略でも重点に置かれている。スリランカと中国はどちらもインド洋上でインドと競争を繰り広げていて、このため両国は戦略的に互いに接近するようになった。2013年5月、スリランカのマヒンダ・ラージャパクサ大統領が中国を訪問し、両国の関係を「戦略的協力パートナーシップ」にアップグレードすることを決めた。翌年の9月には習主席がスリランカに招かれ、双方はこのパートナーシップを深化させることで合意。経済、科学技術、人文など多くの分野にまたがる複数の協力協定を結んだ。スリランカはまた、政府声明の形で「一帯一路」戦略イニシアチブの支持を表明した最初の国家となった。さらに2015年2月27日、中国の王毅外交部長がスリランカのサマラウィーラ外相と北京で会談。この席で王部長

87

は「両国は、海岸地帯および海洋協力連合委員会を立ち上げて、港湾、海洋資源管理、生態保護、海上捜索救助などの分野での協力を検討することで合意している。両国の協力が今後の海上協力の手本になると信じ、またスリランカが『21世紀海上シルクロード』上で光り輝く真珠となることを期待している」[15]と述べた。両国の関係は徐々に深まり、スリランカはすでに中国の「一帯一路」戦略のインド洋における支点となっている。

　具体的には、現在両国の「一帯一路」分野での協力は主に、ハンバントタ港とコロンボ港の建設という形で具現化されている。2012年、中国の投資で建設されたハンバントタ港の使用が正式に始まり、これによって中東とアフリカ航路における中国の安全が保障された。また2014年10月、両国が港湾・高速道路工事建設の意向を固めたことから、港湾のインフラ整備がさらに進むとみられる。2015年2月にスリランカ政権の交代という波乱はあったものの、中国の中国交通建設集団が工事を請け負ったコロンボ港湾都市プロジェクトは引き続き進められる見通しだ。港湾、道路などのインフラ建設は、両国関係と「一帯一路」戦略にとって基礎的保証となるだろう。一方で、スリランカはすでに中国のインド洋戦略における重要な協力パートナーであり、インド洋上の「21世紀海上シルクロード」建設における重要な一環なのである。

（2）パキスタン
　　──「より緊密な戦略的協力パートナーシップ」進展へ
　パキスタンは中国の全天候型の友人である。「一帯一路」海外ルートの合流地点にあり、中国・パキスタン経済回廊が開通すれば南アジア、中央アジア、北アフリカ、湾岸諸国などが経済、エネルギー分野の協力を通じて緊密に一つにつながるようになる。パキスタンは今後、「一帯一路」戦略で懸け橋としての役割を果たしていくだろう。2002年、同国のムシャラフ大統領の求めに応じて、中国

政府はグワダル港建設に資金提供と技術援助を行った。建設工事は2015年2月にほぼ完了し、4月中旬には全面的に運営が始まった。グワダル港の使用開始によって、中国のエネルギー安全保障と国際的影響力とが強まり、またインド洋地域での戦略的存在が保たれることも期待される。グワダル港はアラビア海の重要な港湾として、不安定な南シナ海情勢という外部要因と、同港に隣接するエネルギー輸送の重要ルートであるホルムズ海峡が持つ優位性とを背景に、中国西北部のエネルギー輸送の安全なルートとなり、また、パキスタンの経済発展も牽引することだろう。今後、両国の間の協力もグワダル港と中国・パキスタン経済回廊を中心に、電力供給、鉄道建設、テロ対策といった最優先課題に的を絞って進められていくとみられる。

## （3）インド——競争と協力と

「21世紀海上シルクロード」建設のために、中国のアンテナは西太平洋海域を超えて、南は南太平洋に、西はインド洋に入るルートの開拓にまで伸びるとみられる。一方のインドからすればインド洋は自国の勢力範囲であって、中国の動きに常に目を光らせている。習主席は2014年にインドを訪問し、同国の指導者と「一帯一路」戦略について話し合いの場を持った。しかし、インド側は終始、「一帯一路」建設を支持する立場を明らかにしなかった。この地域の戦略的利益を脅かす中国側の行為に対し、消極的、反発的な感情を抱いていたからだ。特に中国がインド周辺のパキスタン、スリランカ、ミャンマー、モルディブなどの国と協力を深めている背景もあって、インドはなおのことこうした二国間関係の発展をインドに対する陸と海からの「包囲」であると考えた。さらに2015年2月の第17回アジア安全保障会議（ASC）で、インドは「マウサム」プロジェクト（Mausam Project）を発表し、中国の「一帯一路」戦略に報復する形で、「インド主導の海洋世界」によって古代インド文明圏

89

を再建する計画を打ち出した。

インド洋地域の安全保障と貿易の面で、インドはこの地域の秩序のオルガナイザーであり、その地位と役割は唯一無二のものである。インドの参加が欠けた「一帯一路」戦略は間違いなく不完全なものだ。ただインドが中国に対して持つ戦略的警戒心も自国の利益を考えてのことであり、十分理解できるものである。よって、いかにしてインドとより深いレベルでの戦略的相互信頼を築くかが、両国の関係の突破口になる。そしてインドの警戒心を解く鍵は、BCIM経済回廊の建設にある。中国経済が「新常態」に入ったのとは逆に、インド経済は猛スピードで成長している。両国がこのまま優勢相補を推し進めれば、BCIM経済回廊の建設をきっかけに、東アジアと南アジアの二大地域の相互接続を実現できるチャンスである。また、この経済回廊の建設は学術界によって進められ、最終的には両国政府当局に主導権の受け渡しが行われる両国の間でも珍しい外交案件である。二国間の政治関係が苦境に陥っている今、民間のかつ地方の交流によって両国関係の発展を補うことができるはずだ。しかも、インドが発表した「マウサム」プロジェクトも、その出発点はインドの初期の文明にさかのぼることができ、中国の「一帯一路」の提唱とかなりの共通点がある。両国は双方の歴史の交わりをきっかけとして、文明の共通点をうたい、戦略の歴史的由来を踏まえて互いの戦略的疑念を払しょくすることで、経済貿易と政治の戦略的相互信頼の基盤を固めることができるだろう。

## 4．中東における周辺外交のチャンス

イランのメフディ・サファリ駐中国大使は考えた。イランの「一帯一路」における役割も位置も中核地帯と相対的なところにある。そのため、「シルクロード経済ベルト」の建設は中国の西部から始まって、中央アジアの国々を通り抜けて、イランまで達するはずだ、と。そしてイランから今度は三方向に伸びていく。すなわち、南は

第二章 「一帯一路」のチャンス

ペルシャ湾諸国を網羅して公海を通り、ヨーロッパ、ラテンアメリカ、北アメリカ地域に達するルート、西はイラクとシリアを通って地中海に至り、さらに地中海周辺とヨーロッパの領土まで延びるルート、東はアフガニスタン、パキスタン、インドなど南アジア亜大陸国家を通り抜けるルートである。イランは中国との全方位的戦略協力に大きな期待を寄せている[16]。

　中国はすでに中東地域における最大の石油輸入国である。今後、中東地域の石油の人民元決済やアジア・ヨーロッパ・アフリカの交通の要衝という地位はより一層顕著になるとみられる。中国の宮小生中東問題特使は、この地域は「一帯一路」イニシアチブ推進の重点地域であり、イニシアチブが最もよい形で、かつ最も早い段階で実現される地域の一つになるとの見通しを示した。中東地域各国と中国との関係は良好で、外交上も全くずれがない。宮特使は長年の外交キャリアの中でアラブの政府関係者と接するうちに、双方に食い違いがあるとすれば「中国語とアラビア語のどちらが世界で最も難解な言語であるか」ということぐらいだと気付いたという。加えて、双方は経済の相互補完性が強い。アラブ諸国の現段階の経済発展における重点の一つは、鉄道、空港、港湾などのインフラ建設の加速であるが、これは中国とアラブ諸国の経済貿易協力にとって良好な基盤となる。中国・湾岸協力会議のFTAが締結されれば、中東とりわけ湾岸諸国は強大な経済力を備え、市場開発もかなり整う。「一帯一路」イニシアチブが具体的に形になる可能性が最も高い地域の一つというべきだろう。中国企業にとってこの一市場での高速鉄道、通信、インフラ建設などは巨大なチャンスである。これまでこの市場は米国、日本などの先進国にほぼ独占されていた。新参者である中国企業は、その技術が認められ受け入れられるまでに一定の時間がかかり、政策面での支援も求められる。

91

## 5．中央アジアにおける周辺外交のチャンス

　アジア太平洋地域とヨーロッパ地域をつなぐ中央アジアは、いわば「シルクロード経済ベルト」の中心地帯である。カザフスタン、ウズベキスタン、キルギス、タジキスタン、トルクメニスタンの中央アジア五カ国は、石油、天然ガス、鉱物などの豊かな資源を持つが、内陸という地理環境と不便な交通事情のために、地域経済の発展水準はアジア太平洋地域やヨーロッパ地域の多くの国々と開きがある。ユーラシア大陸の奥地にあり港湾都市が少ないという地理的特徴が、長くその経済発展のボトルネックとなっている。しかし、「一帯一路」戦略の提起によって、中央アジア地域がヨーロッパとアジアをつなぐ戦略的ルートになれば、中央アジア各国と外界との関係が広がり、経済の急速な発展が期待できる。

　資源と産業構造の相互補完性は、中央アジア地域が「一帯一路」戦略に参加する土台となる。中国と中央アジア諸国は資源構成、産業構造、工業・農業製品などの相互補完性が強く、商取引やサービス貿易でも良好な協力基盤がある。中国が中央アジア諸国に広大な市場を提供することで、石油・天然ガス資源や鉱物資源、その他関連産業の発展にもつながっていくだろう。

　また、中央アジア地域の相互接続はすでに「一帯一路」建設のパイオニアである。現在、この地域の不自由な交通事情という現実的問題への取り組みとして、新ユーラシア・ランドブリッジの重要な構成要素である隴海鉄道（甘粛省の蘭州から江蘇省の連雲港まで）と蘭新鉄道（蘭州から新疆のウルムチまで）が中央アジア地域まで延伸され、資源輸送の鉄道幹線となっている。2015年2月、中亜班列（連雲港からカザフスタンのアルマトイまで）が正式に運行を始めたことで、中央アジア地域の国際貨物越境輸送業務は急速に発達した。シルクロード基金やAIIBなどの特定の投資プラットフォームの設立によって、中国は資金面からもこの地域のインフラ建設を保障していく。

第二章 「一帯一路」のチャンス

このほか、この地域ではテロ勢力が長く猛威を振るい、投資環境や輸送ルートの安全確保に影響を及ぼしているだけでなく、中国、中央アジアさらには世界全体の安全保障にとって脅威となっている。こうした現状に対し、SCOは中国と中央アジア諸国の対テロ協力にとって的確な戦略的プラットフォームとなっている。「上海協力機構対テロ公約」の締結と発効も、「一帯一路」戦略のテロ対策における良好な外部ルールの手引きとなり、またこの地域の各国の経済貿易の安全や戦略的利益にとって確実な保障となるはずだ。


# 三、地域協力のチャンス

「一帯一路」戦略は中国政府によるイニシアチブではあるが、これが提唱するのは中国とアジア太平洋地域全体を起点に、全世界へと波及する発展方式である。この戦略の中でうたわれる相互接続の理念、利益共同体、運命共同体の意識によって、地域協力は新たな段階と高みに進むことだろう。そして、SCO、中国・ASEANの「10＋1」、APEC、アジア欧州会議（ASEM）、アジア協力対話（ACD）、アジア相互協力信頼醸成会議（CICA）、中国・アラブ諸国協力フォーラム、中国・湾岸協力会議戦略対話、大メコン圏（GMS）経済協力、中央アジア地域経済協力（CAREC）といった既存の多国間協力メカニズムの機能をより一段と発揮させるだろう。

## 1．経済貿易関係の発展を後押しし、地域経済統合を加速
ユーラシア大陸を貫く「一帯一路」は、アジア太平洋経済圏とヨーロッパ経済圏とをつなぐものだ。沿線の総人口は約44億人、経済規模は約21兆ドルに上り、それぞれ世界全体の約63％、29％を占める。沿線諸国にはヨーロッパとアジア太平洋地域の先進国のみならず、中国をはじめとする多くの発展途上国と少数の後発開発途上国

93

も含まれる。国家間の経済構造、資源埋蔵量、貿易構造の比較優位の差は歴然としており、互いの補完性は強いといえる。「一帯一路」を貫く相互接続の理念は、国家の利益にばかり目を向けた戦略に異を唱え、地域協力全体の利益を意思決定の出発点とする戦略的思考をうたっている。また沿線各国が互恵・ウィンウィンを前提として幅広い協力を展開することを求めている。同時に、沿線地域の大部分は新興国や発展途上国であり、おしなべて経済発展の上昇期にあるため、地域内の経済貿易取引や対外投資に対して前向きな発展願望を持っている。「一帯一路」戦略の推進によって、インフラ建設、道路交通、物流、商品サプライチェーンなどの整備がさらに進めば、貿易と投資の自由化、円滑化の水準も上がるだろう。経済貿易関係の発展はまた「一帯一路」建設の基礎であり先導役でもある。沿線諸国による「分野が広く、段階が深く、水準が高く、全方位的な」協力の枠組みの構築を推進するだろう。

　経済のグローバル化が深まるにつれ、貿易と投資構造に大きな調整が生じ、沿線諸国は経済の構造転換と高度化という共通の課題に直面している。地域経済統合は各国の共通の願いである。習主席もAPECの非公式首脳会議第一段階会議でこう述べている。「中国は地域協力の受益者であり、それ以上に地域協力の積極的提唱者であり推進者である。この地域の貿易と投資の自由化・円滑化を積極的に進め、地域経済統合を加速させ、手を携えてアジア太平洋地域の発展と繁栄を推進することを望んでいる」。この言葉は、地域経済統合を中国が率先して呼び掛けるという決意の表れでもある。ヨーロッパ地域では、日々完成されていく経済政治統合組織であるEUが、地域経済統合を整理する上で良い手本となっている。一方、広大なアジア太平洋地域では、地域経済統合という共通の願いを背景に、中韓自由貿易圏、中国・ASEAN自由貿易圏、TPPをはじめとする複数の経済貿易協定が地域全体で共存しており、地域経済統合を推進する役割を発揮しながらも、貿易ルール同士の競争と衝突を

招いている。中国が進める「一帯一路」戦略の目的は、経済貿易取引と文化交流によってアジア太平洋地域全体の経済貿易関係をよりよい形で整理統合し、地域経済統合の新たな発展モデルを生み出すことにある。

## ２．地域の安全保障協力を推進し、ともにテロに立ち向かう

　アジア太平洋地域は複雑に絡み合った安全保障問題を抱えている。長く安定した周辺環境の維持が難しいことはこの地域の経済やその他の分野の発展を阻害する要因の一つでもある。この地域の重要な対外貿易とエネルギー輸送のルートであるマラッカ海峡は、長く海賊や海上テロの問題に直面しているが、この問題は周辺諸国だけでなく全世界のエネルギー安全保障も脅かすものだ。また南アジア地域では、国内の反政府武装勢力やテロによって、政局の安定が脅かされている国もある。中央アジアや中国の西部地区も同様に暴力テロ集団や民族分離主義勢力、宗教上の急進主義勢力の脅威を受け続けており、投資環境が大きく損なわれるだけでなく、国家の安全保障や地域の安定にも影響している。

　こうした地域内の不安定要素に対処しようにも、各国の政策の連携が図られていない状況では、テロ対策の効果的な国際協力プラットフォームを構築することも、地域の安全を守るために力を合わせることも難しい。このため、中国政府はすでにSCOという一つのプラットフォームを通じて、合同対テロ演習や大規模な国際安全保障活動、情報交換会議、サイバーテロ対策合同作業チームなどの協力メカニズムを構築している。これらは合同でテロに立ち向かい、地域の安全を守るメカニズムの基礎となっている。「一帯一路」戦略もSCOの協力プラットフォームを活用した上で、域内外の協力パートナーを加え、テロ対策の連動効果を図る。中国が「一帯一路」戦略で実質的にテロ対策協力の中心的役割を果たすことで、各国が互いに責任を押し付け合うような状況を大いに減らすことができる。

マラッカ海峡というこの従来の輸送ルート以外に、インド洋上のグワダル港、コロンボ港など戦略的港湾が相次いで完成すれば、中国とアジア太平洋地域全体の資源輸送ルートに新たな選択肢が加わることになる。それによってマラッカ海峡の輸送の負担を軽減できるだけでなく、地域内の国家に資源輸送の選択肢がある程度増えることで、国家のエネルギー安全保障の強化が期待できる。

## 3．人民元の国際化の推進

「一帯一路」が提唱する「資金の融通」は、人民元の国際化を助けるものだ。人民元の国際化と人民元オフショアセンターの拡充は、「一帯一路」計画におけるクロスボーダー取引や資金調達の重要な手段として、海外投資と地域協力のプロセスを間違いなく推進するだろう。

国際金融市場の連動化や、世界各国の通貨政策や財政政策が適時実施されるという背景もあって、通貨スワップ協定の機能はすでに危機対応から二国間の貿易や投資の支援へとシフトしている。これには為替リスクを抑える効果があり、金融機関の海外分支店や国外の中国企業にとって流動性支援となる。また人民元の国際化によって国際経済や貿易、投資協力のプロセスが推進される。加えて、中国が複数の国と二国間の通貨スワップ協定を結ぶということは、人民元を中心とする「一対複数」の交換、融資、決済のシステムを構築するということであり、人民元を世界の主要な貿易決済通貨、金融取引通貨、準備通貨に押し上げる上で有利に働く。

新開発銀行やAIIBのみならずシルクロード基金も、その共通の目的は、所在地域とりわけ「一帯一路」沿線の道路、通信網、港湾物流などのインフラ建設の支援を通じて、最終的に資本輸出を実現することにある。

第二章 「一帯一路」のチャンス

## ４．民心の通い合いを進め、民意の基盤を固める

　目下のところ、中国が打ち出した「一帯一路」戦略について、地域内の関係国は一様に肯定や支持を表明しているが、反対や疑問の声も決して少なくない。中には、中国がこの戦略を推進するのは地域内の主導権の掌握や自国の勢力範囲拡大のためであり、協力を求めるのは地域内で自国の主導的地位を維持するためだととらえている国もある。また中国による投資の推進やシルクロード基金の創設は「中国版マーシャル・プラン」であると好き勝手に解釈するなど「中国脅威論」が広がっている。こうした誤解や認識に対して「一帯一路」戦略の理論を踏まえて反論することもできるが、この背景には一定の社会基盤があることに気付く必要がある。この種の民間意識において、中国は協力パートナーではなく圧倒的にライバルとしてイメージされ、またメディアも全体的に中国に関してやや否定的な報道が多い。例えば、各国メディアは中国の台頭をアジア太平洋地域における他国の凋落と考える傾向にあり、中国の発展はチャンスではなく、試練や脅威であるというのが大方の見方だ。一般の人々はメディアが生み出す世論に流されやすい。これでは人々は真の中国になど触れようもなく、メディアのマイナスの報道のままに「一帯一路」戦略と中国のイメージを否定的にしかとらえられない。

　中国政府としても「一帯一路」戦略の策定と発展のプロセスで、問題の所在を意識し、単に経済的利益だけを考えた習慣的な思考からの脱却を図っている。協力の中で「民心の通い合い」が果たす基盤としての役割を提唱し、戦略の中で文化交流や人的交流が果たす役割を重視している。戦略初期の実践を通じて、中国政府と中国企業は他の国家の民衆と正面から向き合うことができる。そしてその後は戦略を進めながら、責任ある大国としてのイメージを示して見せ、中国の脅威に対する人々の懸念を払しょくする。具体的にいえば、この種の民心の通い合いは民間交流による努力だけでなく、中国の各級政府や企業が戦略的協力パートナーであるアジア・ヨーロ

97

ッパ地域の多くの国に向けて、包括的で立体的な中国を示してみせることが必要である。各地方政府もそれぞれの自主性を十分に発揮させて、都市外交の側面で中国の国家イメージを形づくり伝えていくことで、「一帯一路」戦略の民意基盤を固めることができる。

## 5．アジア・ヨーロッパ市場を統合し、双方の協力を進める

アジア太平洋経済圏とヨーロッパ経済圏との間の取引は現在、交通や物流など一連の要因により明らかに落ち込んでいる。アジアとヨーロッパをつなぐ「一帯一路」は双方の市場統合と協力拡大のきっかけとなるはずだ。

EU側から見ると、2014年3月31日、中国とEUは「互恵・ウィンウィンの中国・EU全面的戦略パートナーシップの深化に関する共同声明」を発表した。この中で双方は「交通運輸関係強化のポテンシャルは極めて大きい」ことを確認し、「シルクロード経済ベルトとEUの政策との一致点をともに掘り起こす」ことを決め、「シルクロード経済ベルト沿線で協力を拡大する共同イニシアチブ」を検討している。これは、中国とEUが今後かなり長い期間「一帯一路」戦略に焦点を合わせて協力を進めるという礎になった。2015年は中国とEUの外交関係樹立40周年に当たり、双方の対話と協力にとって有益なきっかけになるとみられる。3,000億ユーロの投資計画が軌道に乗れば、ヨーロッパ経済の活力も刺激され、多くの分野で協力のチャンスが生まれるはずだ。中国とEU、中国と英国の二大人文交流メカニズムの構築も、ヨーロッパが「一帯一路」建設にしっかりとかかわっていくための基盤となり、またEUはアジアとヨーロッパの経済統合と市場の共同建設にとって推進力となるだろう。

一方、目下アジアとヨーロッパの取引における道路交通や物流などインフラ方面の問題に関して、「一帯一路」戦略にもよい対策がある。世界第四位の経済体で、かつヨーロッパ最大の経済体である

第二章 「一帯一路」のチャンス

ドイツは、EUや中国・EU協力戦略で全体を左右するほどの重要な立場にあるが、これは「一帯一路」戦略の実施においても同様に表れている。習主席のドイツ訪問では、両国関係を「全方位的戦略パートナーシップ」に引き上げ、エネルギー、エコ、環境対策などの分野で協力の可能性を探った。さらには習主席自ら重慶とドイツを結ぶ渝新欧国際鉄道連絡輸送大ルートの終点であるデュイスブルク港を視察してこう述べた。「シルクロード経済ベルトの両端に位置する中国とドイツは、アジアとヨーロッパの二大経済体と成長拠点であり、この鉄道の起点と終点でもある。両国は協力を強化して、シルクロード経済ベルトの建設を推進するべきだ。デュイスブルク港は世界最大の内陸港であり、またヨーロッパの重要な交通物流ターミナルでもある。中国とドイツ、中国とEUの協力拡大のために一段と大きな役割を果たすものと期待している」[17]。現在すでに運行が始まっている新ユーラシア・ランドブリッジは、中国の隴海線と蘭新線がカザフスタン鉄道に接続し、ロシア、ベラルーシ、ポーランド、ドイツを経由してオランダのロッテルダム港に至る、目下ユーラシア大陸の東西を結ぶ最も便利なルートである。2013年運行の成都からポーランドのウッジに至る定期貨物列車以外にも、武漢からチェコのパルドゥビツェ、重慶からドイツのデュイスブルク、鄭州からドイツのハンブルク、フフホトからドイツのフランクフルトに向かう複数の路線が走り、中国とヨーロッパの相互接続の先駆けとなっている。また2009年10月、中国遠洋運輸集団がギリシャからピレウス港埠頭の経営権を引き継ぎ、ピレウス港2号、3号埠頭の35年間の運営権を取得した。これ以降、ピレウス港湾管理局の民営化プロジェクトに参与している。さらに、第三回中国・中東欧諸国首脳会議で、中国とEUの各関係者はハンガリーとセルビアを結ぶ鉄道やピレウス港などを軸にアジアとヨーロッパの水陸連絡輸送の新ルートをつくることで合意。ヨーロッパが「一帯一路」建設の鍵を握る立場にあることが改めて証明された。中・東欧地域と

99

中央アジア地域は、交通インフラの整備がさらに進めば「一帯一路」の要衝となるはずで、アジアとヨーロッパをつなぐ「一帯一路」は双方の市場統合と協力拡大のきっかけとなるだろう。

　まとめると、中国の「一帯一路」計画はヨーロッパに八つの大きなチャンスをもたらす。

　一つ目は、ヨーロッパ経済振興のチャンスだ。ヨーロッパ経済はいまだ欧州債務危機の影響から完全に抜け出せていない。またウクライナ危機による打撃で、欧州中央銀行は欧州版量的金融緩和政策を打ち出さざるを得ず、その結果ユーロの下落が続いている。ヨーロッパ経済を立て直し、その競争力を高めるために、欧州委員会は3,510億ユーロの戦略的インフラ投資計画、いわゆる「ユンケル・プラン」を提案した。「一帯一路」とリンクさせて、アジア・ヨーロッパの相互接続建設を進めることも、ヨーロッパ経済の復興を助けて、ヨーロッパ市場をさらに拡大させることもすべて可能にするものだ。英国、フランス、ドイツ、イタリア、ルクセンブルク、スイスなどのヨーロッパ各国はAIIBをチャンスと見て、米国の反対を顧みず次々と加盟を決め、同機関の創設メンバーとなった。これはヨーロッパが「一帯一路」戦略というチャンスをつかみ、英国のポンド、ユーロ、スイスのフランの影響力を強めるための極めて現実的な行動である。米国の実業家で元ニューヨーク市長のマイケル・ブルームバーグの分析によると、2050年には「一帯一路」によって30億の中産階級が生まれるという。今後十年で中国と60以上の沿線諸国の年間貿易額は2兆5,000億ドルを突破し、その中には中・東欧諸国も含まれる。さらに、協力によってスピルオーバー効果が生まれ、ヨーロッパに利益をもたらすとしている。

　二つ目は、アジア・ヨーロッパ大市場の建設と文明復興のチャンスである。歴史の中でユーラシア大陸は常に世界文明の中心であった。少なくともエジプト文明衰退後はそうであったといえる。ヨーロッパ人がグローバル化を始めたことで、海洋が国際社会を主導す

第二章 「一帯一路」のチャンス

る力となり、大陸文明は衰退していった。ヨーロッパによる海洋文明の拡張は第二次世界大戦後まで続いたが、米国が海上の覇者となって以降、ヨーロッパの海外植民地は次々と独立。大陸への回帰を余儀なくされたヨーロッパは、団結して自国を増強させるという目標を統合という形で実現させた。しかし、欧州債務危機やウクライナ危機によってヨーロッパ大市場建設の成果が深刻なダメージを受けたことで、安全保障と発展のバランスを維持するためにはロシアも含めたアジア・ヨーロッパ大市場をつくらなければならないということを自覚した。ユーラシア文明復興によってヨーロッパの振興を促すことは歴史的な選択なのである。

　三つ目は、ヨーロッパ地域融合のチャンスである。EUは「東部パートナー計画」と「地中海パートナー計画」のどちらを重視すべきかで長い間頭を悩ませてきた。実施効果もそれぞれに問題があり、加えて現在のウクライナ危機でヨーロッパはまたも引き裂かれた状態にある。ヨーロッパ地域の融合強化には、新しい発想が必要だ。「一帯一路」の実施によって、中・東欧はヨーロッパにおける中国の新しい門戸となる。特にポーランド、ギリシャ、バルカンでは、ハンガリー・セルビア鉄道やピレウス港が「16＋1」協力の目玉商品となり、陸上と海上のシルクロードをつなぐ懸け橋となる。「一帯一路」が提唱する包括的な発展は、ヨーロッパ地域融合のチャンスであり、中国辺境の十数の省の中でも特に内陸国境付近の省が、ヨーロッパの各地区との緊密な経済貿易関係と投資関係を築くことにつながる。

　四つ目は、ヨーロッパとロシアの和解のチャンスである。戦後、NATOの結成によって、「Keep Russia out（ロシアを閉め出せ）」の戦略目標が明確になった。今日のウクライナ危機はまさにこうした戦略の悪い結果といえる。実際は、ヨーロッパとロシアの和解はヨーロッパ安定の礎である。古代シルクロードを超越した「一帯一路」は、ロシアの極東大開発プロジェクトなどを取り込み、モスク

101

ワを経由して、ユーラシア経済連合（EEU）、独立国家共同体集団安全保障条約機構、SCOなどの地域の枠組みとの両立を図ることを特に重視している。その目的は「Keep Russia in（ロシアを取り込め）」である。ドイツのメルケル首相は、隣人は選べないことを認識した上で、EUUとEUを結び付けるべきとの考えを示した。これはウクライナ危機を取り除き、ヨーロッパ社会の長期的な安定を求める賢明な行動だ。「一帯一路」はこうしたヨーロッパとロシアに和解の道を切り開くものだ。

五つ目は、EUがアジア太平洋地域の事務に、よりスムーズに参加するチャンスである。米国が「アジア回帰」戦略を打ち出してから、EUに明らかに戦略面の焦りが見え始めた。非主流化されることを懸念し、アジア諸国との自由貿易協定戦略推進を加速させたが、それも思うように進んでいない。だが、「一帯一路」によってヨーロッパが陸上と海上で同時にアジアと一つに接合されれば、ヨーロッパはアジア太平洋地域の事務によりスムーズに参与できるようになる。また今後、アジア太平洋地域発展のチャンスをつかむ力をつけ、この地域でのEUの影響力を拡大させていくだろう。

六つ目は、EUのグローバルな影響力を高めるチャンスである。「一帯一路」沿線諸国の多くはヨーロッパの元植民地である。そのためEUの大周辺戦略とのリンクを重視している。このように、ヨーロッパのグローバル・ガバナンスとリージョナル・ガバナンスの経験、手法をくみ取ることは大いに必要なことだ。中国とEUの協力による西アジア、アフリカ、インド洋、中央アジアなどの第三市場での開発や経営は、「一帯一路」の枠組みの下でより多くの成功例を生むだろう。ヨーロッパの経験、基準、歴史や文化の影響力は中国が非常に重視するところである。「一帯一路」は団結・相互信頼、平等互恵、包容・相互参照、協力・ウィンウィンのシルクロード精神を継承し発揚して、EUの理念と通じ合い、EUの規範化力と呼応しあい、中国とEUのグローバルな影響力をともに高めていく。

第二章 「一帯一路」のチャンス

　七つ目は、中国とEUの全面的戦略パートナーシップの転換とグレードアップのチャンスである。双方は関係樹立から40年、その中でも戦略的パートナーシップ構築から十年が経ち、全方位的かつ広範囲にわたり協力を行うチャンスを迎えている。「中国・EU協力2020戦略計画」はまさにその集約である。現在、双方は二国間投資協定（BIT）の交渉を進めており、これをベースに中国・EU自由貿易協定のフィージビリティ・スタディを行うことも視野に入れている。そしてこれらを前進させるさらに大きな原動力を「一帯一路」計画は提供する。渝新欧、鄭新欧（鄭州〜新疆〜欧州）、義新欧（義烏〜新疆〜欧州）路線など13のユーラシア快速鉄道網によって、中国とEUはこれまで以上に一つに接合されて発展し、協力・ウィンウィンの新型パートナーシップが築かれるだろう。

　八つ目は、環大西洋関係をバランスよく発展させるチャンスである。戦後以降、EUは環大西洋関係を重視してきたが、米国との競争や協力では不均衡な立場からなかなか抜け出せず、「一つの声で発言」しても常に絵空事に終わるという気まずい状況にある。「一帯一路」は開放と包容を強調し、域外国家を排斥せず、勢力範囲の拡大も軍事の拡張も望まない。また米国を包括することも主張している。これはTTIPが持つ二国間の排他性をしのぐものだ。しかも実施プロセスでは、中国・EUが協力してシルクロードの安全を擁護するよう図り、NATOのヨーロッパ化を促し、米国に対するヨーロッパの受動的な立場を変えて、環大西洋関係をバランスよく発展させていく。

　ヨーロッパは古代シルクロードの終着駅であり、13本のユーラシア快速鉄道路線の終着駅でもある。「一帯一路」に対してもっと積極的であるべきだ。しかし、EUは常に半歩遅れを取っており、この戦略に関するヨーロッパの人々の認識度も低い。「一帯一路」戦略は今後より多くの国々に急速に影響を及ぼすとみられる。ヨーロッパ諸国についていえば、彼らが最も気に掛けるのは四つの側面で

103

ある。第一に、この戦略の本質は何か。ヨーロッパ諸国に有利なのか否か。第二に、どれだけのヨーロッパ諸国が中国の新戦略の影響を受けるのか。その影響はどの程度なのか。またどのような形で影響を受けるのか。第三に、中国の新戦略に対し、EUはどんな役割を演じることになるのか。仮にEU加盟国がこの戦略の影響を受けたとして、経済協力や貿易面の連携で中国とEUはどれだけ緊密さを増すのか。第四に、中国の新戦略はルール策定においてどれほどの影響力があるのか。中国が国際経済協力でルールを策定する際にどの程度の助けになるのか、ということだ。

「一帯一路」は鉄道や道路などのインフラ以外に、石油・天然ガスパイプライン、送電網、インターネット、航路などを含む多元的ネットワークであり、中国とヨーロッパをつなぎ、ユーラシア大市場をつくる重大な計画である。

陸上の鉄道物流以外に、中国・EUの海上協力が今後の注目点になるだろう。EUは海上輸送能力で世界トップの41％を誇り、この分野のトップランナーである。加えて、海上輸送はEU経済の重要な構成要素であり、EUの貨物貿易輸送の40％を担い、18万人に就業ポストを提供している。一方で、その二酸化炭素排出量は陸上貨物輸送のわずか18分の1から15分の1しかない。海上輸送の発展のために、EUはかつて2003年に「マルコ・ポーロ計画」を進めたが、船舶会社に対する支援が不十分であったため、当初の目標を達成できていない。また、短距離海上輸送を成長させるべく「海上高速路」をつくったが、港湾インフラ建設の強化や、港湾間および港湾と河川、運河、道路、鉄道との間の交通網の整備、海運工業の発展、EUの安全基準引き上げなどの対策を取る必要がある。

EUの海上能力と発展のニーズは、中国の海洋進出の流れとぴたりと合う。中国とEUは海洋観や海洋政策などで幅広い共通性、共同性を持ち、両者の海洋協力は全く新しい目玉となり得るものだ。「平和のパートナー、成長のパートナー、改革のパートナー、文明

のパートナー」の四大パートナーシップを築く上で、海洋協力は新たな突破口となる。海洋経済発展のための双方の協力に関しては、「一帯一路」建設もまた重要な意味を持つ。「一帯一路」戦略はEUやヨーロッパ各国の海洋戦略との効果的接続である。特にギリシャは中国からヨーロッパに至る重要な門戸となり、また中国と中・東欧協力の足掛かりになるだろう。

　以上の分析から、「一帯一路」は決して中国の独奏ではなく、沿線諸国による交響曲であり、その中でも中国とEUが手を携えてユーラシア大市場を経営する合奏であることが分かる。

　「ヨーロッパを得る者天下を取り、中国を得る者天下を取る」。これは中国とEUのウィンウィンの提携を表した言葉だ。中国とEUの協力は、双方の人民を幸福にし、それぞれの復興と振興の実現を助けるだけでなく、第三市場の共同開発と共同経営を介して双方の協力のポテンシャルと世界への影響力を高めるものだ。地域融合と世界の包括的発展の実現は、双方の共通の願いである。ヨーロッパの夢と中国の夢とが補い合ってよい結果を生むように、ヨーロッパは「一帯一路」によって開かれた二度目の中国チャンスをしっかりつかむべきだ。


# 四、全世界発展のチャンス

　「一帯一路」イニシアチブは、世界と中国の経済に重大な構造調整、構造転換が起きていることを背景に、中国政府が打ち出した戦略構想である。中国経済が「新常態」に入ったことは「一帯一路」戦略に新たな中身を与え、戦略の推進は沿線諸国と世界の発展に新たなチャンスをもたらすだろう。この戦略の初志は決して閉鎖的で利己的な協力体系を築くことではない。開放的な協力プラットフォームを構築し、沿線諸国の共通のニーズを一致させることであって、

105

この戦略に賛同し参加の意思があるならば、どの国も随時加わることができる。「一帯一路」戦略のイニシアチブは非常に大きな親和性を備えているということだ。

　まず、「一帯一路」戦略がはっきりと示しているのは、これまでとは違う中国のイメージである。中国に対する世界の認識と位置付けとが再構築されるはずだ。改革開放政策開始からこの三十年余りの間に、中国の経済、政治、社会、文化には全方位的な変化が起きた。国民の生活水準は大きく向上し、中国は世界第二位の経済体になった。しかし、中国はこれまで宣伝活動で、「長期的に発展途上段階にある」と強調し続け、自らを「世界最大の発展途上国」と位置付けて、それ以上の国際的責務を負うことを望んでこなかった。こうした表面的な責任逃れの姿勢は、他の国が中国に対して抱くイメージに極めて大きな影響を与えるだろう。世界が多極化に向かう今日、安易な宣伝を行うよりも、より多くの国際的事務に参与し、より多くの国際的責任を負うことの方が、中国は能力も責任もある国であるという国際的イメージを世界に効果的に示すことができるはずだ。「一帯一路」イニシアチブの提起によって示されるのは、まさにこの「中国の任務」である。この戦略の発起国として、中国は自発的にシルクロード基金という資金源を提供したが、逆にこれは「戦略の中で主導的地位は決して求めない」ことを積極的に示す形となった。「親、誠、恵、容」の周辺外交の新理念を打ち出し、戦略の発起にあたって歴史をさかのぼり、古代シルクロードによって現代の調和の取れた発展のチャンスを照らし出せば、「中国脅威論」という世界の懸念は見事に払しょくされるだろう。そうなれば中国と世界の相互協力と交流は大きく進展するはずだ。

　その次に、「一帯一路」戦略は中国と世界をつなぐ新たな懸け橋として、中国モデルと中国の恩恵を世界にもたらすだろう。現在の世界経済はなお危機から抜け出せておらず、経済構造の矛盾と各国経済の不均衡な発展とに足を引っ張られ、回復力は極めて弱い。加

えて、さらに重要な点は、経済力の弱さゆえに各国政府のインフラ建設や公共事業分野の投資が著しく減少していることだ。このことは消極的悪循環を生み、世界経済の今後の発展の阻害要因となるだろう。一方、経済構造の転換期と経済の「新常態」下にある中国は、インフラ建設、物流チェーン建設、高速鉄道などの分野で飛躍的な発展を遂げ、対外投資の新たな成長分野になっている。中国はインフラ建設を2014年 APEC第22回首脳会議の三大議題の一つに盛り込み、インフラ接続を「五通」理念の中に取り入れた。「一帯一路」戦略の下、中国は世界経済の弱々しい回復力の命脈を敏感に感じ取って、世界経済の発展に新しいモデルと新しい選択肢を提供するだけでなく、アジア・ヨーロッパ地域経済の相互接続に円滑なインフラ環境も提供している。そして、未来の成長エンジンが欠けた世界経済に新たなエネルギーを注入していく。

またさらに、「一帯一路」は世界のつながりを強め、世界各国の経済発展を一つのプラットフォームの中に収める。経済危機が発生し、世界経済が構造転換と構造調整期に入ったことで、各国国内では保護貿易主義がやや頭をもたげてきた。自国の経済と自国の利益にばかり心血を注ぎ、世界経済発展に対する責任から意識的に逃げているのは明らかだ。だが、世界経済のグローバル化は避けられない流れである。「一帯一路」はまさにこうした自分勝手な思考回路を破壊して、世界の経済協力に新しいプラットフォームを提供する戦略である。この戦略によって、アジア・ヨーロッパ経済の統合と優勢相補を実現できるだけでなく、アフリカや南アメリカなど地理的に「一帯一路」地域とはやや離れた国家も戦略全体の軌道に乗せることで、各国が自国の比較優位を発揮させて、互恵・ウィンウィンの国際経済協力の新モデルを創造していく。

そして最後に、世界経済の統合において、ASEAN主導のRCEP、米国主導のTPP、各国間のFTAなど一連の構想のほか、中国が提唱する「一帯一路」戦略など、さまざまな国家や国際機関が独自の

プランや構想を打ち出してきた。いずれも地域経済統合の推進を立脚点に、そこから世界経済の統合と構造の高度化を図ろうというものである。出発点から見ると、各国間の目標は一致している。だが、さらに踏み込んで、複数の国家の参加を明確に排除している協定と比較すると、「一帯一路」戦略は開放性と包括性という点で明らかに優位なものである。従って、「一帯一路」戦略については競争的要素よりパートナー的要素の方が大きいと受け止めるべきだ。この戦略を打ち出した中国の目的は決して地域内の主導権を奪うことではなく、運命共同体の思想を提唱し、世界経済の統合のためにより一層尽くすことにある。また、米国主導のTPPについていえば、中国政府はアジア太平洋地域の経済統合プロセスにおける米国の主導権に対して慎重に見ていく必要がある。だがその一方で、従来のFTAモデルが壊され、貿易協定の新基準がより重視されつつある中、雇用や環境問題といった議題においてTPPには代えがたい優位性があり、アジア太平洋地域と世界の経済統合にもチャンスを提供するとみられる。従って、どちらであっても、他方が打ち出す自分たちとは異なるモデルについて、前向きに考え、協力点を探るべきであり、他国に対し「覇権主義」というレッテルを貼るべきではない。各当事者は各地域の経済統合モデルにおける共通点と利益の一致点を探る努力をし、それによりモデル間の協調、相補、協力を引き出して、世界経済の統合と世界の発展に新たな成長分野を提供するべきである。

　グローバル・パートナー・ネットワークは「一帯一路」建設の政治的保障である。中国は「一帯一路」沿線でほぼ各形式のパートナーシップを築いている。

　「一帯一路」は開放的なものであり、**表3**に示された国家に限定されないということを、ここで説明しておこう。例えば、ドイツのデュイスブルクやスペインのマドリードはそれぞれ渝新欧、義新欧路線の終点であり、「一帯一路」の積極的な参加者である。また英

表3 「一帯一路」に関わる64の国家の分類（中国を除く）

| ロシア・モンゴル・中央アジア5カ国 | 東南アジア11カ国 | 南アジア8カ国 | 中欧・東欧16カ国 | 西アジア・北アフリカ16カ国 | 独立国家共同体の残り5カ国とジョージア |
|---|---|---|---|---|---|
| モンゴル | インドネシア | ネパール | ポーランド | イラン | ベラルーシ |
| ロシア | カンボジア | ブータン | モンテネグロ | シリア | ウクライナ |
| カザフスタン | 東ティモール | モルディブ | マケドニア | ヨルダン | アゼルバイジャン |
| タジキスタン | マレーシア | アフガニスタン | ボスニア・ヘルツェゴビナ | イスラエル | モルドバ |
| キルギス | フィリピン | パキスタン | アルバニア | イラク | アルメニア |
| ウズベキスタン | シンガポール | インド | リトアニア | レバノン | ジョージア |
| トルクメニスタン | タイ | バングラデシュ | ラトビア | パレスチナ | |
| | ブルネイ | スリランカ | エストニア | エジプト | |
| | ベトナム | | チェコ共和国 | トルコ | |
| | ラオス | | スロバキア共和国 | サウジアラビア | |
| | ミャンマー | | ハンガリー | アラブ首長国連邦 | |
| | | | スロベニア | オマーン | |
| | | | クロアチア共和国 | クウェート | |
| | | | ルーマニア | カタール | |
| | | | ブルガリア | バーレーン | |
| | | | セルビア | イエメン共和国 | |

国も AIIB への加盟を表明している。つまり「一帯一路」は、中国が提供する全世界のチャンスなのである。

---

① 劉勁松「"一帯一路"将給工商界帯来八大机遇（「一帯一路」が商工業界にもたらす八大チャンス）」大公網、2015年5月19日参照。

② 王優玲「"一帯一路"戦略構建我国対外開放新格局（「一帯一路」戦略がつくるわが国の対外開放の新たな枠組み）」、http://news.xinhuanet.com/fortune/2015-01/04/c_1113870302.htm。

③「海外メディア・黄怒波がノルウェー北部地区の土地購入で引き起こした大事件」、ニュースサイト参照、2014年9月29日。

④ 同上。

⑤ 高虎城「深化経貿合作　共創新的輝煌（経済貿易協力を深化させ　新たな輝きをともに創る）」、『人民日報』2014年7月2日参照。

⑥ 同上。

⑦ 党軍「中欧貿易摩擦分析及対策建議（中欧貿易摩擦の分析および対策と建議）」、『西安財経学院学報』2006年第4号参照。

⑧ ⑤に同じ。

⑨ ⑤に同じ。

⑩ 蔡武「堅持文化先行　建設"一帯一路"（文化先行を堅持し、「一帯一路」を建設しよう）」新華網、2014年5月5日。

⑪ 習近平「聯通引領発展　伙伴聚焦合作―在"加強互聯互通伙伴関係"東道主伙伴対話会上的講話（つながりが発展を牽引し、パートナーが協力を一つにする―「相互接続パートナーシップ強化」のホストとパートナーによる対話会での講演）」、『人民日報』、2014年11月9日。

⑫ ⑩に同じ。

⑬ 李向陽編『亜太藍皮書：亜太地区発展報告2015（アジア太平洋白書・アジア太平洋地区発展報告2015）』社会科学文献出版社2015年版、172頁参照。

⑭ 趙国軍「論南海問題"東盟化"的発展―東盟政策演変与中国応対（南シナ海問題「ASEAN化」の発展を論じる―ASEAN政策の変化と中国の対応）」、『国際展望』2013年第2号参照。

⑮ 王毅「期待斯里蘭卡成為"21世紀海上絲綢之路"上的明珠（スリランカが「21世紀海上シルクロード」の真珠とならんことを）」新華網、2015年2月28日。

⑯ 中国人民大学重陽金融研究院編『欧亜時代―絲綢之路経済帯研究藍皮書2014－2015（ユーラシア時代―シルクロード経済ベルト研究白書2014－2015）』中国経済出版社2014年版参照。

⑰「絲綢之路賦予中欧合作新契机（シルクロードが与える中国・EU協力の新たな契機）」新華網、2014年9月5日。

## ▶第三章

# 「一帯一路」の挑戦

　大国と小国の違いについて、かつてフランスの歴史学者トクヴィルが明晰な分析を行い、こう指摘している。「小国が目指すものは国民の自由で豊かで幸福な生活であり、一方で大国は偉大さと永久不変を創造するとともに、責任と苦痛を負うよう運命づけられている」①

　偉大な事業は常にリスクと隣り合わせである。「一帯一路」はなぜリスクに直面するのか。そしてそれはどんなリスクなのか。

　まず、「一帯一路」の多くはインフラ大プロジェクトであるため、投資周期が長く、資金も莫大で、運営や保守が容易ではないことが挙げられる。

表４　すでに発表された一部のインフラプロジェクトの概要

| 分野 | 計画または施工中のプロジェクト |
|---|---|
| 越境高速鉄道 | ✔ユーラシア高速鉄道（ロンドンを出発し、パリ、ベルリン、ワルシャワ、キエフを経てモスクワを通過した後、2線に分岐。一方はカザフスタンに入り、もう一方はロシアの極東に向かい、その後中国の満州へ）<br>✔中央アジア高速鉄道（ウルムチを出発し、ウズベキスタン、トルクメニスタン、イラン、トルコを経てドイツに至る）<br>✔アジア横断鉄道（雲南省・昆明を出発し、主線はラオス、ベトナム、カンボジア、マレーシアを経てシンガポールに至り、支線はタイへ向かう） |
| インフラ建設 | ✔中国・中央アジア天然ガスパイプラインＤ線建設<br>✔インド鉄道の改良・グレードアップ<br>✔スリランカ港湾建設と運営の推進、臨港工業団地の開発・建設 |

111

| 陸路越境石油・天然ガスパイプライン | ✔西気東輸の三線、四線、五線の独占工事<br>✔中央アジア天然ガスパイプラインD線<br>✔中ロ東線、西線天然ガスパイプライン |
|---|---|
| 通信および電力 | ✔中国・ミャンマー、中国・タジキスタン、中国・バーレーンなど未完成の越境通信幹線<br>✔東南アジア方向の未開通の海底光ケーブルプロジェクト<br>✔西南電力チャネル、中ロ電力チャネルの計画建設または高度化改良 |

　こうしてみると、「一帯一路」がかかわる分野や地域はとてつもなく広いことが分かる。まさにヨーロッパ人が海洋進出を果たしたあの当時のように、リスク評価とリスク回避の問題を抱えている。

　国外についていえば、「一帯一路」戦略自体は有限であるが、その影響は無限である。「一帯一路」が強調する「五通」は、中国の人民と世界の人民とを緊密に結び付け、中国文明や世界の各文明に未曽有の大発展、大融合、大変革をもたらす。

　「一帯一路」は参加者や支持者に無意識に誤解されやすくもあり、反対者や破壊者に故意に歪曲されやすくもある。

　一方、国内については、「一帯一路」イニシアチブは、国内の改革深化の外延ではないが、それによる支えは欠くことができない。中国国内には「一帯一路」建設を破壊する勢力や脅かす問題がなお多く存在する。中国も経験豊かというわけではない。「一帯一路」は全く新しい事業であり、新しい政策と策略と人材とが必要だ。これらは今すぐに見つかるものもあれば、「一帯一路」を実際に進める中で模索したり育てたりするしかないものもある。

　大自然もまたわれわれへの挑戦だ。「一帯一路」は交通網を先導役として「五通」を実現するものである。これまでに国内での建設や国外での建設支援、海外プロジェクトを通して多くの経験を積んではきたが、「一帯一路」沿線には間違いなく未知の状況や問題が数多く待ち受けているだろう。つまり中国に求められるのは、その土地の事情に応じた措置や事前の策である。

第三章 「一帯一路」の挑戦

こうしたリスクの筆頭に挙げられるのが政治リスクである。

政治リスクとは特に、国内の政変を含む政治の対立や大国のパワーゲームを指す。また、安全保障リスクとは、国内および海外の安全面の課題のことである。両者は常に一つに混じり合っているが、「一帯一路」がかかわる地域や国家が非常に多いことを考えると、二種類のリスクに区分する必要がある。ただ中には見分けるのが難しい問題もあり、例えばウクライナ危機は政治リスクとも、安全保障リスクともいえる。

また、「一帯一路」の「五通」戦略は経済リスクにも確実に直面する。このイニシアチブにとって政治リスクになり得る勢力がもし強い経済闘争能力を持っていた場合、経済的手段によって「一帯一路」戦略を妨害してくることが考えられる。さらに、中国と沿線諸国が抱えている数多くの経済問題は、「一帯一路」建設の中で解決すべきであるが、その処理を誤ればかえって問題を複雑化させてしまう恐れがある。

このイニシアチブが世界中の人々から歓迎されているのは、人民の利益とニーズに合致しているからである。イニシアチブに反対する勢力は、あらゆる手段を使って人々を「一帯一路」から遠ざけようとするだろう。逆にもし中国自身がこの建設を通じて国内外の人々と緊密な関係を持つことができなければ、「一帯一路」のイメージを損なうことになる。

こうして見てみると、四種類のリスクが「一帯一路」の「五通」に対応している。政治リスクは政策の意思疎通を脅かし、インフラの接続は安全保障リスク対策が必要になる。貿易の円滑化と資金の融通は経済リスクの影響を受ける。そして民心が通い合わなければ、「一帯一路」は道徳リスクに陥るだろう。また分析を行う場合、「一帯一路」沿線諸国と地域はその地理的配置に従って、中央アジア、中東、東南アジア、アフリカの複数のエリアに分けることができる。さらに国や地域ごとに個別に分析してもよい。

113

今日の中国と世界は、五十年、五百年、五千年ぶりの変化と向き合っている。「一帯一路」イニシアチブはその偉大な意義ゆえに多くの困難が待ち受けている。妨害、排斥、破壊、誹謗は何であれ避けられず、しかもこれらは「一帯一路」自体の成功によってしか解消できない。「今こそ準備しておく」ために、次に政治リスクから順番に「一帯一路」イニシアチブが直面するリスクを紹介する。


# 一、政治リスク

　国家発展改革委員会、外交部、商務部は2015年3月28日、「シルクロード経済ベルトと21世紀海上シルクロードの共同建設推進のビジョンと行動」と題した公式文書を共同で公布した。この中には「一帯一路」が網羅する地理的範囲が明確に記されている。すなわち「シルクロード経済ベルト」は主に、中国から中央アジア、ロシアを経てヨーロッパ（バルト海）に通じるルートと、中国から中央アジア、西アジアを経てペルシャ湾、地中海に至るルートと、中国から東南アジア、南アジア、インド洋に至るルートとであり、「21世紀海上シルクロード」は主に、中国沿海の港から南シナ海を通ってインド洋に至り、ヨーロッパまで延びるルートと、同じく南シナ海を通って南太平洋に至るルートである。以上から、地理的に広大な範囲を網羅し、ユーラシア大陸を貫いて、沿線に放射状に広がり、ヨーロッパとアジアとアフリカを緊密に一つに結び付けるものであることが分かる。ただ、こうした広大な地域で建設を行えば、種々の政治面のリスクにぶつかるであろうことは否定できない。

## 1．政治リスクの総括
　一般的にいえば、「一帯一路」イニシアチブが直面する政治リスクには、沿線諸国の懸念だけでなく、域外国家の妨害も含まれる。

第三章　「一帯一路」の挑戦

　海上シルクロードを例にとってみよう。筆者は2015年2月12、13日、福建省の泉州で開かれた国務院新聞弁公室主催の「21世紀海上シルクロード国際シンポジウム」に参加した。席上、アラブ諸国を代表して出席した沿線諸国の多くは積極的に歓迎や賛同の意を示したが、ベトナムやインドの学者からは建設のリスクと意図に疑問の声が上がった。そこに見えるのは次の四つの心理状態である。

　第一に、弱国意識である。ASEANを自任するベトナムの学者は、海上シルクロード建設を進める上で南シナ海の領有権問題は避けて通れず、よってその将来性に期待は持てないと考えている。一方でフィリピンの学者は、海上シルクロードがフィリピンを避けて通ることに不満を述べ、中国は大国として大きな気概を持ち、アキノ政権の政策になど左右されずに、関係国をすべて包括すべきだと考えている。

　第二に、小国意識である。アラブ諸国は海上シルクロードに対して前向きな反応が多く、泉州海上交通史展覧館を参観した後も、悠久の歴史を持つ中国とアラブ諸国の友好関係にしきりと感銘していた。だが実際のところは「ただ乗り」したいという思惑が丸見えで、海上シルクロードの追い風に乗って自国の発展につなげたいと考えている。

　第三に、大国意識である。グループディスカッションの中でインドの学者が、鄭和の西洋下りは決して平和的なものではなく、その当時スリランカ国王を一時誘拐したこともあり、現地と激しい衝突が起こった、とでたらめを口にした。そこで筆者はこう答えた。「インドのみなさんは西遊記をご存知でしょう。唐僧が弟子の孫悟空らを伴って経典を求めて西方を目指す話です。九九八十一難を経て、孫悟空はあらゆる妖怪変化と激しい戦いを繰り広げます。ではこの話は、玄奘が西方に取経に行くことは平和的なことではないと言いたいのでしょうか。鄭和の西洋下りは友好関係を広め、貿易を広げるための公認の航海です。その中では確かに隊商への攻撃に伴う自

衛行為もあったかもしれません。しかし、鄭和の西洋下りの平和的目的は誰にも否定しようがありません」。だがインドの学者はなおも、「21世紀海上シルクロード」はインドに対してインド洋からＣ型の包囲網を成すもので、この地域におけるインドの大国的地位を軽んじ、インドが世界の大国となることを抑止していると強く訴えた。

第四に、強国意識である。ロシア代表は実際の立場や中ロ戦略的協力関係への配慮から、やや慎重な姿勢を見せていた。だが、筆者が個人的にロシアの学者や記者らと雑談を交わした印象では、ロシアは「一帯一路」が自分たちのチーズを動かす（目標を持ち去る）ことを心配しているようだ。「シルクロード経済ベルト」の中央アジア地域にしても、また「21世紀海上シルクロード」の中東地域にしても、ロシアのこれまでの勢力範囲であり実利を含んでいる。問題はこれをどうやって損なわないようにするかである。「一帯一路」建設は中国の優勢復興の行動であるが、ロシアもまた強国復興を進めている。その中で、どのように中ロ同時復興を「一帯一路」によって後押しするのかが問題である。

正式な政府代表を会議に派遣しなかった米国の場合、その心理状態はより複雑だ。会議出席者も、米国が「Elephant in the room（部屋の中にいるゾウ）」であることはみな口にこそ出さないが分かっていると指摘していた。沿線諸国には米国の同盟国や、あるいは習慣的に米国を当てにしている国が少なくない。彼らの多くが疑念や不都合な立場を示したことは、米国が会議に代表を派遣しなかったことや「一帯一路」に対する態度を明らかにしていないことと関係がある。例えば、ある代表がこう問いただした。中国は非同盟政策を取っており、海外に軍事基地を持たないが、沿線の安全をどう確保するのか。また、「一帯一路」建設と現行の国際協力の枠組みとの関係をどう処理するのか。つまりこれは裏返せば、米国が態度を表明していないのに、どうやって建設を成し得るのかということである。ヨーロッパの学者はストレートにこう述べた。「会議主催

116

者側は米国のマスコミ関係者に主旨発言を求めたが、彼は言葉巧みに商業的利益を中国人からかすめ取るような、海外でも評判の悪い人物だ。中国はもっと鷹揚に構えて米国の領事館職員やメディアの参加を促すべきだった。万事、米国とコミュニケーションを多く取れば、他の国は大いに安心するのだから」

さまざまな心理状態は、「一帯一路」建設の地理的複雑さと地政学的矛盾とを映し出している。こうした地政学的矛盾は世界の多くの係争地で噴出している。そこでは日常的に流血を伴う、あるいは無血の政治の対立が起きており、「一帯一路」建設に種々のリスクを招いている。


## ２．政治リスクの表れ

「一帯一路」はユーラシア大陸の広大なエリアに及び、その中には中央アジア、中東、東南アジア、アフリカなどの国際的紛争地域も数多く含まれる。これらの地域は宗教、資源、歴史または域外干渉などのさまざまな理由で「一帯一路」建設を左右する。同時にどの地域も多くの域外勢力の影響を受けているため、「一帯一路」建設に政治リスクをもたらす。次に、「一帯一路」建設でどのような政治リスクが表れるのかを地域ごとに探ってみよう。


### （１）中央アジア

中央アジアという概念は、ドイツの地理学者アレクサンダー・フォン・フンボルトによって1843年に提起された。狭義の中央アジア国家には主にトルクメニスタン、キルギス、ウズベキスタン、タジキスタン、カザフスタン、アフガニスタンの六カ国が含まれる。この地域は地理的にユーラシア大陸の中心に当たる。このため、重要な戦略的意義を持ち、数多くの域外の大国がこの地をめぐり競い合っている。そのうえ内部民族が多様で、民族同士の歴史問題が地域の安定に今なお大きな影を落としている。現在、中央アジア諸国

は経済の回復がやや鈍く、インフラは旧式で、中継ぎ能力にも限界がある。加えて周辺の治安は悪化し、国同士の経済協力はとても順調とは言えない状況で、地域内の交通協力も苦境に陥っている②。具体的には「一帯一路」が中央アジアで直面する政治リスクには、主に三つの面がある。すなわちカラー革命の影響、三悪（テロリズム、分離主義、宗教上の急進主義）の影響、そしてこの地域の「バランス外交」による大国間の駆け引きである。

　第一に、カラー革命の影響について述べよう。21世紀初め、中央アジア諸国は他の独立国家共同体国と同様、カラー革命によって政権交代を実現させた。今も中央アジア地域の思想には当時のカラー革命の影響が色濃く残っている。「一帯一路」建設はこの地域の繁栄と人々の生活水準の向上につながるはずだが、近代化が十分進んでいないために、依然として過激派に付け込む隙を与えている。こうした背景の下では、現地の社会や民衆がカラー革命という売り込みの影響を受けかねず、ひいては「一帯一路」建設を左右する可能性もある。

　カラー革命が「一帯一路」建設に与える影響については、主に次の二つが挙げられる。一つは、カラー革命が社会不安を招くことで、目まぐるしく変わる現地の政治情勢に「一帯一路」建設が振り回されてしまうことだ。カラー革命の目的は政権交代であるため、街頭政治や武力衝突は割合よくあることで、これが社会や政治経済の秩序を損ない、「一帯一路」の実施に影響を与え得る。もう一つは、カラー革命が起こると必然的に政府の注意力がそちらに移ってしまうことだ。政府を牽制することで、過激派勢力は政府が中国側と「一帯一路」の実務協力を進めにくい状況をつくることができる。このほか、中央アジア地域の反対勢力がカラー革命を「民族主義」と結び付けることも考えられる。彼らからすれば、自分たちは地域の秩序の防衛者である。「一帯一路」の導入は自分たち民族の独自性をそぐものであり、中国の発展モデルに縛られれば、簡単に中国

側に誘導されて民族の発展が妨げられることになりかねない。この結び付きによって、カラー革命が起こる可能性は大幅に高まり、この中で中国側は「侵略者」として扱われ、平和的発展、互恵・ウィンウィンという中国側の当初の願いとは大きくかけ離れてしまうだろう。以上の簡単な分析を通して、カラー革命の潜在的脅威と影響とが見て取れたと思う。仮にカラー革命が成功すれば、それに伴って長期的な混乱と衰退が起き、「一帯一路」事業の繁栄と発展が損なわれることになる。中国と中央アジア各国はこの点に対し周到かつ慎重な姿勢を保たなければならない。

　第二に、三悪について述べる。中央アジアは民族、宗教が多く、どの国も独自の政治制度を実施していることに加え、国同士の歴史問題が適切に解決されておらず、域内が複雑かつ目まぐるしく変化している。そのために、「武力テロ勢力」、「宗教上の急進主義勢力」、「民族分離主義勢力」の三悪が活動しやすい環境を与えてしまっている。三悪は2001年の時点ですでに取り上げられ、SCOが締結した「テロリズム、分離主義、宗教上の急進主義の取り締まりに関する上海条約」の中で明確に定義されている。その脅威は主に次の二つのケースに表れる。一つは、「一帯一路」建設によって、自分たちの存在の合理性が脅かされることになれば、既存の三悪はテロや投毒・放火、騒動などのさまざまな行動を起こして、「一帯一路」建設に影響を与えるだろう。もう一つのケースはこうである。中国側および中央アジアの各国はSCOや各国の国際協力を通じて地域の三悪問題の解決に一貫して力を注いできた。そこに今回の「一帯一路」建設が中央アジア地域に導入されて、両者のこの戦略アピールがより強まれば、協力メカニズムが一層深化し、三悪の撲滅強化につながる。だがこのように生存環境が脅かされるのを三悪がただ黙って見ているはずがなく、「一帯一路」の建設工事に支障が出るよう頻繁に攻撃を仕掛けてくるだろう。

　第三に、大国の駆け引きについて見てみよう。ソ連の解体に伴い、

中央アジア地域に権力の空白が生じた。そこにこの地域の資源の優位性と重要な戦略的地位を狙って域外各国が影響力の拡大に動き出した。こうした背景から、中央アジア各国は自国のニーズを踏まえた上で、「バランス外交」という手段で各国と最大限協力することによって、自国の利益を最大化しようと試みた。国際社会の活動に積極的に参加する一方で、外部勢力が自分たちの地域に進出するよう前向きに働き掛け、大国の助けを借りて大量破壊兵器の拡散防止や宗教上の急進主義勢力の拡大抑止、中央アジア戦略的緩衝地帯の構築といった重要案件の実現を図っている。また、属性の異なる力を動員して地域内に抑制と均衡を図ることで、そこから自らの発展のチャンスや空間を得たり、あるいは安全保障や経済面での支援を直接受けたりしている[3]。具体的にいえば、中央アジアの「バランス外交」政策に伴い、中国の「一帯一路」戦略は域外各国が競い合う中でその実用性が大いに削がれる可能性がある。この地域における大国同士の駆け引きの中で、他国から提供される利益を目の前にすれば、中央アジア諸国の「一帯一路」への関心も薄れかねない。そうなれば当然建設にも影響が出るだろう。

　以上の三点以外にも、中央アジアと中東を関係づける一種の特殊な政治リスクがある。それは、シリアとイランの政権の不安定さに乗じて中東の過激派が中央アジアに入り込む可能性があり、それにより中ロ防衛や米国の介入を招きかねないということだ。現時点ですでに、アフガニスタンと中東の過激派は中央アジアの三悪の中心勢力となっている。加えて目下、米軍の撤退やシリア内戦、「イスラム国」の台頭など域内の数々の問題によって、地域情勢は揺れ動いている。地域内の多くの過激派組織はこの機に乗じて絶えず攻撃を仕掛けながら、力を蓄えており、「一帯一路」建設に今後大きな試練をもたらすだろう。現在世界の超大国である米国も、この地域の利益を守るべく中央アジアに介入してくるはずだ。だが、米国の介入と中国の「一帯一路」の進展との間にはかなりの矛盾が存在す

る。米国は中央アジア回帰の政策を打ち出す可能性があり、その場合は中国側の戦略設計と時間的にも空間的にも重複する。米国側が過激派勢力の掃討というスローガンを掲げてこの地域に進出してくれば、「一帯一路」建設の継続性に影響するかもしれない。歴史的に見ると、シリアとアフガニスタンの問題に対し、米国はかつて公然と中央アジア諸国の主権を軽視する形で、空軍だけでなく陸軍も中央アジアに派遣した。「一帯一路」の推進に伴い、米国はまたもよい機会とばかりにマナス空軍基地など中央アジアの軍事施設を再使用して、中国側のこの地での功績を破壊しかねない。これに対し中国側は警戒心と冷静さを保ち続けるべきである。

　これに加えて、さらに別の重大な要因がある。それは中央アジア各国の政権交代によって生じ得る不安定さが、「一帯一路」建設に及ぼす影響である。一つには、政権交代後も政策を維持できるかどうか疑わしく、地域によっては政府の権限移譲によって既存の政策の実施が制限される可能性がある。またもう一つには、新政府が長期的な安定を得るためには比較的長い脆弱な時期を経る必要があり、この脆弱な時期こそカラー革命や三悪にとって好機になるということだ。この時期に「一帯一路」建設の円滑な進展を最大限保つために、中国側は中央アジア諸国との政策の意思疎通を強化するべきである。「ビジョンと行動」公式文書の中でも、政策の意思疎通の強化は「一帯一路」建設の重要な保障であると指摘し、政府間の協力を強化し、多層的な政府間によるマクロ政策の意思疎通・交流メカニズムを積極的に構築し、利益の融合を深め、政治の相互信頼を促して、協力の新たなコンセンサスを得る、としている。中国政府と地域政府とが良好な政策の意思疎通を図れば、間違いなく地域勢力にダメージを与えることができ、地域の安定やカラー革命、三悪対策に大きな効果を発揮するはずだ。また同時に、中央アジア地域の「バランス外交」戦略を注視し、この地域の国々の中国に対する政治的信頼を高め、地域の課題に共同で立ち向かうことで、「一帯一

路」建設の円滑な進展が保証されるだろう。

## （2）中東

　中東とは、地理的には主に地中海東部からペルシャ湾の大部分一帯を指す。この地域は、自然資源が豊かで、石油の世界的な重要産出地である。公式文書では、エネルギーインフラの相互接続協力を強化し、石油・ガスパイプラインなどの輸送ルートの安全を共同で守り、越境電力や送電ルートの建設を重要な任務として推進する、としている。また、中東はその地理的配置の特殊性から、中国の目標実現と密接にかかわるため、重視する必要がある。しかし、域内は民族が多く、宗教が林立し、水資源が乏しく、各地域間で歴史的に持ち越されてきた問題も多い。常に不安定な状態にあるため、この地域での「一帯一路」建設は全く先が読めず、チャンスと試練が混在しているといえる。

　中東地域の不安定さは、武力衝突とも社会の無秩序とも言い表わすことができる。その原因を突き詰めると、主に次の二つがある。まず一つが、国ごとの宗教紛争をめぐる社会動乱である。アラブ諸国と西側諸国、イスラエルの間の対立には長い歴史がある。加えて、イスラム教内の宗派同士の衝突も絶えず、シーア派とスンニ派の争いは途切れることなく続いている。アラブ世界内部の過激主義思想と過激主義団体にも長い歴史があり、中には西側の支援の下、アフガニスタンで「ジハード（聖戦）」活動を展開する者もいる。こうしたことが各宗派同士の対立をさらに深め、中東地域の思想上の統一を難しくし、組織や機関に混乱を招いている。もう一つは、この地域を不安定にした直接の原因が、イラク戦争やアフガニスタン紛争、リビア内戦など、1991年に起きた湾岸戦争以降のいくつかの戦争にあることだ。これらの戦争によってアフガニスタンが群雄割拠状態に陥ったことで、イラクとリビアの世俗政権が倒れ、過激思想が戦争の中で復活して武装蜂起と政権樹立を果たした。これらの

122

戦争は既存の政治の枠組みを破壊した上に、これまでにない生命力と適応力を持った新政権の樹立にもつながらなかった。結果、統治権争いで各勢力の間に軋轢が生まれ、安定が難しくなったのだ。具体的に見てみると、シリアのアサド政権と国内の反政府勢力との武力衝突は依然膠着状態にあり、エジプト総選挙は根本的な問題解決が難しく、政府が情勢を安定させられるかどうか、なお一層注視する必要がある。イラク領土内のテロの襲撃や各宗派の政治闘争はもはや日常茶飯事で、イランの核問題も一朝一夕に解決できるものではない。加えて現在、「イスラム国」が勢力を拡大しており、中東地域への中国の投資は、地域の不安定さに起因する非常に厳しい政治リスクに直面している。

　現時点ですでにいくつかの問題が表面化しつつある。例えば、中国企業の従業員が海外で何度も誘拐されている。だが幸いなことに、ただの身代金目的であることが多く、受け入れ難い政治条件を提示されることはなかった。実際の救出の際にも、現地の政府や軍、警察と積極的かつ効果的に協力したため、広範囲にわたる衝突や動乱に発展したことはない。しかし、米国や日本などは自国民が過激派勢力にとらえられ、殺害される事態に至っており、中国も警戒を緩めるべきではない。

　同時に、中東地域内の数多くの問題は、この地域の重要な地政学上の戦略的意義から、大国の関心事になっている。例えば、イランの核問題では、中東地域は「反米と親米」という地政学的二元構造をほぼ呈している。具体的には、エジプトとサウジアラビアを中心として、イラク、ヨルダンおよびその他湾岸アラブ諸国を含む親米陣営と、それと真っ向から対立するイランを中心とする、シリア、ヒズボラ、ハマスなどを含む反米陣営という構図であり、両者は鋭く対立し、互いに一歩も譲らない④。さらにこれと似た状況に中東問題がある。シオニズム運動（ユダヤ人の祖国回復運動）に伴い、パキスタンを含むアラブ諸国とイスラエルが敵対し合い、数々の対

立を繰り返してきたが、領土をめぐる争いはいまだ解決に至っていない。過去の経験上、中東戦争が起きれば大国が介入してくるとみられ、そうなれば地域内部の発展に影響するだろう。イラン核問題はもちろん中東戦争も、その背後にあるのは大国同士の競り合いである。中国が「一帯一路」建設で中東地域に進出する以上、その政策の継続性を保証するために、こうした各国の駆け引きは避けては通れない。自国の利益のニーズと地域の実情とを踏まえて、すべて「一帯一路」建設を重視した上で周到かつ慎重に処理する必要がある。

　この地域の不安定な情勢に対応しつつ、域内外の大国との関係を適切に処理して、「一帯一路」建設を滞りなく進めるために、中国側は域内外の政府との実務協力を探るべきだろう。しかし地域情勢が日々複雑化する中、この方法で簡単に解決できるはずもなく、もはや政府レベルの協議や仲裁に頼るだけでは、「一帯一路」の安全を保障することはできない。その上、現在中東地域で活動する過激派組織は思想面でも行動面でも、伝統部族や部落から生まれたかつての武装組織に比べて格段に過激になっている。彼らは最初は宗教過激勢力として存在し、その後世俗派割拠勢力になる。目下、米国がアフガニスタンとイラクから軍を引き上げたことで、現地では多くの武装組織が新たなターゲットを探している。中国は過激思想に反対しており、現時点では「一帯一路」プロジェクトのこの地域での保護も不十分であるため、ターゲットとされることも大いにあり得る。従って、政府協力以外に、中国も国内で関連法や関連規定を制定し、海外在住の自国民の安全を保障するとともに、各種非政府組織（NGO）と協力して、中東の平和と安定をともに守るべきである。また、中東地域は資源が豊富であるため、域外勢力による争いの中心地になっている。中国がこの地域で「一帯一路」建設を進めれば、今後域外勢力の干渉や妨害に遭うことは避けられない。よって建設推進には、各国との協力を拡大し、政策ごとの一致点を探

124

り、互恵・ウィンウィンを図るべきである。

　中東地域は「一帯一路」建設におけるもう一つの鍵となるエリア
として、エネルギー分野の建設で重大な役割を果たす。しかしその
地域情勢の不安定さゆえに、建設を滞りなく進めようとしても、事
はそう容易ではない。


## （3）東南アジア

　東南アジアは、アジアの東南部に位置し、国家の数が多く、アジ
アとオセアニア、太平洋とインド洋の「十字路」にある。域内のマ
ラッカ海峡は重要な「戦略的要衝」であり、地政学的優位性は明ら
かである。「21世紀海上シルクロード」を建設する上で東南アジア
は避けて通れず、加えて中国周辺に位置するため、「一帯一路」建
設にとってその意義は重大である。域内の国家の多くは過去に長い
間植民地化を強いられ、西側の影響を強く受けてきたため、政治的
に西側への依存から抜け出すことが難しい。加えて、現在米国のア
ジア回帰の動きが加速し、東南アジア諸国は中国と米国との間で揺
れ動いている。ほとんどの国が経済的には中国に、安全保障の面で
は米国に依存している。中国の台頭により新たな大国戦略が考えら
れるようになったのに加え、新たな段階に入った南シナ海問題やミ
ャンマー民主化など地政学的環境の変化を口実に、米国の後押しの
下、複数の大国が東南アジアに対する戦略配置を見直し始めた。そ
れにより、この地域における大国の相互作用関係が複雑さを増すと
ともに、大国同士の戦略上の駆け引きが熾烈になり、「一帯一路」
建設に影響をもたらしている⑤。次に、東南アジアにおける中米関
係を例に、中国がこの地域で抱えている地政学的課題を挙げてみよ
う。

　米国のアジア回帰政策は、米国側の事情だけでなく、東南アジア
諸国側にも原因がある。かつてこの地の複数の国はヨーロッパの植
民地だったが、その中でフィリピンは米国の植民地だった。冷戦時

代、一部の国や地域の政府は米国の統制によって、米国の「反共産党基地」となった。今に至るまで米国はこれらの国々と極めて緊密な政治、経済、軍事関係を維持し続け、その国内に軍事基地を建設している。しかも、政府上層部に対する影響力もあって、その国の国内の親米勢力に号令をかけることもできる。東南アジア諸国の多くは心の中で、米国は過去も現在も世界の中心的存在であり、少なくとも今後しばらくの間はそうであろうと考えている。中国は長く東アジアの朝貢貿易制度を牽引してきたが、近代に西側の列強に敗れると反植民地・半封建社会にまで落ちぶれた。加えて現在、西側社会が「中国脅威論」を声高に叫んでいることもあって、東南アジア諸国は中国に対して真の「戦略的相互信頼」をはぐくむことができず、中国台頭後のもくろみを懸念し、「トゥキディデスの罠」におびえている。従って、東南アジア諸国の多くが米国依存に転じることで自国の安全を守り、米国の勢力を借りて自国の政治力や国際的影響力を高めて、中国台頭の影響に最大限対応しようとしている。

　中国の「一帯一路」建設という挑戦への対応策として、米国は東南アジア地域で主に次のいくつかの面から中国の戦略の抑え込みにかかっている。一つ目は、東南アジア諸国を懐柔し、この地域への統制を強め、従来の盟友関係を改善して、新たな盟友関係へ進化させようとしている。さらに米国は、東南アジアの複数の国の南シナ海における誤った挙動を積極的に支持することで、彼らを手なずけようとしている。例えば、諸説紛々とする南シナ海問題が、中国の「一帯一路」政策の実施に影響を与えることはまず避けられない。この問題はそもそも、南シナ海の経済的利益のために一部の東南アジアの国がなわばりを広げ、中国の主権を侵害したことに始まる。だが、問題の拡大には間違いなく米国の積極的な支持が大きくかかわっている。米国側は「航行の自由」などの主張を次々と持ち出して人々の耳目を惑わすと同時に、東南アジアに兵を増員して、南シナ海情勢をさらに入り組んだものにした。中国側はこの南シナ海問

第三章 「一帯一路」の挑戦

題に対し、あくまで平等な話し合いの姿勢で臨み、独立自主の解決に向けて努力し、域外の干渉に異を唱え、誠意をもって取り組んでいる。二つ目は、TPP交渉を米国主導で進め、かつ参入許可と準則を引き上げることで中国の加入を制限して、この地域の主導権をめぐる中国台頭の動きを経済面で封じる作戦である。三つ目に、米国はさらにオーストラリアを重要な戦略的盟友として呼応し合うことで、この地域の主導権を最大限確立しようとしている。オーストラリアは近年、政治面で米国に歩み寄りつつあり、オーストラリアに駐留する米軍を増員させて、軍事基地化するのを許してしまった。戦略的に米国が一貫して重視しているのは、第一列島線と第二列島線によって中国の海港都市を封じ込めることである。オーストラリアはこの米国の列島線戦略の重要な一環であり、オーストラリアの姿勢は中国の「一帯一路」建設にとって重大な意味を持つ。

　米国のアジア回帰戦略は、多くの東南アジア諸国にかかわるだけでなく、中国の「一帯一路」建設の政治リスクが増すことにもつながる。

　東南アジア諸国に関しては、米国の戦略の影響は避けられない。具体的にはまず、政策が揺れ動いている一部の国家は真から「一帯一路」に参加することができない。今のところ中国とこれらの国々との貿易は盛んであるが、政治の相互信頼は決して深いとはいえない。政治の相互信頼と政策の意思疎通が不十分な状態では、「一帯一路」の残りの「四通」の深化も難しいだろう。また、米国の介入は、それぞれの国の世界観と義利観を左右する。東南アジア統合プロセスが加速する今、域内各国の協力や交流にマイナスとなり、統合の動きを鈍らせることになる。

　米国の戦略はまた、中国の「一帯一路」建設に政治リスクを招いた。一つは、米国の駐軍戦略によって南シナ海の軍事化が引き起こされたことだ。東南アジア諸国が不法に占拠した島嶼に大規模な軍事施設をつくったため、中国側も島嶼の拡大や駐軍の増員を余儀な

くされた。正常な資源開発活動が困難になり、981号油田掘削プラットフォーム事件はその典型的な例だ。中国が堅持してきた「紛争棚上げ、共同開発」政策をこの地域で確実に実行に移すことは容易ではなく、これは米国の背後にある軍艦「保護」と無関係ではない。また、東南アジア諸国は中国と比較して自国を小国と見ており、そのため国際世論で極力発言力を占めて、有利な体制をつくろうとしている。西側メディアが同じようにそれに歩調を合わせるので、この地域での中国側の積極性が失われ、域内外から二重の圧力をかけられた状態になっている。大きくとらえれば、東南アジア地域は中国と一衣帯水であるが、この地域の国々が政治や安全保障の面で中国を十分信頼しているかといえばそうでもなく、加えて南シナ海など島嶼領有権問題もあって、この地域の「一帯一路」建設に圧力となっている。もう一つは、米国の軍艦が東南アジアに駐留しているため、「一帯一路」のシーレーンはいつ切断されてもおかしくない状況にあることだ。米国側の情報システムがこの地域で発達していることも、「一帯一路」の継続的建設にとってマイナス要因である。

　以上をまとめると、東南アジア諸国は米国によるコントロールの度合いが高いことに加えて、植民地時代に西側から受けた価値観の影響が根強く残っているため、今広がっている「中国脅威論」にも容易に惑わされ、安全保障や政治の面で米国に依存した状態にある。今後起こり得る状況としては、米国側がアジア回帰政策を背景に、中国側の「一帯一路」建設をこの地域の事務の主導権を狙った動きととらえ、「一帯一路」の影響を弱めようとすることが考えられる。そして東南アジア諸国も米国の影響を受け、現地での「一帯一路」建設に何らかの圧力をかけてくるかもしれない。

　以上の問題に対し、中国は姿勢を明確にしている。「一帯一路」は既存の協力メカニズムを尊重し、それとリンクさせることを望んでいる。中国は「一帯一路」という手段によって主導権を手に入れようとは全く考えていない。むしろ呼び掛け人として、自国の発展

128

第三章　「一帯一路」の挑戦

の恩恵を分かち合い、域内の共同繁栄を推進しようとしている。中国とASEAN諸国は、盛衰や苦楽をともに味わい、協力して困難を乗り切るよき隣人、よき友人、よきパートナーとなることを目指す必要がある⑥。従って、目下の東南アジア地域との間の数々の紛争に対し、中国側は時機と情勢をうかがいながら、各国との意思疎通を真摯に求め、既存の政治メカニズムの機能を生かして、共通認識を高め、問題の解決を徐々に進めていく。具体的にはまず、中国の平和的台頭の姿勢を宣伝し、「中国の夢」と「世界の夢」を一つに合わせて、政治の相互信頼を少しずつ勝ち得ていくことで、「中国脅威論」を解消していくべきである。また、今の「経熱」の状況を維持し続けて、経済を問題解決の糸口としてもよい。貿易の円滑化をともに促し、投資や貿易の協力を拡大させて、自由貿易圏設立を推進し、貿易障壁を取り払い、現在の中国・ASEAN協力メカニズムをさらに深化させる。協力の中で中国側の誠意を見せ、地域内部の固有の思想を徐々に変えていき、「貿易の円滑化」、「資金の融通」を土台に「民心の通い合い」を実現することで、「一帯一路」建設を推進することができるだろう。

（４）アフリカ

　公式文書によると、「一帯一路」は開放と協力を堅持し、関係国は古代シルクロードの範囲に基づくがこれに限らず、各国と各国際機関、地域機関のいずれも参加可能で、共同建設の成果をより広い地域に行き渡らせるものとする、とされている。また同時に、中国は「一帯一路」を徐々に形づくることによって、アジアの各サブリュージョンおよびアジア・ヨーロッパ・アフリカの間のインフラネットワークを接続することを打ち出している。ここから分かることは、アフリカは「一帯一路」の重要な沿線地域ではないものの、中国の重要な協力相手であり、「一帯一路」戦略の大きな影響を受けることは間違いなく、その波及効果で発展を可能にするだろうとい

129

うことだ。中国側としてもアフリカという兄弟の参加は大歓迎だ。地政学的に見てもアフリカは広大な土地と豊かな資源を抱え、人口も多い。グローバル化が急速に進む昨今、戦略的発展の重要なチャンスを迎えている。しかし、アフリカの国と地域は発展水準に大きな差がある。相次ぐ戦乱も政府の統制力が及ばず、過去の社会状況や戦乱によって事実上無政府状態に陥っている国もある。中央政府は地方の部落や割拠勢力をコントロールしきれていない状態だ。世俗政治による争いがいまだ終結していない中、今度は逆に宗教を旗印にした戦争が始まった。また一方で、アフリカの地政学的優位性を狙って、西側の各勢力が角逐したり、中東の過激派組織が兵力増強にやってきたりと、地盤の分裂が起きている。そこで次に、こうした「一帯一路」建設にマイナスの影響を及ぼすアフリカの問題を具体的に見てみよう。

　まず、域外勢力の問題である。政治の面から米国、ヨーロッパ、日本などはアフリカを重視する傾向にあり、しかも中国の動きに応じて自国の対アフリカ政策に適宜修正を加えている。アフリカはこうした大国間の駆け引きを避けられそうにない。例えば、米国は2008年にアフリカ軍司令部を設置したが、これはほぼアフリカにおける中国の影響力に対抗するためであった。現在、西側諸国が各種NGOとともに、援助や協力などを含むアフリカ経営に努めているが、問題の根本的解決には至っていない。一方中国も目下、対アフリカ貿易を積極的に進め、無償援助や西側諸国とは異なる新しい発展の道を提供しているが、そうした動きが西側諸国の警戒を招き、「新植民地主義」まで持ち出して中国の政策を一方的に断じている。「一帯一路」建設拡大に伴い、西側は中国の動きに応じてアフリカ政策の調整に一段と力を入れてくる可能性がある。例えば、経済面では自分たちの資源企業を整理統合したり、労働集約型産業で中国と競い合ったりすることが考えられる。また一方では、NGOを介して高い基準を設定することで、中国企業の参入や成長を極力制限

しようとするかもしれない。中国の構造転換と高度化に伴い、西側も同様に構造調整を行って、「環境」、「人権」、「管理」を重視することをアフリカにより強くアピールし、イメージアップを図る可能性もある。これに対し中国側は公式文書の中で、投資や貿易においてはエコ文明の理念を強く打ち出し、グリーン・シルクロードをともに建設するべきである、と指摘している。これは中国の西側に対する力強い回答でもあり、大国としての責任感と気概の表れでもある。総じていえば、アフリカ地域における「一帯一路」建設と波及効果は、ヨーロッパを中心とする西側諸国からの圧力を受けているということだ。しかし、だからといってアフリカをめぐって中国とヨーロッパが争うことしかできないわけではない。目下、中国の複数の企業がアフリカで従業員を募集して労働集約型産業を経営しており、非常によい効果を上げている。一方で西側の製造業はノウハウもブランド力もあり、最先端の技術を持っている。例えば東南アジアやメキシコなどにある自国の企業をアフリカに移転するかアフリカで展開すれば、極めて大きな競争力になるだろう。つまり、中国側と西側はいずれもアフリカで大きな発展のチャンスを享有しているということだ。こうした背景を踏まえ、もし中国とヨーロッパが連携してともに歩んでいければ、三者にとって喜びとなるだろう。

　次に、アフリカ自体の問題である。西側企業はアフリカから集団で逃げ出しつつあるのではないかという声を最近耳にするようになった。逃げ出すというのは大げさだが、その理由の一つは政治の不安定さと最近のエボラの発生などであり、もう一つはアフリカ地域の管理の不自由さである。この二つの問題は同様に「一帯一路」建設にも影響を及ぼすものである。一つ目の要因は一時的な問題だが、二つ目の要因は政策の調整を示唆しており、すなわち企業とNGOの間によりよいチームワークが求められる。

　さらにその次に、中国はアフリカ地域でNGOの影響を注視し、NGOがもたらす脅威を予防しなければならないという問題がある。

西側のNGOは自国の政治経済戦略と足並みをそろえることで、中国の「一帯一路」の進展を妨げている。こうした組織はアフリカで長年の運営経験を持ち、政治組織としてその動員力は非常に高く、デモや抗議活動に長けている。しかもマスコミを操ることで地域の世論を誘導することもでき、もし彼らが「中国脅威論」を煽り続ければ、「一帯一路」建設は不利な状況に追い込まれるだろう。実際、西側のNGOによって中国が発展途上国で進めていた建設プロジェクトに支障が出た例が少なからずある。その最も典型的なものはミャンマーのミッソン水力発電所の事例である。NGOは政府ではないがプロではあって、とりわけ現地の反対勢力と手を組んだ場合に思わしくない状況を招くことは事実が証明している。具体的に考えられるのは、「一帯一路」建設をアフリカで展開した場合、こうしたNGOは、中国企業は労働時間が長いだの、労働条件が悪いだの、アフリカの資源を奪って生態環境を破壊しているだのと触れ回ることで、西側産業がいかに優れているかを示そうとすることだ。実際の行動としては、道路や工場、鉱山建設プロジェクト現場付近の住民を扇動して、中国企業や現地政府に対してさらに多くの補償を求めるデモを行わせる可能性がある。また、「一帯一路」建設が例を見ない規模であるという点だけを取り上げて、「一帯一路」政策を「中国脅威論」と結び付けて「新植民地主義」を吹聴し、アフリカをめぐる中国との争いを有利に進めようとするかもしれない。

　最後は、アフリカの過激主義勢力が急速に台頭し、「一帯一路」建設を脅かしている問題である。長年の貧困と戦乱によって、多くのアフリカ人は宗教に救いを求めるようになった。古い部落の伝統は急速に崩れ、国家の統制力がなお十分に働かない中、さまざまな政治勢力が宗教を名目に勢力を拡大させている。アフリカには過去、キリスト教急進主義が存在したが、現在はイスラム教過激主義がその数を増やし、中東などの宗教急進主義者もアフリカをターゲットにしている。この点からすると、アフリカと中央アジア、中東は一

様に重要な転換点にあるといえる。すなわち古い条件や制約が崩れ、新しい要素が増えつつあって、一時的に過激派勢力に入り込む余地を与えている。「一帯一路」建設にとっては極めて大きな不確定要素が増したことになる。アフリカの過激派勢力対策のため、西側諸国はさまざまな方面から干渉し、地域の安定維持に努めている。しかし実際の効果はどうかというと、西側のこれまでの「援助」も、アフリカでの「NGO」も、アフリカ各国に売りさばいたいわゆる「トップダウン設計」もこの地の戦乱と過激思想の根を完全に絶やすことはできていない。従って、中国は「一帯一路」建設のプロセスで、まず西側の経験を吸収し、イノベーションを行うことである。そしてインフラの接続や建設を基礎に、物質という力でアフリカ諸国と人民を武装させて、過激派勢力の脅威に立ち向かうべきである。

## 3．政治リスク対策

　現在「一帯一路」沿線の50余りの国が支持を表明しているが、無条件で支持する国は決して多くない。ほとんどの国家は「一帯一路」が自分たちに収益をもたらしてくれることを期待しつつ、かといって投資に備えているわけではない。中には「支援が足りなければ嫌がらせをする」などと公然と脅しをかける国家勢力もあり、外部勢力と手を組んで「一帯一路」建設を妨害する可能性すらある。政局が不安定であったり、あるいは対中関係が緊張状態にあったりすれば、さらに立場の逆転を招きかねない。インフラ投資はすべて戦略的、長期的なものであり、沿線諸国の政局の安定や対中関係の安定に左右される。そのため、考えられるカラー革命による妨害や中国に対する挑発を防がなければならない。

　では、どのようにして「一帯一路」の安全を確保するか。言い換えれば、どのようにして利益共同体を利益＋安全共同体に変えるのか。どのように関係国と協力し、安全な公共財を提供するのか。「一帯一路」の政策、インフラ、貿易、資金、民心の「五通」の政

治リスク対策として、以下の課題に最優先で取り組む必要がある。

（1）米国の戦略的囲い込み

　「一帯一路」は、何代にもわたる努力の末にようやく完成することができる偉大な事業である。では、現行の米国主導の国際体系やグローバル化との関係をどう処理したらよいのだろう。考え得る米国の破壊行為には次のものがある。一つ目は、米国の同盟体制による「一帯一路」建設の破壊である。サウジアラビアとの特殊な関係は、三悪の攪乱を煽るものだ。二つ目は、海洋覇権を守るために、インド・太平洋戦略を継続的に強化し、アジア太平洋とインド洋の軍事力を増強することである。東アジアの海洋領有権争いを重点的に利用して、領有権主張国を扇動してもめ事を起こさせることで、「隣人で中国を抑止」し、「龍を浅瀬で封じ込め」て中国の「海洋台頭」を阻もうとするかもしれない。三つ目は、沿線諸国の中でも特にミャンマー、ベトナム、中央アジア諸国にカラー革命をけしかけること。四つ目は、圧力団体のスポークスマンを介して中国への圧力を強め、チベット、新疆、内モンゴル、台湾、香港の五地域の独立勢力である「五独」の合流や台湾のTPP加盟を画策すること。そして五つ目は、日本と一緒にインフラ建設の環境保護や労働基準などを売りに、アジア開発銀行を使ってAIIBを押しとどめ、「一帯一路」の評判を落とすことである。

　当然のことながら、戦略の分析とは結局のところ最も悪いところに着目し、最もよい点を追求するものである。実際には米国は決してひたすら反対しているわけでも、「一帯一路」戦略を包囲しているわけでもない。ただ転ばぬ先の杖として、中米新型大国関係を構築することで、米国の戦略的懸念を取り除き、米国が起こし得る戦略的囲い込みを解決しておく必要がある。米国は実用主義国家である。米国の企業や個人が「一帯一路」戦略の計画や実施に率先してかかわることで、米国政府の考え方や見方も変わるかもしれない。

134

第三章　「一帯一路」の挑戦

中国側も米国の利益をできる限り融合させて、「一帯一路」に対する米国の認識をうまく形づくり、さらに同盟国の姿勢によって米国の立場を百八十度転換させて、「一帯一路」建設に有利な方向に、少なくとも妨害されないか、わずかな妨害で済むように進めるべきだろう。

## （2）ロシアの戦略的邪推

歴史上、シルクロードの盛衰はロシアとオスマン帝国の盛衰と密接なつながりがある。「一帯一路」の鍵を握る難題は、海上では米国であり、陸上ではロシアである。そのロシア、ベラルーシ、カザフスタンからなるユーラシア経済連合が2015年1月1日に正式に発足した。今後新たにアルメニア、キルギスが加盟する予定で、タジキスタンとウズベキスタンが加わる可能性も排除できない。キルギスを数に加えれば、三つの加盟国が中国と国境を接することになる。このうちカザフスタンとキルギスは「シルクロード経済ベルト」上の重要な国家である。ロシアのプーチン大統領はかつて、経済連合は独立国家共同体地域の経済エンジンとなり、世界経済の新たな中心となるだろうと述べた。

ロシアは一時的に「シルクロード経済ベルト」に対して警戒心と緊張感を持っていた。ロシアを素通りされることを恐れ、ユーラシア経済連合との対立を恐れ、SCOに取って代わることを恐れたからだ。だがロシア政府への働き掛けを続けた結果、ついにその支持を取り付けた。さらには極東開放と極東鉄道改良プロジェクトを「シルクロード経済ベルト」建設と融合させ、中国・モンゴル・ロシア経済回廊によってロシア経済の発展を促すことでまとまった。またユーラシア経済連合を「一帯一路」とリンクさせることでも合意。具体的な計画や実施において、中国側はロシア側の利益を終始考慮し、「シルクロード経済ベルト」のプロジェクトとユーラシア経済連合との間の実行可能な一致点を探る必要がある。従ってロシ

135

アが「シルクロード経済ベルト」に持ち込む可能性のある面倒とは、ロシア主導の地域協力組織によって関係国が切り崩されてしまうことである。だがさらにやっかいなのは、ユーラシア経済連合の不整合である。市場経済のルールにも従わず、「一帯一路」理念や体制とも相いれない。

（3）インドの戦略的非協力

　2014年末、インドの著名な中国問題専門家スリカント・コンダパリは中国人民大学での講演で、インドがまだ「一帯一路」の支持を表明しない理由は三つあると述べた。一つ目は莫大なコスト（8兆ドルという大規模投資が必要）である。インドは投資を望んでおらず、利益を上げる方法がないことを心配している。二つ目は経由する地域の係争や情勢の不安定さである。それは例えばカシミール地区であり、またBCIM経済回廊はミャンマーの不安定地区を、中国・パキスタン経済回廊は不安定の弧をそれぞれ通過する。三つ目は、中国に包囲されること、とりわけ海上と陸上からインドの安全保障環境が脅かされることと、米国の介入が自主独立性に影響を与えることへの懸念である。

　しかし、インドは「一帯一路」戦略に決して公然と反対しているわけではない。それどころかインド北東部をBCIM経済回廊建設に開放して組み込むことに賛同すらしている。中国の工業団地や経済特区建設の経験を非常に重視しており、味方につけることは不可能ではないだろう。インドの大国意識と安全保障への強い関心に基づいて、中日友好21世紀委員会メカニズムを参考に両国で中印友好21世紀委員会を設立し、戦略的協議や地方交流を強化し、民間シンクタンクの結び付きを促し、中印のインド洋、南シナ海における共同開発、共同経営の可能性を探ることが望ましい。

第三章 「一帯一路」の挑戦

## （4）日本の戦略的撹乱

　米国の同盟国であり中国の戦略的ライバルである日本が、「一帯一路」の成功を傍観するはずがなく、米国連盟による「陥れ戦略」の先頭部隊となる可能性がある。日本はシルクロード沿線諸国で長年経営を行っている。「一帯一路」でチーズを動かされれば、すなわち自分たちの求めるものを取り上げられたら、次のような手を打ってくることも考えられる。一つ目は、インドシナ半島、ベンガル湾の相互接続で中国と反対の行動を取る。二つ目は、海外直接投資（FDI）の優位性を利用して撹乱する。三つ目はNGOを介して中国のプロジェクトを損なう。四つ目は、アジア開発銀行のインフラプロジェクトによって中国と競争する。

　もちろん、日本を味方に引き入れることができないわけではない。中日韓FTAや外相会談、中米新型大国関係の構築はどれも日本が起こし得る戦略的撹乱を取り除きつつある。北部に向かって伸び、韓国と日本をリンクさせる「21世紀海上シルクロード」は北東アジアの平和と安定の希望といえる。


　ではどうやってこうしたリスクに対応すればよいのか。それは「両容（二つの包容）」、「両分（二つの分担）」、「両軌（二つのレール）」の考え方を確立させることである。

　「両容」とは、一つは現地の既存の協力の枠組みとの共存であり、できる限り別の手段を講じないことだ。もう一つは域外の力の包容であり、ロシアや米国、ヨーロッパ、日本などの域外勢力を閉め出さないことだ。米国の比較優位は軍事同盟体制であり、中国の比較優位は人、技術、経験、地縁である。そのため、NATOとEUの協力モデル、すなわちNATOがヨーロッパのハード面の安全を保障し、EUがソフト面の安全保障サービスを提供する形を参考にすれば、重複や競争を避けることができる。つまり中米新型大国関係の「一帯一路」における共存を可能にする。

137

「両分」とは、仕事を分け、責任を分けることであり、すべてを請け負ってはならないということだ。金融投資を中央銀行がすべてまかなうことはできないし、安全保障リスクを人民解放軍がすべて負うこともできない。現地のステークホルダーと社会の力を結合させて、中国による安全擁護を現地による安全擁護に変え、中国のリスクを現地のリスクに変えなければならない。

そして「両軌」とは、沿線諸国や域外国家のさまざまな心理状態に応じて、以下のことを同時に推進することである。

一つ目は、安全保障と経済の二つのレールだ。関係国との海洋領有権争いは二国間の交渉によって解決を図るが、海上シルクロードの推進には影響しない。米国がTPPを打ち出しても、米国とこれらの国との間になお二国間の利害衝突があるなど誰も疑わない。この事実によってわれわれは、海上シルクロードの地域協力推進イニシアチブとしての価値と国際公共財としての価値を強調すべきであると気付いた。歴史と現実の矛盾に邪魔されず、中国が一方的に進めている戦略だなどと言われないようにすることである。

二つ目は、二国間と多国間の二つのレールだ。FTAや投資協定交渉など、沿線諸国との二国間協力は非常に重要である。BCIM経済回廊をはじめとする多国間の経済回廊も同様である。いずれも海上と陸上のシルクロードをつなぐ紐帯であり、両者は助け合い、補完し合うことでさらによい結果を生むことができる。そして経済協力、互恵・ウィンウィンの新モデルをともに開拓するものである。

三つ目は、南シナ海とインド洋の二つのレールである。南シナ海は海上シルクロードの重要な駅であり、一方インド洋は古代海上シルクロードの終着点で、アフロ・ユーラシア大陸をつなぐ上で極めて重要であった。どちらもヨーロッパの終着点に到達するために必ず通らねばならない道である。グワダル港やクラ地峡運河を通り、マラッカ海峡を回避すること。これは二つのレールによって南シナ海とインド洋を推進することで可能になる。

138

第三章 「一帯一路」の挑戦

　当然のことながら、二つのレールは形式であって目的ではない。最終的には二つのレールを結合して、一体で推進する必要がある。外部環境という点からいえば、米国がやはり鍵を握る存在になるだろう。米国を避けようなどという射幸心は捨てるべきだ。そして、ロシアや湾岸協力会議、インド、イラン、トルコなどは重要な結節点であり、EUは突破口である。陸上シルクロードの精神と相通じる部分以外に、海上シルクロードは開放、包容、透明の原則をより強く訴えている。各当事者の関心を考慮して初めて、海上シルクロード協力は中国の対外関係の新たな目玉となり得る。

　そして最後に、ヨーロッパをしっかり押さえておく必要がある。「一帯一路」は決して中国の一方通行ではない。終着点はヨーロッパであり、そこには西側を頭とする主体的な接続が求められる。中でもヨーロッパの力を借りて中米ロの大三角関係を画策して、ウクライナ危機の仲裁を図る必要がある。新型の中国・EU全面的戦略パートナーシップによって、中国・EUの海洋協力や第三者協力、ネットワーク協力を進めて、政策、インフラ、貿易、資金、民心の「五通」にともに力を入れ、「一帯一路」リスクを管理・コントロールしていく。また、EUの「海上協力機構」加盟を推進するほか、ヨーロッパ諸国と協力して中央アジア、中東、西アジア、北アフリカ市場を共同運営していく。国際的なインターネットガバナンスにおける発言力を高め、米国が世界のインターネットドメイン名の管理権を手放したこの好機をとらえ、ヨーロッパと手を組んでインターネットガバナンスの民主化推進を図る。


## 二、安全保障リスク

　「一帯一路」対象地域は広大である。そのため多くの地域のさまざまな利害関係にかかわり、各種政治リスクに直面する。さらにこ

れらの政治リスクは安全保障リスクとも密接に関係する。「一帯一路」戦略は戦略家の職務であるだけでなく、それ以上に無数の建設作業員、中国人民と沿線諸国の人民、世界の人民の職務でもある。この偉大な提唱は、ユーラシア大陸各国人民が実践してこそ現実となり得る。実際の建設プロセスでは、さまざまな安全面の脅威にさらされるだろう。そのため、各種安全保障問題に十分配慮して事前に策を講じ、「一帯一路」が円滑に進むよう擁護する必要がある。具体的には、安全保障リスクとは以下のようなものである。

## 1. 従来の安全保障と新たな安全保障

いわゆる従来の安全保障とは主に軍事、政治、外交などの方面の安全保障を指し、国家間の軍事衝突と関係している。中国が平和的に台頭する今日、軽率にも沿線諸国に軍事行動を起こすなど絶対にあってはならないことだ。ただ中東など一部の係争地では、域内諸国の武力衝突に巻き込まれて「一帯一路」建設が鈍る恐れがある。しかし、実際の現場でより多く直面する可能性があるのは、これまでになかった安全面の脅威だ。すなわち、テロリズムや生態環境汚染、情報セキュリティー、資源の安全保障など戦争以外の局面で直面する脅威であり、これらは広範囲で起こり得る。平和と発展が時代の主流となりつつあるため、世界で大規模な戦争が勃発する可能性は極めて低くなったが、だからこそ中国はこの新しい安全保障への対応に十分に関心を持つべきである。では次に、中国が「一帯一路」建設の中でぶつかる新しい安全保障を具体的に挙げてみよう。

## （1）自然リスク

「一帯一路」建設が最初に闘う相手は大自然である。建設地はさまざまな自然環境を持つ広大なユーラシア大陸にまたがり、その多様な地形的特徴によって多様な自然リスクが生まれる。また、土石流や地滑りをはじめとする災害は気候条件などと密接な関係があり、

予測不可能で突発的なものがほとんどである。自然災害が起これば、「一帯一路」プロジェクトの進捗や工事の質、建設作業員の安全だけでなく、竣工後の運営やメンテナンスにも支障が出るだろう。もしプロジェクトの運営に不備があれば、環境破壊につながる恐れもある。こうしたことは富の流失を招くだけでなく、「一帯一路」戦略の評判を損なうことにもなりかねない。客観的にいえば、自然リスクは地理的要素と深いかかわりがあるため、多くは不可抗力による安全保障リスクである。この種のリスクに対しては、監視を強め、早期警戒システムを強化するべきである。

## （2）環境リスク

中国は公式文書の中で、「グリーン・シルクロード」という発展構想を革新的に打ち出した。これは「一帯一路」建設を進める上で、環境保護を重視し、責任ある態度に基づいて合理的な開発、適度な開発を行い、科学技術を活用して環境の脅威に備え、経済を発展させるとともに美しい自然を生み出さねばならない、というものである。「一帯一路」沿線諸国の多くは、現時点では生態環境が脆弱で、管理経験や技術にも乏しい。そのため、ひとたび環境が損なわれると、その破壊力も影響が及ぶ範囲も非常に大きくなる。例えば、草原の砂漠化はどこか一カ所で発生しただけで急速に周囲に広がっていくため、手を打つには多くの人出と物資を投じなければならない。また、幹線道路や鉄道の建設はめったに人が立ち入らないような奥深い地域にまで至るため、野生動物の移動の妨げになることも、車の運転手らが投棄したごみで環境汚染を引き起こすことも考えられる。これらの対策としては、沿線諸国の協調を強化し、「一帯一路」建設工事の環境基準を策定して、厳格に執行することが肝要だ。さらに別の工業・農業建設プロジェクトにも環境リスクがある。粗放型の鉱物掘削は土地を破壊し、粉じんや廃水、固体廃棄物汚染を引き起こす。工業プロジェクトでは、電解アルミニウムによる大気汚

141

染や繊維染色による河川の汚染なども起こり得る。農業生産では、過剰な放牧や盲目的な森林開墾、盲目的な大規模農業プロジェクトの建設などが挙げられる。これらはどれも現地の生態環境の破壊につながるものだ。

　ここで特に注意すべき点は、自然リスクは政治リスクを招く恐れがあるということだ。例えば、東南アジアの複数の国を通る河川が汚染されれば、国をまたいだ問題に発展する可能性がある。また中央アジアの一部地域の過度な用水や漁獲は、ただでさえ深刻なこの地域の水資源問題をさらに悪化させている。こうした行為は、環境を破壊するだけでなく、「一帯一路」沿線諸国内部の団結を損なうことになる。そのため、実際の現場で「一蓮托生」の共同体意識を根付かせる必要がある。

## （3）過激派勢力の脅威

　「一帯一路」沿線には数多くの過激派勢力が存在する。この中の一部はかなりの力と戦闘経験を持っており、例えば現在、中東地域で活発に活動している過激派組織「イスラム国」（ISIS）がそれである。この「イスラム国」はシリアやイラクの混乱に乗じて、急速に力をつけ、国際テロ組織の主軸となっている。シリア、イラク両国の政権を脅かすだけでなく、「スピルオーバー効果」によって地域と世界の安全にも障害となっている[7]。中東地域での「一帯一路」建設も「イスラム国」の影響でおそらく鈍化するだろう。

　今現在、中央アジア、アフリカ、東南アジア地域の「中東化」危機が加速している。「一帯一路」沿線諸国の過激派はイニシアチブ提唱前からすでに存在していた。その過激派内部の各組織はイデオロギーも力もさまざまである。分類するならば、中央アジアと中東地域では狂信的宗教組織が多く、東南アジアとアフリカ地域では世俗的過激派組織が多数を占める。

　極めて狂信的な宗教過激派組織の場合、その構成員は上から下ま

142

で宗教上の過激思想に染まっているため、現実の政治的利害関係を
ほとんど考慮せず、常に周囲に攻撃を仕掛けたり、逆に攻撃を受け
たりしている。結果、新しい構成員の勧誘が難しい上に頻繁に移動
を余儀なくされるため、規模こそあまり大きくないが、戦闘力と戦
闘意識はかなり高い。

　世俗的過激派組織も宗教を旗印に掲げてはいるが、実際には兵力
を増強するために上層部の指導者が過激主義思想を利用しているだ
けである。従って、この種の組織は構成員を数多く誘い込むことが
でき、また政策面でも柔軟性があり、生存能力に長けている。彼ら
は攻撃が割に合わないと考えればあきらめることもあり得る。なぜ
なら巨大でまとまりがない分、攻撃を仕掛ける組織力に欠け、構成
員の狂信ぶりや戦闘力もかなり劣るからだ。

　軍事的素養からいえば、過激派勢力はみなある程度の戦闘能力を
備えているため、「一帯一路」建設にとっては脅威である。中央ア
ジアや中東などの過激派組織構成員の多くは、ロシアや米国、英国
などの国軍部隊と戦ったことがあり、かなりの経験を積んでいる。
中には正規の軍隊に属していた者もいる。とりわけ米国が中東やア
フガニスタンに出兵してから、彼らは高度な技術環境の下で正規部
隊と戦い、特に車列や拠点を攻撃する経験を得て、戦闘力をさらに
高めた。東南アジアの武装組織は長期間にわたり各国の政府軍と戦
闘を繰り広げ、中でも現地の地形や気候を使って待ち伏せ攻撃を仕
掛けるのが非常にうまい。襲撃後に素早く身を隠すこともでき、生
存能力は高い。一方で、アフリカの武装組織の多くは頭数こそ多い
が訓練が足りず、激しい戦闘に持ち込む勇気もなければ、堅塁を攻
略する能力もない。ただ機動力は優れており、現地の政治や社会環
境を利用して自らを守る術に長けている。

　「一帯一路」の性質と役割から考えて、過激派勢力がこの建設を
妨害する可能性は高い。

　まず、イデオロギーの面で「一帯一路」は各過激派勢力と衝突す

る。「一帯一路」の狙いは地域の豊かさの実現と財産の共有にある。一方の各過激派組織は既存の政権を攻撃して、国家権力を掌握することを目的としており、両者の対立は言うまでもない。やや世俗的な過激派組織の場合、その指導者は危険を冒してまで「一帯一路」建設を攻撃しようとは考えないかもしれない。しかし組織内部の構成員は複雑であるため、一部の狂信的な部下が勝手な行動に出る可能性はある。また、数多くの過激派組織を抱えた地域では内紛が避けられず、組織同士の争いが起きている。敵を討つために「一帯一路」建設保護を名目にする組織も出てくるかもしれない。さらに、建設には地域政府との協力強化が不可欠であるが、過激派組織は地域政府と対立しているため、攻撃対象を「一帯一路」建設に転じてくる可能性も考慮する必要がある。

　その次に、「一帯一路」の役割から考えて、このイニシアチブは過激派組織の発展に不利であるため、反撃を受ける可能性がある。「一帯一路」は政策の意思疎通を進めると同時に、道路をつくり、インフラ建設を強化することを提唱している。この包括的発展方式は各国の共同富裕の推進に資するもので、国家間の交流と理解を深める。地域内部の民族、歴史さらには政治の争いを緩和する上で大いに役立ち、また地域全体という大きな環境の改善を促す。地域の繁栄と発展にとって「一帯一路」の意義は重大だが、過激派組織の結成にとっては極めて不利になる。一つには、各国関係が徐々に改善されていけば、過激派組織に利用されるようなさまざまな対立を減らすことができるからだ。過激派組織からすれば持続的な発展が難しくなり、国境を跨いで活動を展開する可能性は低くなる。加えて、中国政府と各政府との協力も過激派勢力に対抗する大きな力となるだろう。もう一つの理由は、過激派組織の重要な構成部分をなす一般人の基数が減るとみられるからだ。「一帯一路」によって経済が急速に発展し、人々の生活水準が向上し続ければ、過激派組織も多くの民衆を丸め込んで捕虜にすることが難しくなる。既存の土

第三章 「一帯一路」の挑戦

台が脅かされ、つまりはその社会的影響力が徐々に失われていくだろう。以上の二つの理由から、過激派勢力は「一帯一路」建設の渦中に入り込みにくくなる。実際の対策ではこの点に対して予防線を張るべきである。

## （4）NGOの脅威

「一帯一路」建設を進める中で中国はさらに、西側を主とするNGOによる民衆蜂起や抗議行動といったリスクに直面する可能性がある。「一帯一路」イニシアチブが打ち出される前から、中国による海外での建設プロジェクトは抗議攻めに遭ってきた。中国側はこの点を重視すべきであろう。

この種の抗議を行う民衆の基盤は、一般にNGOを主体に、現地で活動家を募って大衆運動を起こすものだ。NGOの宣伝や策略手腕は非常に卓越している。学生や若者らをターゲットに、まずは道義・人権を切り口にして西側理念を周知し、現地の大衆思想がまだ未成熟であることを利用して、自分たちの目的を果たしている。例えば、「一帯一路」建設には多くの資源企業を設ける必要もあれば、交通輸送業や軽重工業を育てる必要もある。おそらくNGOはこうした行為を、その国の資源を奪い、生態環境を破壊するものだなどと名指しで非難して、これを口実に大衆を操って排斥運動を起こさせるだろう。建設初期には、大規模な抗議行動に遭う可能性がある。政治が不安定な国では、各方面の勢力まで巻き込んで、大規模な動乱とカラー革命にまで発展するかもしれない。

実際の活動で、NGOが問題解決の方法を打ち出すことは難しいため、彼らは対立を政府にうまく引っ張り込んでくる。「一帯一路」建設での中国の慈善の行いも、西側の各種NGOの手にかかれば「中国脅威論」に基づく地域の主導権確立であると捻じ曲げられてしまう可能性が大いにある。このように西側世界は、一方で彼らの中国に対する妨害を現地の民衆と政府対中国の対立であるかのよう

145

に装い、また一方では問題をいわゆる「エコ」や「人権」という論点にまで引き上げて、西側の「普遍的な価値」思想を現地に植え付けている。そして問題を政治的、国際的なものにすることで、「一帯一路」の役割の弱体化を図るのである。

　では、「一帯一路」自体は抗議によってどのような影響を受けるのか。それは主に次の二つが考えられる。まず一つは、抗議によってプロジェクトが作業停止に追い込まれることだ。「一帯一路」はインフラの接続を先導役としているが、NGOに扇動された民衆が交通幹線上で座り込みをして、道路が通行不能になる事態が起こり得る。ソ連解体以前にソ連からの離脱を求めたリトアニアなどの民族主義者が起こした行動はまさにこれである。もし「一帯一路」沿線諸国の首都付近でこうした事態が発生すれば、市街地の食料供給が途絶え、政治的動揺が起きる可能性がある。中国はこの種の経験があまりない上、実行可能な対策も策定できていない。そしてもう一つは、こうした活動がまた過激派勢力に悪用されかねないということだ。過激派勢力は機に乗じて積極的に抗議に参加して、抗議者を盾に暴動化させるかもしれない。もし過激派勢力が抗議に集まった群衆を襲撃するような事態になれば、大量の死傷者が出て、影響はさらに深刻になる。

　「一帯一路」建設が直面し得る抗議の問題は、過激主義の問題と同様に、「一帯一路」自体によって解決する必要がある。その一つは、「一帯一路」によって沿線全体の経済を発展させることで、その国が抱えている多くの社会的矛盾を解決すること。もう一つは、「一帯一路」の建設従事者は現地の人々と距離を置かず、むしろ積極的に接して、彼らの願いと訴えを理解し、広い心をもって彼らが「一帯一路」建設に幅広く参加することを歓迎するということである。同時にその過程で、現地の実情を踏まえ、現地のことを考え、現地の人々の中でも特に若者に、中国人は何のためにこの地にやってきたのか、「一帯一路」イニシアチブは何のために提起されたの

146

かをしっかりと認識させて、「一帯一路」は自分たちの道であると思わせることが必要だ。

### （5）海上安全保障リスク

世界の名立たる海峡をいくつも経由する「21世紀海上シルクロード」には、海上の安全面にリスクがある。海賊の問題を例に挙げると、各国は近年、連携して海賊対策を進めているが、目立った効果は出ておらず、この問題はもはや日常茶飯事となっている。「一帯一路」建設を進展させる上で、効果的な監視システムを構築し、船上の保安職員の配置を検討する必要がある。またさらに海賊が暗躍する海域に侵入する際は、対海賊作戦を展開し、地域の関係国との協力を強化して、海賊リスク対策を共同で講じるべきである。中国とEUは連携してソマリア地域の海賊対策に取り組んでおり、この種の対策の成功例となっている。

## ２．国内の安全保障と国外の安全保障

### （1）国内政策の設計と実施

「一帯一路」建設は継続的に建設を進める長期プロジェクトである。実際のメカニズムを完璧に設計することは容易なことではない。以下はプロジェクト建設についての筆者の私見であるが、特定の効果については実際の建設の中で検証していく必要がある。

まず、「一帯一路」のプロジェクト設計については、建設プロジェクトの数が多い一方、関連する付帯保護対策が少ないことが挙げられる。メカニズムの弱点を狙って集中的に攻撃すれば、低コストで高い効果を挙げられるということだ。多くのプロジェクトの建設が同時に進められているが、その建設作業員は武装するどころか、軍事訓練や戦闘経験すらない者がほとんどで、プロジェクトの擁護には限界がある。例えば、「一帯一路」の建設現場や鉱山などは往々にして住民がほとんどいないような地域にあるため、増援には

かなりの時間を要する。そこに突如、過激派勢力が包囲攻撃を仕掛けてくるようなことがあれば、瞬く間に攻略されてしまうだろう。幹線道路や鉄道などの輸送ラインはともすれば何百キロ何千キロと続く。その広大な範囲の至る所に兵力を分散させることは困難で、一カ所破壊されただけで、すべてのラインがまひする恐れがある。

　次に、「一帯一路」は大量の労働力資源を必要とするため、そこに問題が生じやすいことが挙げられる。中国は現地に協力する形でインフラ建設を行う必要があるため、人材を海外に輸出しなければならず、ここにまず人材育成の問題が生じる。「一帯一路」建設にかかわる専門家や関連技術者には、しっかりとした技術水準だけでなく、現地の実情を理解し、速やかかつ効率的に現地に溶け込み、力を集めて建設を進める能力が求められる。さらには、これらの人材を適切に配置し、国家戦略設計レベルから彼らの身の安全と財産を守らなければならない。また、「一帯一路」建設では地域の数多くの労働力の受け皿となる必要があり、もし対応を誤れば、やはり数々の問題を引き起こすことになるだろう。例えば、実際の現場で、膨大な数の各国作業員を正確に統括することは難しい。ここに過激派組織のメンバーが付け入る隙がある。建設プロジェクトの内部に紛れ込んで平時は情報収集にあたり、襲撃時には内通者として戦いを仕掛けることができる。またほかにも、中国側の建設工事の鈍化を狙って、人質を取って政府に妥協するよう脅迫してくる可能性もある。中国はこうしたこれまでにない安全保障の問題を注視していく必要がある。

　具体的な解決策の鍵は、まさに公式文書の指摘通り、長期リスクを短期リスクに変えることにある。中国政府は一年余りにわたり、「一帯一路」建設を積極的に推進してきた。沿線諸国との交流や話し合いを強化し、実務協力を進め、一連の政策措置を実施して、早期に成果を挙げられるよう努めた。この方針をさらに深化させて、メカニズムや政策設計に常に修正を加える必要がある。同時に建設

第三章 「一帯一路」の挑戦

を進める中で、各国との安全協力メカニズムを構築し、地域ごとに現状を踏まえて政策設計を行い、政治的手段で積極的にリスクに備え、過激派に決然と立ち向かうことが求められる。その一方で、「一帯一路」の優位性を十分に生かし、伝統的シルクロードの開放と包容の精神を受け継ぐことが重要だ。中国の発展の恩恵を分かち合う中で、現地の人々は「シルクロード」の優位性に気付き、民心の通い合いにつながるだろう。

さらに、「一帯一路」政策の提起は国内外の強い関心を引き、さまざまな解釈がなされた。だが、国内外で統一を図ることは難しく、それが結果的に「一帯一路」建設に影響を与えている。

まず、「一帯一路」イニシアチブの提唱に続き、中国は2015年3月に公式文書を発表したが、これより前に西側世界では「一帯一路」の分析や研究がすでに行われていた。西側の分析によると、多くの国が「一帯一路」を「中国脅威論」だけでなく、帝国主義や植民地主義、地域の主導権獲得と結び付けて考え、中国の政策を不当に解釈している。西側社会が大きな発言権を享受している今の時代、多くの発展途上国はその影響をすぐに受けて、中国の政策を誤解し、「一帯一路」の進展を鈍らせている。中国に対する西側の一方的な見方について、中国側は文書でこう指摘している。「『一帯一路』建設において、中国は互恵・ウィンウィンを堅持する。これはつまり各当事者の利益と関心事をともに考慮し、利益の一致点と協力の最大公約数を探り、各当事者の知恵とアイデアを具体化し、それぞれが長所を生かし、力を尽くして、各当事者の優位性と潜在力を遺憾なく発揮させる、ということである。中国側は各国と協力して、自らの実際の行動をもって世界に中国側の努力と誠意を示し、世論環境を整え、共同発展を実現したいと考えている」

一方で中国国内については、この政策で利益を得られることを期待して、各省ともわれ先にと「一帯一路」の快速列車に乗り込んでいる。その中でも新疆、陝西、甘粛、寧夏、青海、重慶、雲南、四

149

川、山西、浙江、江蘇、山東、湖北、福建、河南、貴州、チベットの17省（自治区・直轄市）は、「シルクロード経済ベルト」を2014年政府業務報告の中に盛り込み済みである。この17省区市の経済規模の総和は全国の55.9%を占める[8]。ただ、これらの省の一部の条項やメカニズムには重複が見られ、不必要な資金や人材が浪費されている。具体策としては、各省は必要に応じて立案を行い、公式文書で定められた地域ごとの目標に従って、実情を踏まえた上で政策を策定すべきだろう。やみくもに尻馬に乗るのではなく、地域経済の発展を促し、東西の地方格差を縮め、中国の改革開放を深化させる上で、「一帯一路」が大きな役割を確実に果たせるようにすることである。

　以上が国内政策設計のリスクである。このほかに実際の現場で、何らかの問題により事故が起きて、「一帯一路」建設に支障をきたす可能性もある。

　「一帯一路」建設はインフラの接続を求めている。しかしこれまでに述べたように、沿線諸国の自然条件はさまざまで、真の「相互接続」を実現するためにはさらに数々の難題を突破しなければならない。中国国内の鉄道事業の急速な発展に伴い、国内の砂漠や亜熱帯密林、高原、高地寒冷地帯のいずれの土地でもレールの敷設を行ってきた。だが、この経験をほかの国で踏襲することは簡単ではない。各国さらには実際の施工現場によって状況が異なり、予想外の問題が起きる可能性があるからだ。高速鉄道、幹線道路、鉄道、鉱山、その他すべての「一帯一路」プロジェクト建設には、設計や施工の質に対し厳しい条件が設けられている。それは人々の生命の安全にかかわるからであり、またどんな事故も政治的アクシデントにつながる可能性があって、「一帯一路」建設にダメージとなるからだ。

　考慮すべきは、中国国外の工事に数多くの壁が立ちはだかっていることである。第一に、参考材料収集が困難であることだ。国内工

150

事の場合は地質データや気象・水文データなど必要な参考材料は容易に入手でき、関係部門との連携も比較的スムーズである。しかし国外となると、データ収集の難易度が上がり、開発経験も少ない。発展が遅れた一部の国や地域では、実地調査能力に限界があって、大型の建設工事自体がほとんどなく、また多くの潜在的な、しかもまだ気付いてすらいない自然リスクがある。そのため、プロジェクトの竣工後に事故が起きることも考えられる。一度実施調査と計画に同意した以上は、中国側はリスクの発見と問題解決という責任を負う必要がある。特に注意すべき点は、国内または国際的に通用する「スタンダード」が必ずしも現地の特殊な状況に合致するわけではないことだ。施工の際にはその土地の状況に応じた措置を取って、地域ごとの実情を踏まえて関連政策を策定し、事故を未然に防ぐべきである。従って、中国の実地調査、設計、施工にはより高度な条件が求められる。第二に、用地選定の特殊性である。プロジェクト建設に事故はつきものだ。その中でも特に採鉱、採油などはその行為自体に一定の危険性をはらんでいる。建設用地対象はインフラ整備が進んでいない国であったり、人里離れた地域であったりすることが多い。もし事故が起きた場合、いかに速やかに負傷者の救助に当たるか、特に多数の負傷者をどうやって病院に搬送するのか、という点について事前に対策を練っておく必要がある。また、プロジェクト建設に参加する現地の作業員に対し、どのように職業上の安全教育を行うかもあらかじめ検討すべき点だ。

　運営中に起きた事故の問題を、中国は主に以下の三つの面から考える必要がある。第一に、インフラの接続という面では、幹線道路や鉄道、特に高速鉄道が完成すると、全線が覆う地理的範囲は広大になり、その分突発的な自然災害が起きる可能性が高まる。これについては、どれだけ早い段階で異変に気付き、かつ速やかに問題を解決して、交通のスムーズな通行を確保できるかにかかっている。道路インフラの場合は老朽化による破損の恐れがある。降雨や洪水

による電気設備のショートや道路の路面の流出、土石流による鉄道の寸断などが考えられる。また草原や密林地帯では、いつどこで野生動物が現れて線路を横断したり、列車に衝突したりして事故を引き起こすか分からない。例えば高速鉄道は、「高速鉄道外交」の売り込みで今や中国の重要な対外建設プロジェクトに成長し、「一帯一路」建設においても大きな意味を持っている。確かに高速鉄道によって地域同士がつながり、富や人の移動が円滑にはなったが、その建設現場では人材育成や鉄道のメンテナンス、緊急処置などの課題が次々と浮き彫りになっている。中国側としては、まずは人材育成を強化し、平素から訓練を行う送電線の巡視、制御、運転および整備、修理能力を確保しなければならない。さらに、先進的手段で設備の改良を行い、信頼性を高める必要もある。全輸送ラインに効果的なモニタリングネットワークを設けるとともに、定期的に鉄道のメンテナンスを行うことで、潜在的な事故のリスクをできる限りなくしていく。これ以外にも、現地の鉄道部門とのコミュニケーションを強化し、連携して定期検査や二国間訓練を実施し、鉄道のスムーズな運行を共同で保障していくべきだ。第二に、水上交通について見てみよう。「一帯一路」沿線の港湾について、中国側はすでにかなり把握しているが、事故の可能性はやはり否定できない。現在の船舶は各種専用または兼用の救援設備を備えているが、中には救援能力がかなり低く、問題が発生しても満足に救援できない国もあるため、「一帯一路」建設では、沿線の各港湾に一定の基準を満たした救援能力を確立することが重要になってくる。第三に、自然資源が永久に失われかねない不適切な開発についてである。例えば炭鉱火災で地下の炭層に引火した場合、石炭資源を失い、採鉱に支障が出るだけでなく、地表の植生が破壊されて深刻な大気汚染を引き起こす可能性がある。さらに石油や天然ガス資源の採掘もそれぞれ環境リスクを伴う。中国、米国、インド、インドネシアのいずれも国もこれに関して苦い経験がある。炭層引火対策には大量の資金、

第三章　「一帯一路」の挑戦

技術、物資、人材の投入が必要だ。しかも工程は長期にわたる。一度起きただけで「一帯一路」建設とその国の双方が大打撃を受ける。

## （2）各地域の打撃と結び付き

　「一帯一路」建設は全世界を舞台に展開される。沿線諸国は自然環境も社会環境も複雑で、さまざまな勢力が次々に登場している。これら急進派が手を組んで、沿線の各地域や国で同時に行動を起こすようなことがあれば、「一帯一路」建設にとって決して小さくないダメージとなるだろう。

　まず言えるのは、どの地域も中国の「一帯一路」建設に打撃を与える可能性があるということだ。

　見渡す限りの大平原が広がる中央アジアと中東は、防備を固めるのが困難な地域である。加えて要路の多くは待ち伏せ攻撃にうってつけの険しい山地を通り抜けねばならない。平原地区を例に挙げると、機動性が増すという点で過激派に有利に働く。平時は分散していても、襲撃に備えて速やかに集結して、最大の攻撃力を実現できるからだ。その機動力は高原や山地と比べて大幅に上がる。また、平原地区は過激派の偽装工作にも好都合だ。平時には牧畜民に成りすまして、後方勤務を簡略化する一方、身分を確認しにくくして、正体をうまく隠すことができる。

　では高山や密林が多い東南アジアはどうか。この地域の地理や気候の特徴から、輸送ラインの両側も建設プロジェクトの周囲も密林に覆われ、緩衝地帯が少ない。そのため車列や列車が奇襲を受けやすい。同時に考慮すべきは、熱帯や亜熱帯の密林で建築物や道路が破壊された場合、修復はかなり難しく、「一帯一路」の進展に支障が出るということだ。内地の河川の水上輸送にも類似の問題がみられる。河川の中には湾曲し、水流が緩く、両岸が密林に覆われている個所がある。こうした場所では商船、パトロール船に関係なくみな低速で進むしかなく、奇襲攻撃を受けやすい。また、川賊が川岸

153

の植生や構築物に紛れる形で大量の兵力を近くに隠しておけば、その射程と兵士の資質という不利な要素を補うことができ、水上輸送にとって極めて大きな脅威となる。もし川筋に水雷や障害物を仕掛けたり、民間船や漁船に偽装した川賊船さらには爆破艇で攻撃したりするなど、こちら側の船隊を阻むようなことがあれば、その破壊力はより増すことになる。

　アフリカは、中東、中央アジア、東南アジアの地形や気候の特徴を合わせ持ち、またこれらの地域の問題も合わせ持っている。さらにその広大な面積ゆえに、過激派勢力が国境を越えて逃亡を図ることができるため、問題はより深刻といえる。

　次に、中国が取るべき対策は、各地域や地域内部の過激派勢力が団結することによって「一帯一路」建設に影響を与えないようすることだ。以下、先に触れた中央アジア地域の「カラー革命」と「三悪」を例に、さらに詳しくこの問題について述べたい。「カラー革命」と「三悪」は地政学的に地域情勢を不安定なものにする。だがそれ以上に重大なことがある。それは「一帯一路」建設が今後急速に進展していけば、「カラー革命」と「三悪」がダメージを受けることは避けられず、それは結果的に両者が「合流」する状況を生み、「一帯一路」建設に悪影響を及ぼすということだ。ただ、「三悪」と「カラー革命」との結託はあり得ることではあるが、必ずしも結託を公にするとも、すぐに結託するとも限らない。具体的に説明しよう。まず「カラー革命」側からいえば、彼らのスローガンは「民主自由」と「西洋文明」である。「三悪」との合流を宣言して、「非暴力」の上着を脱ぎ捨てようとすれば、後継者を失うばかりか、直接攻撃を受ける可能性も、西側の不興を買う可能性もある。従って「三悪」と集中的に統合しても、決して彼らの利益の最大化にはなり得ない。一方の「三悪」は、その多くがテロリズムや分離主義、過激主義勢力であり、現時点で十分な勢力範囲を誇っている。そのため、今「カラー革命」と合流したところで、逆に彼らに縛られて

活動しにくくなる可能性がある。以上の理由から、両者が近く公然と手を組むとは考えにくい。だが、今後「一帯一路」建設が進展し、社会の構図が安定し、経済が急速に繁栄していけば、両者の活動範囲は大幅に狭められることになる。その結果、自分たちの活動を継続させるために、先を見据えて両者が特定の問題で協力を進めていくことはあり得る。中央アジアでの中国による建設プロジェクトと企業を例に挙げてみよう。中国は現在、中央アジア地域で、「一帯一路」建設の重要な切り口として建設プロジェクトへの投資を数多く行っている。このことは「貿易の円滑化」と「資金の融通」の実現を促し、インフラ建設を強化する上で重要な役割を果たすが、過激派勢力にとっては極めて不利な流れである。従って「カラー革命」にしても「三悪」にしても、「一帯一路」の種々の経済貿易建設を重点分野と考えて当然警戒してくるはずで、両者が合流に向けて動き出す現実的条件が整うことになる。双方がさまざまな程度で防備や攻撃を行えば、各国政府やSCOの資源が分散し、建設に必要な労働力や資金を短期間で集められなくなったり、工期が長引いて工事の進捗に影響が出たりするだろう。また、「一帯一路」の評判が損なわれて、「民心の通い合い」にも影を落とすことになる。

　総括すると、本章は従来のものと新しいもの、国内と国外の二つの次元から「一帯一路」建設における安全保障リスクについて論じた。しかし、建設が進む中で直面するリスクは多様であり、ここではごく一部の典型的な問題を取り上げたにすぎない。「一帯一路」の進展に伴って、経済、政治、文化などさまざまな問題が徐々に表面化してくるだろう。中国は周到かつ慎重な姿勢を崩さず、地域ごとの実情に応じて、各国と真摯にコミュニケーションを取り、ともに問題解決を図っていく必要がある。

# 三、経済リスク

　「一帯一路」のビジョンと行動とは、革新的経済発展モデルによって、「シルクロード経済ベルト」を介してユーラシア大陸を統合し、世界で最も活力ある二大経済圏をつなぐことで、中国の経済発展の恩恵を分かち合うとともに、全体の繁栄と発展を実現できるよう努力していこう、というものである。「『一帯一路』ビジョンと行動」文書の中で指摘している通り、中国は対外開放という基本国策を一貫して堅持し、全方位的な開放の新たな枠組みを構築し、世界の経済体系に深く融和しようとしている。

## １．経済リスクの概要

　世界経済は2014年こそやや持ち直したが、成長率は依然としてわずか2.6％と低水準で推移したままだ[9]。ほとんどの経済体はGDPの伸び率が世界金融危機前より明らかに低下した。しかも先進国の経済的分化が加速し、発展途上国の成長率も目に見えて鈍化している。21世紀は平和、発展、協力、ウィンウィンを主題とする新時代である。「一帯一路」はアフロ・ユーラシア大陸および付近の海洋の相互接続に力を入れ、全方位的、多層的、複合的な相互接続ネットワークを構築し、沿線各国の多元的で自主的かつバランスの取れた持続可能な発展を実現するものだ。従って、回復力の乏しいかつてない世界経済情勢と複雑な国際情勢、地域情勢を目の前にして、われわれがなすべきことは、「一帯一路」建設における経済リスクへの警戒と予防を強化して、「一帯一路」が世界経済にもたらす貢献と成果を守り抜くことである。

## （１）短期的に警戒すべきは、世界の金融政策分化リスク

　ここ数年、グローバル・インバランスが拡大し、各主要経済体の

第三章 「一帯一路」の挑戦

金融政策も分化の方向に向かっている。米連邦準備制度理事会（FRB）は2014年10月末、量的金融緩和政策（QE）を正式に終了するとともに、2015年下半期の利上げを見込んでいる。一方、日本はかつてない規模の量的・質的金融緩和政策（QQE）を実施。スイス、デンマーク、カナダ、トルコなどが相次いで利下げを行ったのに続き、欧州中央銀行が3月9日から正式に欧州版量的金融緩和政策を導入した。これはユーロ圏のインフレ率が2%上昇するまで、毎月600億ユーロの資産を買い取るというもので、世界の低金利時代はFRBがQEを終了したことにより終わったわけでは決してない。

2007年の世界金融危機以降、先進経済体が緩和した金融政策により大量の海外資本が新興市場に流れ込んだ。そのためFRBが利上げに転じれば、新興経済体は資本の流出や自国通貨の下落などの多重圧力に苦しめられることになり、そのダメージは決して軽視できるものではない。「一帯一路」沿線の多くは発展途上国である。金融インフラの脆弱性や資本管理の不備などの問題を抱えているため、先進経済体の金融政策に動きに簡単に左右されてしまう。インドネシア、ロシア、トルコなどの一部経済体は、深刻な経常収支赤字や過剰貸付増加の問題を抱えているほか、現地債券市場に参加する外国人投資家の割合が比較的高く、外部リスクを防ぎ止める総合的能力はかなり劣る。先進経済体の金融政策の突然の「変面（一瞬でお面を変える中国の伝統芸能）」は、こうした沿線諸国の資本市場に莫大な損失をもたらすだけでなく、クロスボーダーの資本移動にもリスクを招く可能性が大いにある。

また、主要経済体の金融政策の分化は必然的に資金の分化につながる。市場に大量投与された通常の金融政策と特殊な金融政策とによる「過剰流動性相場の宴」は、一時的には危機問題の解決にはなった。だが、これらの資金は新興経済体の経済金融情勢を不安定にもする。「一帯一路」の提唱国、実施国そして最大の新興経済体と

して、中国は欧米日など先進経済体の金融政策の変化が中国にもたらす資本流入と流出のリスクに警戒する必要がある。それだけでなく「一帯一路」建設では、欧米日など各主要経済体国家の金融政策の分化および変化に伴うリスクが、沿線諸国を介して中国に伝わらないよう注意しなければならない。

このほか、主要国の間で金融政策が分かれたことで、世界の為替市場の動きにも違いが生じている。2014年のドルインデックス（ドル指数）が12.5％上昇した一方で、ユーロは貿易加重平均した通貨バスケットに対し12％下落。ロシアのルーブルに至っては切り下げが73％を超え、「一帯一路」沿線諸国の多くも通貨切り下げの甚大な被災地域となった。ロシアやその他の「一帯一路」沿線諸国で貿易や投資を行っている企業は、巨額の為替損失を抱える恐れがある。理論上、我々はリスクヘッジを活用してリスクマネジメントを行うことが可能であるが、ロシアや「一帯一路」沿線の多くの国々は国家資本主義に属し、金融商品が不足しているため、企業はリスク回避手段を見つけようにも一苦労だ。この点はリスクを防げるよう注意すべきである。世界の金融政策分化の影響を受けて、今後各国の為替相場は変動が激しい極めて不安定な状態になるとみられる。一方「一帯一路」建設においても、同じく金融政策分化に伴う為替リスクへの警戒を強め、為替の変動による損失を回避しなければならない。

## （2）中長期的に警戒すべきは、今後の世界経済の構造調整リスク

世界の金融政策と資金とが分化に向かう現在の背景に、経済金融構造の格差があることはすぐに気付くだろう。先進経済体と新興経済体のいずれも、一つ次の段階の経済構造調整の時代に突入すると予想される。このことはある程度、世界経済の先行きにいくつかの不確実なリスクをもたらすはずだ。特に金融危機後、先進国にしても発展途上国にしても、経済体の経済構造のほとんどが、危機前の

ようには経済の急速な発展を支えられなくなり、潜在的な成長率低下のリスクを抱えている。例えば、欧州債務危機の発生で巨大な債務圧力に押されたギリシャ政府は、「トロイカ」⑩が出した「緊縮財政政策」を中心とする改革の処方箋を受け入れざるを得ず、緊縮財政によって経済が衰退するという悪循環に陥った。しかも今現在も自力で抜け出すことができず、緊縮政策に対する社会の不満感情を増幅させて、一時はギリシャがEUから離脱するのではないかという憶測まで民衆の間から飛び出した。

　欧州債務危機のもやはいまだ晴れていない。ギリシャ債務をめぐる波風は、EU、欧州中央銀行、国際通貨基金（IMF）による強硬な緊縮財政政策の提案が最適な選択ではなかったことの表れだろう。必要なのは短期的、一時的な支援ではなく、ギリシャの経済構造の抜本的調整である。ギリシャを含むユーロ圏経済は欧州中央銀行による量的金融緩和策の刺激でやや改善してはいるが、経済回復の先行きにはなお不安が残る。米国を含む多くの先進国は、財政支出によって総需要を支えることと、財政の持続可能性を長期的に保証することとのバランスを短期間でいかに取るかという問題に直面している。一方の発展途上国は、実体経済部門のマイナス成長の循環、資本流入の逆転などの問題に直面し、経済成長は今後さらに鈍化するか緩慢な成長が長く続くとみられる。この先、世界の各経済体にはその経済構造を速やかに見直し、新しい経済成長分野を発掘して成長させることが求められる。それはつまり、世界がすでに一つの集団的構造調整を経験しなければならない時期に入ったということである。

　「一帯一路」建設は一つの体系的事業であり、発展水準も経済構造も異なる数多くの国々にかかわるものである。各国との協力を進める中で、中国は積極的かつ自発的に経済構造調整を進めるとともに、各国の経済構造調整の進捗具合を常にチェックして評価し、構造調整が「一帯一路」建設にダメージを与えることがないよう注意

を払う必要がある。

**（3）実践において警戒、防止すべき投融資リスク**

　資金の融通は「一帯一路」建設の重要な柱である。沿線諸国はインフラ建設の資金がかなり不足している。アジア開発銀行の推計では、アジア地域の2020年までのインフラ投資需要は年間7,300億ドルにも上るが、既存の多国間機構ではこれだけの巨額の資金を提供することはできない。現時点で「一帯一路」建設を支える主要資金源には、AIIB、シルクロード基金、新開発銀行、上海協力機構開発銀行および「一帯一路」融資プラットフォームがある。2015年3月に発表された「『一帯一路』ビジョンと行動」の中ではこう示されている。「沿線国政府と信用格付けの比較的高い企業および金融機関が中国国内で人民元建て債券を発行することを支援する。条件に合致する中国国内の金融機関や企業が国外で人民元建て債券と外貨建て債券を発行することを許可し、調達した資金を沿線諸国で使用することを奨励する」

　「資金の融通」には、金融監督管理協力の強化も含まれる。「二国間の監督管理協力に関する了解覚書」の締結を進め、地域内に効率的な監督管理協調メカニズムを段階的に構築する。リスク対策と危機対応の制度配置を整え、地域性金融リスクの警告システムを構築し、越境リスク対策と危機対応の交流協力メカニズムをつくる。信用調査管理部門や信用調査機関、格付け機関との国の枠を超えた交流や協力を強化する。シルクロード基金や各国のソブリン・ウエルス・ファンドの機能を十分に活用し、商業性投資ファンドやソーシャル・ファンドが「一帯一路」の重点プロジェクト建設に共同参加するよう働き掛ける。

**（4）公的債務リスクと地方債務リスクの予防**

　現在もヨーロッパの国家の中には、政府債務と財政赤字の比率が

第三章 「一帯一路」の挑戦

それぞれ60％と3％の警戒ライン以上に達する国があり、「一帯一路」沿線国と地域の公的債務リスクには注意が必要だ。一方、国内の地方政府の債務が高い場合、「一帯一路」建設を推進してインフラなどの投融資が増えれば、あるいは一段と債務水準が高まってしまうかもしれない。当然、経済成長と金融改革が進めば、地方政府の債務水準は低下が期待できる。

目下、国内の多くの地域が「一帯一路」建設と国有企業改革の推進を重視しており、具体的な税財政支援政策の策定や新たな経済成長分野の育成を予定しているところもある。また、地方ではPPP（官民連携）モデルが高い関心を集めており、民間資本がインフラ投資に参加する機会が増えるものと期待される。しかし、国内の地方債務返済がまだピークを迎えていない一方で、「一帯一路」建設による新たな融資需要が常について回るので、地方政府の債務水準がさらに高まる恐れがある。また、ボアオ・アジアフォーラムの周文重事務局長は、世界の債務規模の伸びは世界のGDP成長率をはるかに上回っていると指摘している。従って、「一帯一路」建設を進める上で、我々は国内債務の高止まりに警戒するだけでなく、協力相手について逐次細かな分析を行い、世界の債務リスクによって「一帯一路」建設がダメージを受けないようにすることが重要だ。

投資の面では、投資資金の欠損リスクを防止しなければならない。「一帯一路」建設は数多くのインフラプロジェクトにかかわるが、投資規模が大きい一方で回収期間が長い。それが儲けにつながるのかどうか、どんなリスクに遭う可能性があるのかについて、投資前に念入りに評価する必要がある。例えば、中欧班列（中国・欧州国際定期貨物列車）の義新欧コンテナ特別列車は荷物を満載して出発しても、通関で長く足止めを食う。この通関にかかる時間を短縮できるかどうかが、回転率向上とコスト削減につながる。同時に、沿線諸国の政局変動によって資金が回収できなくなったり、協力を不当に取り消されたりといったリスクも懸念される。こうした事例に

161

は、中国・タイ高速鉄道や中国・ミャンマー水力発電所事件、ギリシャのピレウス港売却計画中止事件などがある。このため中国側は政策の意思疎通や、現地政府や住民との多方面の協調を強化して、中国・ミャンマーのミッソン水力発電所プロジェクトの棚上げ、キルギスの金鉱採掘プロジェクトにおける現地住民との衝突など類似の事案が起きないようにするべきである。

このほか、「一帯一路」建設ではさらに、地政学などの要素がマクロ経済に与える影響にも注意すべきである。現在、ロシアとウクライナの衝突や中東情勢など地政学的な情勢が悪い方向へ向かっている。こうしたことは一方では地域が不安定になって投資家の信念が揺らぎ、海外資本がその地域から逃げ出して、国内外の資本の損失を招くことになる。また一方では、例えばエネルギーや鉄鋼といったその地域に関係する大口商品の供給が不安定になる恐れもある。これらはいずれも「一帯一路」建設において特に注視すべき点である。

目下のところ、世界経済の成長率の回復は複雑に入り組んでおり、先進経済体と新興市場国家の経済成長の情勢は分化している。国際貿易の萎縮や対外直接投資の減少、大口商品価格の変動、エネルギー不足による通貨下落などの要因は、「一帯一路」沿線諸国の経済成長に直接の妨げとなるだろう。

## ２．経済リスクの表れ

協力・ウィンウィンと共同発展によって、経済発展の成果をともに享受しようとするならば、中国は未来のアジアさらには世界の経済成長のエンジンとして、沿線地域と各国のマクロ経済リスクを第一に考慮しなければならない。政策の策定と実施の段階で、経済リスクに対して冷静な判断を保ち、そのリスクを回避するために、シルクロードの優位性を最大限発揮させるべきである。

まず資金提供者である中国は、資金が回収できなくなるリスクに

陥る可能性がある。資金の受領側に政局変動が起きた場合にどうやって資金を回収するのかは、事前に検討しておくべき現実的問題である。従って、中国は先進国との政策の協調を強化すべきである。その中で注意すべきは、輸出取引信用保険の機能を生かし、「パリクラブ」や「ベルン・ユニオン」など関連機関の国際レベルの協調と協力に積極的に参加し、公文書の要求に従って、協力のパイを「大きく」、より「よくする」ことだ。

　次に、国や企業は技術革新の原動力不足というリスクにぶつかる可能性がある。中国の産業を海外移転することは可能だが、しかしこれは中国の産業メカニズムがすでに十分完成されているということではない。地域ごとの特定のニーズに応じられるよう、中国はさらにイノベーションを続ける必要がある。同時に、「一帯一路」建設が進むにつれて、中国製品を販売する市場も広がるとみられるが、それによって企業の利益が増えれば技術革新の歩みが鈍り、結果イノベーションの原動力不足に陥る可能性がある。

　このほか、中国では納税者意識や監督・規制の仕組みが欠如しているため、もし大勢の人間が一斉に動き出した場合、これまでにない債務リスクが生まれる恐れがある。仮定の話だが、十五年前の中国の主要債務者が国有企業で、現在の主要債務者が地方政府であったとして、われわれが今からリスクマネジメントの強化に注意を払わずにいれば、十五年後の主要債務者は外国政府や海外企業に変わってしまうかもしれない。そうなった時に一体どうやって債務リスクを取り除けばよいのか[11]。

　こうした経済リスクは具体的には次のように大別できる。

## （1）マクロリスク

　経済のグローバル化と融合の加速は、21世紀以降の世界経済の大きな流れである。「一帯一路」は中国が「引進来」から、「引進来」と「走出去」へと転換する重要なプロセスである。また沿線諸国と

の協力を深め、互いの影響を強める重要なプロセスでもある。対外開放を行い世界経済に融和することは唯一の選択であるが、マイナスの影響として、自国経済が外部経済の変動ショックのリスクに過度にさらされるということがある。こうした背景を踏まえ、「一帯一路」建設では、各国の経済体制、経済運用メカニズム、経済の資質、開放や規制の程度、海外との経済の結び付き、安定具合などのマクロ経済要素を考慮する必要がある。また各国の経済体制、運用メカニズム、監督管理能力などはまちまちで、協力の中で向き合わなければならない不確定要素も国ごとに異なってくる。

　一方、多国間にかかわる協力のプロジェクトの場合、状況はより複雑だ。特に「一帯一路」沿線諸国は面積も、人口も、経済規模も比較的小さく、また経済の自己決定権に対する不安もあって、中国というこの巨大な経済体に懸念を抱くはずだ。そのため協力の最初の段階では、その歩みは必ずしも早くはないだろう。

　マクロの視点から見ると、「一帯一路」建設の重要な資金源はすなわち、「AIIB」と「シルクロード基金」であるが、中国は両者の設立過程で起こり得る各種問題に対応しなければならない。

　2013年、習主席はインドネシア訪問時に初めてAIIB設立に言及した。それから一年後、中国、インド、シンガポールなど21カ国が、北京で「アジアインフラ投資銀行創設準備に関する政府間枠組み覚書」に署名。2015年4月15日、同行の創設メンバーは、オーストリア、オーストラリア、アゼルバイジャン、バングラデシュ、ブラジル、ブルネイ、カンボジア、中国、デンマーク、エジプト、フランス、フィンランド、ジョージア、ドイツ、アイスランド、インド、インドネシア、イラン、イスラエル、イタリア、ヨルダン、カザフスタン、韓国、クウェート、キルギス、ラオス、ルクセンブルク、マレーシア、モルディブ、マルタ、モンゴル、ミャンマー、ネパール、オランダ、ニュージーランド、ノルウェー、オマーン、パキスタン、フィリピン、ポーランド、ポルトガル、カタール、ロシア、

第三章 「一帯一路」の挑戦

サウジアラビア、シンガポール、南アフリカ、スペイン、スリランカ、スウェーデン、スイス、タジキスタン、タイ、トルコ、アラブ首長国連邦、英国、ウズベキスタン、ベトナムの57カ国にまで増えた。同行は、政府間アジア地域多国間開発機構であり、多国間開発銀行のモデルと原則に従って運営され、アジア地域のインフラ建設を重点的に支援する。また、世界銀行やアジア開発銀行など他の多国間および二国間開発機関と緊密に協力し、地域協力とパートナーシップを促進し、成長分野が直面する課題をともに解決することで、資金の活用効率を高め、インフラ建設の融資能力も増強させて、発展途上国の互恵・ウィンウィンの実現を図る。しかし、同行は中国にとって先駆的な取り組みの一つであることから、実際の運営に際して数々の経済問題の壁にぶつかるだろう。例えば、ヨーロッパ国家の参加が増えれば、自国の利益のために少しでも多くの支配権を握ろうとする動きが出てくることは避けられない。こうした集団の中の権利をいかにバランスよく構成するか、そこは中国の知恵が試されるところだ。また、同行に参加するアジア諸国の経済発展は西側諸国と比べてかなり遅れており、インフラも脆弱である。こうした国の投資回収率も中国が直面する重大な問題だ。加えて、同行の創設は必然的に米国や日本の利益に影響を与えることになる。米ドル覇権への挑戦は、中国と米日との間の経済対立を引き起こしかねない。従って同行の設立に際し、中国側は各国と最大限団結を図り、熟練の外交ノウハウを生かして各国協力の最大公約数を探り、同行を滞りなく誕生させなければならない。また、これによって「一帯一路」建設をさらに進展させる必要がある。

　2014年11月8日、習主席はAPEC非公式首脳会議で「つながりによって発展を牽引し、パートナーによって協力を集める」と題した演説を行った。そして400億ドルを出資してシルクロード基金を設立することを宣言し、この基金によって「一帯一路」事業の円滑な進展を保証するとした。AIIBと同様、資金という難題解決の面

165

でシルクロード基金の意義は重大である。だが、やはり同じように経済問題を抱えている。例えば、中国側は政治面と経済面の両方を考慮して、「シルクロード基金」というこの経済手段と「一帯一路」というこの政治戦略とのバランスを取る必要がある。また、「シルクロード基金」の管理経験についていえば、過去に中国・アフリカ開発基金など類似のプロジェクトは存在したものの、実際の経済操作は相変わらず指導不足で、基金の支出利用、予算策定、財務審査などのフローですぐに問題が生じてくるとみられる。中国側はこの点に特に注意を払うべきだ。

　以上に述べた多くのマクロ的側面の不確定要素と懸念は、最終的に協力の過程で障害と摩擦になるだろう。「一帯一路」で対外投資を行う際には、対象国のマクロ経済状況を入念に検討し、マクロ経済リスクのポイントがどこにあるかを十分に考えなければならない。対外投資企業はマクロ経済と国際関係の視点を備え、充実したリスク対策メカニズムを設けるべきである。

### （２）産業リスク

　「一帯一路」は中国の国家戦略であるが、同時に世界の発展戦略でもある。「一帯一路」建設がその双肩に担っているのは、中国が抱える生産能力過剰問題、産業の海外進出問題を解消するという責務だけではない。沿線諸国の産業の向上と経済の共同発展を実現するという重大な任務も負っている。そのため建設にあたっては、中国産業の海外進出の順序を十分に検討しながら、沿線諸国の産業構造、市場規模、産業の高度化状況および今後の市場の変化にも目を配る必要がある。これを踏まえていえば、一方的な投資は「一帯一路」沿線諸国の産業構造をゆがめる恐れがあり、配慮に値する。

　経済発展にはバランスの取れた経済構造が不可欠である。これはつまり農工商を同時に推進する必要があるということであり、特に現地の競争優位産業、伝統産業を活性化させるということである。

第三章 「一帯一路」の挑戦

現在の中国は経済大国であり、政治強国であるが、中には一貫して独立した思想を持てない者、西側経済学の教科書から抜け出そうとしない者もいる。彼らはこれまで西側の思想に照らして、中国を商品市場と原料産地であると思い込み、今はまた「一帯一路」沿線諸国と第三世界全体を商品市場と原料産地と見なして、生産要素を最大限まで求めている。

　われわれは、「一帯一路」沿線諸国にはそれぞれ伝統的な競争優位産業があることを知るべきである。例えば、中央アジアはかつて、かなり先進的な工業を有していた。この地域は製造業の構造転換と高度化の真っただ中にあるだけでなく、農業やその他の産業にも大きな発展の余地がある。中央アジア、中東、アフリカ、東南アジアの広大な地域は、戦乱や動乱によって農業が衰退し、人民が困窮し、国が乱れるという悪循環に陥っている。もし単に現地の資源を開発して、加工後に中国に逆輸入するか現地で販売するだけの経済モデルであるなら、経済規模こそ拡大するが、収入が増えるのは製造業の従業員だけで、現地の大部分の人間は利益を得られない。利益を適切に増やせないばかりか、依然として低賃金を当てにするしかないのであれば、現地の人々は経済発展の中から儲けることができず、結果その国の経済活力が失われて、製造業の発展も中国の絶え間ない投資に頼るしかなくなる。こうした事態は、一方ではその国の政府が責任を問われることになり、また一方では「一帯一路」が国内の発展を促し、生活水準を高めるために果たす役割を人々に実感させることができず、「一帯一路」の効果を下げることにもなる。

　では、いかにして製造業と農工商業の調和の取れた発展を実現するのか。ここに中国の義利観が試される。農業は立国の根源であり、人民に安穏な暮らしを提供するものである。国家はまず生活の問題を解決しなければ、その後の発展を語ることなどできない。これは中国と世界の歴史の中から得た、永久不滅の結論である。「一帯一路」沿線諸国の農工商業の全面的発展を後押しできるかどうか、特

にその伝統的競争優位産業を発展させられるかどうかは、「一帯一路」イニシアチブの誠意の試金石になる。つまりこの一点は、イニシアチブが援助計画や資金ばらまき計画、併合計画、マーシャル・プランといったさまざまな憶測や非難と区別されるかどうかに直接関係しているのだ。

　「『一帯一路』ビジョンと行動」から分かることは、中国の産業協力は深く、広く掘り起こすことができるということだ。文書の要求に従えば、産業協力を進めるには貿易分野の開拓、貿易構造の最適化を重視しなければならない。まず力を注ぐべきは、貿易の新たな成長分野の発掘と、貿易の均衡促進とを基本とすることである。そして、貿易の安定を前提に、農林畜水産業などの伝統産業から新エネルギー、新素材などの新興産業まで、互いの投資分野を広げ、優性相補、互恵・ウィンウィンを進めて、互いの産業イノベーション協力の深化に力を入れる。また一方では、文書の中で明確に指摘しているように、サプライチェーンの分業配置を最適化させなければならない。川上・川下産業サプライチェーンと関連産業の共同発展を推進し、研究開発、生産、マーケティング体系の確立を後押しし、地域産業の付帯能力と総合的な競争力の引き上げを図るべきだ。さらに中国は「グリーン・シルクロード」計画を革新的に打ち出したが、これは主に生態環境保全の強化や生物多様性の維持を目的に、世界各国と共同で気候変動対策に取り組むものである。中国国内の「エコ建設」を具体化したものであり、中国が国際的責任を負い、グローバル・ガバナンスを推進していくという意思表示でもある。


（3）リスク対策メカニズムの欠如

　中国が改革を全面的に深化させるためには、生産能力を放出し、中国の経済力をこれまで以上に国外市場に触れさせる必要がある。特に資本については、以前は外国資本の導入を必要としていたが、今は中国からの投資が求められている。一方で、中国企業は「走出

第三章　「一帯一路」の挑戦

去」に際して、国際的視野に欠け、国際法や国際マネジメントに精通しておらず、海外で活躍する人材が不足していることもあって、沿線諸国をよく理解しているとは言い難い。そのため国際経営に対する危機感が薄く、相応のリスク対策メカニズムを構築することなどできるはずもない。より大局からいえば、海外投資で十分な保険メカニズムが欠如しているということである。特に「一帯一路」建設のプロジェクトの場合、投資額が大きく、投資期間が長く、投資の回収に相応の時間を要する、かなり大規模なインフラ建設も含まれる。中国企業の損失を抑えられるかどうかは、こうしたプロジェクトで起こり得るリスクにどう対策を講じるかにかかっており、必ず解決しなければならない問題である。

（４）現代型サービス業の付帯不足

現代型サービス業は経済のグローバル化における重要なコンテンツの一つであり、競争優位や比較優位が急速に顕著になっている。特に「走出去」においては、国際マネジメントや西側の会計制度、税務条例の経営管理とコンサルタント、会計および監査コンサルティングに精通していることが必須要件だ。だが、中国の現代型サービス業に目立った国際分業の比較優位は見られない。その中で重要な点は、外資水準の低さを利用して、従来の観光と労働力輸出に主に集中していること、知識集約型と技術集約型サービスなどの割合が低いこと、中国のサービス企業の管理水準、マーケティング水準、企業規模が海外のサービス企業と比較して相当な開きがあることである。中国企業の「走出去」プロセスでは、国際化レベルが高い専門サービスを持つことで、速やかに国際慣例に精通し、国際経営に適応できるように支援する必要がある。

169

# 四、法的リスク

　法律は、活動する双方の行為に対し重要な規制的役割を果たすことができる。「一帯一路」建設で、法律を枠組みとして主体行為を規制することには重大な意味がある。過去一年の間に、中国は一部の沿線国家と「一帯一路」共同建設の協力覚書を交わし、また隣接する複数の国とは地域協力と辺境協力の覚書および経済貿易協力中長期発展計画を締結した。しかしこれらの文書の実行には、双方が法律を遵守し、法律の要求に従って双方の業務を展開する必要がある。従って、「一帯一路」建設は法律を保障とすべきである。だが、実際の現場では、法律の整備はまだ不十分で、数多くの法的リスクが存在する。

## 1．法的リスクが起きる原因

　「一帯一路」戦略は、中国と沿線諸国との戦略協力、交通の接続、国際貿易、エネルギー協力、金融協力など多方面にかかわる。ここ数年、中国の海外投資は常に増加傾向にある。その流れを見ると、2013年末現在、中国国内の投資企業1万5,300社が国外に設立した対外直接投資企業は2万5,400社に上り、世界184の国（地域）に分布している。対外直接投資累計額（残高）は世界第11位の6,604億8,000万ドル。また、2014年末現在の中国対外投資残高は人民元で3兆元規模になった。しかしこれと同時に、国外の中でもとりわけ「一帯一路」沿線諸国と地域の複雑な政治情勢や世界金融危機、債務危機などの多大な影響と、海外投資の増加傾向とによって、法的局面で諸々のリスクと課題にぶつかっている。

　まず、「一帯一路」戦略は60を超える国家にかかわるが、その法体系は中国と異なる。ある国は中国と同一の法系にすら属さないため、法律に関する情報や知識が釣り合わないというリスクが生じる。

170

第三章 「一帯一路」の挑戦

　また、ある国では立法の整備が十分とはいえず、法律条項がたびたび改正されている。法執行程度も外国や外資系企業に対してやや差別的な傾向があり、さらには自国の政治や経済の利益を考慮して、複数の多国籍企業や海外企業にピンポイントで一定程度の法的規制を行う可能性もある。

　現在、世界の一部地域では保護貿易主義勢力が台頭し、経済発展の活力が弱まっている。そのため「一帯一路」戦略が直面する国際情勢は楽観視できない状況だ。もし法的な問題をあまり重視していなかったり、外国の法律に無知であったり、国際慣例を盲信したり、あるいは法律のスペシャリストが不足していたりすれば、知らぬ間に法に抵触するか、もしくは現地の法律・法規に違反するような事態になりかねない。これらはいずれも「一帯一路」建設の中で直面し得る法的リスクである。

## 2．「一帯一路」対象国の法体系の状況

　「一帯一路」戦略が及ぶ国は、その法系の違いによって、主に大陸法系と英米法系の二大法系に分けられる。ただ、イスラム法系に属するところも一部ある。

　「一帯一路」沿線諸国と地域の多くは大陸法系に属し、具体的には、モンゴル、韓国、日本などの東アジア国家、アフガニスタンを除く中央アジア、ミャンマー、タイ、ラオスなど東南アジア諸国、ロシア、イラク、および英国とアイルランドを除く大多数のヨーロッパの国々はいずれも大陸法系である。

　ローマ法を踏襲する大陸法系は、長い歴史を持つ法典編纂に重きを置いている。詳細な成文法を持ち、法典の完全性を重視しているため、各法律のカテゴリーの個々の細部に至るまですべて法典に明文で規定されている。大陸法系は法理上の論理的推論を尊重し、またこれを根拠として司法裁判を行う。従って、裁判官には法律条項に厳格に沿った審判が求められる。ただし、大陸法系の枠組みの中

171

でも、各国それぞれの立法には多くの違いがあるため、一概に論じることはできない。中国で実施するものは独自の社会主義法体系であり、大陸法系に近いが、実際の法律規定にはやはりほかの国と大きな開きがある。

「一帯一路」沿線の中には、英米法系に属する国や地域も少なからずある。例えば、インド、パキスタンなどのアジア国家、タンザニア、ケニアなどのアフリカ国家、そしてヨーロッパの英国とアイルランドである。英米法系はその起源により不文法とも呼ばれる。大陸法系が法典を重んじるのに比べて、英米法系は司法裁判の原則上「先例に準拠」しており、すなわち判例である先例が以降の案件に対して法的拘束力を持ち、将来的に裁判官の審判の基本原則となる。英米法は判例法、非制定法である。裁判官が地方的慣習法をベースに、社会全体に適用される法体系一式を集約して形づくるため、適用性と開放性という特徴を備えている。裁判時は、当事者主義と陪審制の採用を重視。下級裁判所は必ず上級裁判所の過去の判例に従わねばならない。また同級の裁判官の判例に絶対的拘束力はないが、通常互いに参照することは可能である。一方、こうした個別の判例の形式で法規範を示す判例法は、大陸法系国家では一般に認められておらず、せいぜい参考にする程度である。

大陸法系と英米法系以外に、「一帯一路」沿線諸国と地域の中にはイスラム法系に属するところも一部ある。イスラム法系とは、シャリーア（イスラム法）を基本法・基本制度とする諸国により形成された「法的伝統」、「法的家族」または「法的集団」を指し、ムスリム義務、土地所有権、債権法、家族法、継承法、刑法などが含まれる。例えば、アフガニスタンのほか、イラクやイスラムなど少数の国を除くイラン、サウジアラビア、ヨルダン、シリア、トルコといった中東国家のほとんどがシャリーアを実行している。

以上の分析から、「一帯一路」建設の沿線では、国ごとに異なる法系に属していることが分かる。また法系が違うと法的紛争が起き

た場合に国家間の処理方法にも違いが生じ、法律の適用性が弱められ、それが一連の法的リスクにつながると考えられる。

## 3.　法的リスクの分類

　内容、分野およびリスク発生の形式に照らした場合、「一帯一路」戦略にかかわる法的リスクはおよそ以下の六つに分けることができる。

### （1）投資による法的リスク

　「一帯一路」建設では対外投資を相互接続実現の重要な一環としているが、この過程に法的リスクが潜んでいる。中国と沿線諸国の利益は全く同じというわけではないため、中国企業による地方投資は、市場参入規制のリスクにぶつかることになる。例えば、ある国の法律では、合弁会社内で外国人投資家が株式の多数を保有してはならない、あるいは所在国政府および政府に委任された機関が合弁会社の経営に参与する必要がある、と規定している。また別の国では「是認リスト」と「否認リスト」を作成することができ、投資範囲や投資割合に多くの規制要件がある。こうした法律の規定がない国家であっても、政府が合弁会社の重大な決定に対して拒否権を持っている場合が往々にしてある。このことは国外の中国合弁会社の自主権を大きく制限するものだ。また、合弁会社は知的財産権をめぐる紛争に巻き込まれやすく、合弁に参加する本国企業の営業秘密や特許技術などの保護に不利益が生じる。たとえ中国が国外で設立した独資企業であっても、所在国の法人でありながら、その投資側は中国であるため、実際の事業展開でやはり各種規制を受ける可能性がある。

　このほか、ある「一帯一路」国家が、国外投資家のクロスボーダーM&A投資に対し法律で特別な要件を定めたり、クロスボーダーM&Aに関する不透明な審査手続きを設けたりして、中国企業によ

るクロスボーダー M&A を簡単には成立させないように図ることも考えられる。例えば、マレーシアが1974年に制定した「資産の買収、合併と接収管理規則」では次のように規定している。「提案された資産またはいかなる株式の買収、合併または接収管理も以下の条件に合致しなければならない。一、直接または間接的に、マレーシア人がより平等に所有権と支配権を所有できるようにすること。二、マレーシア人の参加程度、所有権と管理、収入配分、成長、就業、輸出、製品とサービスの質と品数、経済の多元化、現地原材料の加工と高度化、研修および研究開発活動において、直接あるいは間接的に純経済利益をもたらすこと。三、国防、環境保護または地域発展などの国家の政策に対しマイナスの影響を与えないこと。新たな経済政策と矛盾しないこと」

　また、イデオロギー、国家利益、安全保障などを考慮して、石油化学工業、国防、インフラなど自国の重要業界で持ち株比率の特殊制限を行うなど、中国の国外投資に対して規制を設けてくることも想定される。例えば、シンガポールの一部のセンシティブ産業では、外資に対する厳格な規定や禁止事項があり、交通、通信、電気、報道などの公共事業部門は外資の参入が禁じられ、金融業、保険業の外資参入には事前の政府の許可が必要である。またシンガポール政府は、外国人投資家による上場企業買収については特に厳格な規定を設けていて、ハイテク輸出志向型企業の出資比率は100％に達してもよいが、商業部門の外資の割合は49％を超えてはならないとしている。すなわち外資による株式の買い占めを認めないということだ。

　特定プロジェクトへの中国側の投資に対して所在国が懐疑的な見方をしている場合、時に時限立法という手段で中国企業のクロスボーダー M&A を規制することもあり、かなり深刻な法的リスクとなり得る。2005年の「中国石油天然気集団公司（CNPC）によるペトロカザフスタン（PK）買収事案」をめぐっては、カザフスタン下院

174

第三章　「一帯一路」の挑戦

が同年10月5日、自国の石油企業が外国企業に株式を売却する際に政府の介入を認める議案を全会一致で可決した。また同国のナザルバエフ大統領はその月の15日に新法令に署名し、国家所有の戦略資源を優先的に購入できる権利を政府に付与するとともに、当該法令に違反する取引はすべて取り消すことができるとした。最終的に、CNPCは合意書に署名せざるを得なくなり、自らが購入して得た33％の株式を14億ドルでカザフスタン国有石油会社（KazMunayGas）に売却。カザフスタン政府はこれによってようやく買収を許可した。つまり、カザフスタンの緊急立法によってCNPCの買収は先送りされ、かつ同社によるPK社の全額出資子会社化も強制的に阻止された、ということである。

　所在国政府の審査・許可を経ても、クロスボーダー M&Aによって独占が起きたり、所在国や周辺地域の市場秩序が乱れたり、さらには関連産業が圧力を受けたりする恐れがある。そのため所在国と関連機関による独占禁止審査を受ける必要がある。例えば、2006年の中国国際海運集装箱集団（中集集団）によるオランダのベルガー社買収事案で最大の障害となったのは、欧州委員会の独占禁止機関による独占禁止調査であった。欧州委員会はすでに一度この買収を否決している。その理由はタンクコンテナのニッチ製品市場において中集集団の世界シェアがすでに50％を超えていたからである。またEU合併規則に基づき、この買収は準独占に当たり、有益な競争の妨げとなるとした。そこで中集集団は買収戦略を修正。まずベルギーで全額出資子会社を設立して、ベルガー社の株主の一つである企業と組んでオランダで新会社Newco（中集集団が株式の80％を保有）を立ち上げてから、再びベルガー社に対する買収を行った。これによって独占の疑いがあった標準タンクコンテナ業務が切り離されため、EUの独占禁止審査を回避でき、最終的に買収に成功した。

　このほか、独占禁止法は投資産業と全く関係のない第三者に及ぶ

175

可能性もある。いわゆる独占禁止法の域外適用であり、現在すでに米国、オーストラリア、日本などで認められていて、中国企業の海外投資リスクを一層高めている。

中国企業のクロスボーダー M&A の前にはさらに、ターゲット企業の反合併買収リスクや、合併買収手続きの合法性リスクといった壁も立ちふさがる。多くの国は、被買収企業が自社の定款に従って反合併買収対策を取るよう勧めている。例えば、関連金融法を活用して株式を買い戻したり、親しい企業同士で株式を持ち合ったりといったことである。あるいは、会社法や証券法の合併買収に関する規定に基づいて、合併買収過程での非合法な点を突いて、法的訴訟によってこれを阻止する方法もある。この場合、合併買収交渉と合併買収手続きの合法性という面でリスクが生まれる。その一例が、コンゴの会社法の規定に違反した疑いでコンゴ政府の無効宣告を受けた、紫金鉱業集団による Platinum Congo 買収交渉である。

最後に、合併買収されたターゲット企業は自社にかかわる担保や訴訟紛争状況を隠ぺいする可能性がある。その場合、情報がリスクと釣り合わず、多国籍企業は他の国の企業を買収した後に法的訴訟という落とし穴に落ちかねない。

## （2）労働者問題による法的リスク

「一帯一路」が網羅する国外の経営範囲に従うと、労働者雇用にかかわる法的リスクに注意する必要がある。まず、企業が所在国で不公平な募集を行ったり、その国独自の民族問題や性別問題を軽視したりすれば、平等な労働および差別反対に関する法律違反に当たる可能性が高く、罰金などの処罰を受けることになる。次に、企業がもし所在国の法律で規定された労働組合の権限に意識が及ばなかった場合、ストライキや激しい抗議に遭うリスクが生じる。それは例えば、現地の労働者や労働組合と良好な関係を築くことができなかった場合などである。また雇用した従業員の待遇や福利厚生の面

第三章 「一帯一路」の挑戦

でも、その国の労働法に抵触する可能性があり、処罰や訴訟さらには買収失敗などのリスクが起こり得る。最後に、企業が合併買収企業に対して人員削減や雇用調整を行う場合も、リストラの裁量や解雇補償などに関する所在国の法律に特に注意を払った方がよい。

（3）環境問題による法的リスク

　世界各国の環境保護に関する基準や法律が厳格化していることに特に注意が必要だ。多くの国で保全性に関する法律が制定されており、資源破壊、環境汚染を招く外商投資の企業プロジェクトを規制または禁止している。その中でもヨーロッパは、企業による工場建屋の建設、生産から製品の輸送、販売に至る各段階に対し、EUが極めて厳しい基準と法律の規定を設けている。しかも中国の関連基準と比べて厳格なケースが多く、中国企業にとっては適応が難しいのが現状だ。例えば、英国とオランダにある石油大手ロイヤル・ダッチ・シェル社は、ナイジェリアのニジェールデルタに対する汚染を理由に現地政府から15億ドルの罰金を科せられた。同様に「一帯一路」戦略の海外プロジェクトも環境にかかわる大きな法的リスクに直面している。企業は現地の法律で定められた環境基準を遵守しなければならないが、これによって企業のコストが増えることが考えられる。一方で企業がもし環境基準を守らなかったり、環境法に違反したりすれば、訴訟に発展して、場合によっては閉鎖に追い込まれる可能性もある。例えば、スリランカがこのほど、中国資本のコロンボ港湾都市プロジェクト工事の一時中止を宣言した事例がある。中国にとってこの工事は対スリランカ最大の投資であり、その額は15億ドルにも上る。一時中止の原因は、2014年末に始まったスリランカの大統領選で、このプロジェクトが争点になったことにあった。スリランカの政客がコロンボ港湾都市プロジェクトは環境に害を及ぼすので、中止を命じるべきだと明言したことがきっかけだ。環境という理由が、中国企業が国外で制約を受ける本当の理

177

由であるかは分からない。だが経験という事実はわれわれにこう告げている。企業は「グリーン・シルクロード」の方針を遵守し、国外の環境基準に適応する努力をし、生態環境をめぐる法的争いを減らすべきであると。

（4）誤った経営による法的リスク

中国企業は一般的に法意識が低いといわれる。ここに、企業の経営管理で関連法を軽視したことによる法的リスクが潜んでいる。この種のリスクは主に以下の数種類に分けられる。

まず、企業が所在国の関連法を理解せず、重視せず、十分な研究を怠った場合、日常の経営管理においてその国の法律に抵触する可能性が高くなる。

次に、企業管理の中で、取引をめぐる汚職などに関する法的リスクが懸念される。ヨーロッパなどの国では企業の汚職防止に厳格な法律の規定を設けている。ひとたび企業で贈賄や横領などの問題が発覚すれば、その評判は瞬く間に地に落ち、加えて巨大な訴訟と制裁のリスクを抱えることになる。一方、アジアやアフリカの一部の発展途上国では、政治の世界での汚職が横行している。そのため、中国企業がその国に関係するプロジェクトを推進しようと考えるなら賄賂は必須であり、その後の経営にリスクが生じる。

最後に、重複徴税のリスクについて説明しよう。徴税に関する法律や政策は各国で異なるが、主権国家ごとにその国の法律の規定に基づいて、同一納税者に対し税金を求めることができる。そのため国外経営の場合、属人主義の原則に従って中国政府に納税するだけでなく、属地主義の原則に従って所在国政府にも納税する必要が生じる。中国企業の納税情況や租税回避行為が、もし所在国の徴税に関する法律に合致しない場合、税務面で法的リスクに直面することになるだろう。

第三章 「一帯一路」の挑戦

## （5）沿線国の法律の不備による法的リスク

「一帯一路」の数多くの対象国の中には、法律の整備が不完全なところもある。そのため中国企業は域外経営において、準拠すべきものがないという問題にぶつかる可能性が大いにある。このほか、関連法の規定がない状況で、中国企業が所在国の法執行部門と衝突する事態になった場合、法執行部門が自国の利益を優先することで、中国企業が損害を被るというリスクも挙げられる。

また、所在国の企業経営に関する法律規定が、国際法や中国の法律と食い違うことも考えられる。その場合、中国企業は国外での経営活動で、国際法や中国の法律に違反するか、所在国の法律に違反するかという二者択一を迫られることになり、同様に中国企業にとって法的リスクになるだろう。

最後に、例えば出資比率や出資範囲、市場開放の程度などに関して、所在国の法律や政策が改められた場合、中国の海外投資企業はさらに予測不能な法的リスクにさらされることになるだろう。

## （6）貿易による法的リスク

「一帯一路」協力の重点は貿易の円滑化にあるが、国際貿易の現場でも法的リスクに直面している。国際貿易の商品基準の差という点では、「一帯一路」戦略でかかわる貿易パートナーが設定する商品許可基準が、中国とは異なるケースがある。中でもEUが食品などの商品に設けた基準は極めて厳格である。従って、中国基準の商品を国外に参入させる場合、現地の基準に合わないというリスクにぶつかる。また貿易障壁の点からいえば、「一帯一路」戦略の中で貿易パートナーは、自国の経済を保護するために厳格な法律による保護貿易政策を取る場合がある。こうした法律の規制とは主に、①関税およびその管理、②通関手続き、③技術障壁、④反ダンピング政策、⑤一般特恵関税の取り消しである。

## 4．南シナ海問題から読み解く「一帯一路」の法的リスク

　「一帯一路」建設での法律の重要性をよりはっきり示すとともに、法律の域外適用における課題を説明するために、次に南シナ海問題を取り上げて法的リスクを詳しく解説し、この問題について探ってみようと思う。同時に、中国が「一帯一路」の法的な争いを解決するためのヒントを提示したい。

　南シナ海紛争は法律問題ではないが、法律問題を含んでいる。本質的には主権問題であり、関係する島嶼の主権帰属を確定してはじめて、法律問題が生まれ、法律問題を解決する必要が出てくる。しかし国際法でも主権帰属問題を解決しきれていない。

　東南アジアの領有権主張国の中で最も活発なのがフィリピンである。2014年初め、「海洋法に関する国際連合条約」（以下、「条約」と略称）の仲裁裁判所に四千ページ近くに及ぶ訴状を提出した。訴えた仲裁事項をフィリピンは以下の三つにまとめている。

　第一に、中国が「条約」で規定された権利範囲外において、「九段線」（中国が南シナ海に引いた破線）内の水域、海底とその土壌に対して主張する「歴史的権利」は、「条約」に反している。

　第二に、中国が南シナ海の若干の岩礁、低潮高地、水中の地勢を根拠に提出した200海里さらにはそれ以上の権利主張は、「条約」に反している。

　第三に、中国が南シナ海において主張および行使している権利は、フィリピンが「条約」に基づいて享受し行使する主権権利、管轄権および航行権と自由に違法に干渉している。

　この三つの問題の中で、第一の問題は実際には主権問題である。第二、第三の問題で具体的な法律問題に及ぶ。そのため2014年12月7日に外交部が発表した「フィリピン共和国が提起した南シナ海仲裁裁判の管轄権問題に関する中華人民共和国政府の立場文書」の中では、「本案件について、もし南シナ海島嶼に対する中国の領土主権が確定しなければ、仲裁裁判所は中国が『条約』を根拠に南シ

ナ海で主張できる海洋権益の範囲を確定できず、ましてや南シナ海における中国の海洋権益主張が『条約』の許容範囲を超えているかどうかなど判断しようがない。しかしながら、領土主権問題は『条約』による調整の範囲に属さない」と指摘。また「国家主権から離れれば、島嶼自体はいかなる海洋権益も持たない。関係島嶼に対して主権を有する国家だけが、『条約』を根拠として関係島嶼に基づき海洋権益主張を提起することができる」としている。

この指摘によって、実生活の中の主権問題すなわち政治・歴史問題を、抽象的ないわゆる法律問題にすり替えられずに済んだ。フィリピンの訴状執筆者には一定の国際法の知識があるに違いなく、われわれに落とし穴を仕掛けたのだ。仮に中国が仲裁でいうところの「法的解決」の考え方に照らして初めから上訴の準備をしたなら、その仲裁裁判所が公正であるか否かにかかわらず、関係島嶼の主権を放棄したことと同じになる。つまり根本的な失敗である。だが中国はあくまで主権問題を法律問題と分けて考え、実際には法治の精神を持ちつつも、「仲裁」によって損失を受けずに済んだ。

現段階の南シナ海問題の性質を明らかにしたが、法律に従事する者は自らの知識をどう活用すれば主権問題解決の助けになるのか考えるべきだろう。例えば、中国の南シナ海の「九段線」はどのような性質に属するのか、何と称するべきなのかを研究すれば、南シナ海でインフラ建設やパトロール、開発を行うにも、中国の主権要求をはっきりと効果的に表明したりするにも都合がよい。そのためには、国際法に含まれるさまざまな既存の概念をうまく活用するだけでなく、実情に応じて新たな概念を築けるようにする必要がある。国際法は天からの授かりものではない。実践の産物である。中国が世界により大きく貢献しようとするのであれば、国際法に対しても同様に貢献できるはずである。

南シナ海の主権問題が解決されれば、「関係各方面は、1982年の『国連海洋法条約』を含む公認の国際法の原則に基づき、直接関係

する主権国による友好的協議と交渉を経て、平和的手段で彼らの領土および管轄権紛争を解決することと、武力に訴えずまたは武力で互いに威嚇しないことを承諾する」ことが果たせるようになる。ここでようやく南シナ海問題は正真正銘の法律問題となる。法律関係者もやっと自らの専門知識を生かして、実際の法律問題の解決に当たることができ、また一連の新たな国際法に寄与することができる。

　そのため、法律に携わる者が南シナ海紛争の解決に貢献しようとするなら、この紛争を法律、政治、歴史などの総合的な問題ととらえ、変化し続ける過程と考えなければならない。まず現段階の問題が法律問題であるか否かを検討し、もし違うのであれば、次にどんな状況で法律問題に変化するのか、法律問題が生じるのかを考えることだ。問題が法律問題に変わったか、あるいは法律問題が生じたら、現行の国際法の枠組みで問題を解決するのか、それとも国際法を追加または改正して問題を解決するかを改めて考える。そして最後は当然、自らが持つ幅広い法律学の知識を駆使して、訴訟業務を進め、「一帯一路」の利益を守ることが求められる。法律業務は作業全体の一部と見なすべきで、「法的解決」を急いではならない。

　中国は南シナ海問題で道理を貫いている。南シナ海諸島およびその近海域の中国主権に疑う余地がないことは歴史と現実が証明している。海洋紛争の解決は現段階では主権を明確にすることだが、ここにさらに複数のリスクがある。

　まず、中国は自らの権利主張に国際法をうまく活用できていない。典型的な例は、南シナ海でいう「九段線」の性質と名称問題だ。南シナ海島嶼およびその近海域の主権に関して、島嶼の問題には全くあいまいな点はない。だが、一体どの水域を含むのかについては現在のところ結論は出ていないようだ。また、南シナ海のこのU字型の線は島嶼とその近海域の境界を定める上で、重大な役割を持つ。国際法研究の世界では現在さまざまな意見が飛び交い、この線は歴史水域線だという声もあれば、島嶼帰属線や群島水域線だという声

第三章 「一帯一路」の挑戦

もある。しかもどの説もさらに細かく意見が分かれている。つまり足並みがそろわず、研究力が分散しているということであり、外界の人間にしてみれば九段線の意義も地位もよく分からなくなっている。一方で、中国が南シナ海島嶼とその近海域に対する主権を全世界に明確にするためには、九段線の地位と名称を明らかにする必要がある。これを成し得るのは法律に携わる者だけで、ほかの部門では代行できない。だが、まだ果たせていないために、一部の国はより堂々とU字型線内部で非合法な活動を展開している。米国のラッセル国務次官補も議会公聴会でかつて、「九段線の意義にいかなる国際法の解釈も国際法の土台もない」と攻撃した。九段線問題は領有権を主張する国々と外部勢力の非難の的となっており、対応を誤れば南シナ海紛争の経緯をよく知らない人間にも誤解を与えかねない。

　フィリピンなども頻繁に中国に対して法律の攻勢を仕掛けてくる。フィリピンの主張は全く根も葉もないもので、国際法を乱用することで目的を果たそうとしている。しかも、こうした手段は外部勢力の支持も得られる。学者の傅崐成は「国際法から見たフィリピンの不義とわれわれのしかるべき報復戦略」という文章の中で、二〇一三年にフィリピンが仲裁を提起できた理由をこう述べている。「任期がまだ二年余り残っていた日本国籍の国際海洋法裁判所長と結託し、条約『附属書七』の規定を利用して、“『国連海洋法条約』の解釈”を求めるという“偽装された訴因のベール”を被った。そして裁判所に義務的仲裁を訴えて、南シナ海U字型線の違法性を判定しようとした。中国は直ちにこの訴えを断固として退けたが、日本人の裁判所長はフィリピンと手を組み、すぐさまこの義務的仲裁裁判所を組織した」。米国務省もまた、仲裁裁判所が規定するところの中国側の答弁書提出期限前に、都合よく「海洋境界線—南シナ海における中国の海洋主張」と題したレポートを発表して、中国の九段線を非難した。

中国は大きな外部圧力に押されている。もし国際法の研究者らが南シナ海島嶼とその近海域に対する中国の主権を積極的に宣伝しないならば、目に見えない圧力は現実的な困難に変わるだろう。中国は九段線の解釈をしっかりと行う以外に、九段線をしっかりと宣伝しなければならない。またそれは法律従事者として九段線をしっかりと宣伝するということである。なぜなら、中国の立場を説明する機会は数々あるが、それはメディアのものでも、宣伝部門のものでもなく、法律従事者にのみ帰するからだ。しかもこの場合の宣伝は、通常の宣伝よりはるかに勝る。もし中国が自ら国際学術会議や海外メディアの取材で九段線を弁護せず、九段線問題をただ国内討論や学術討論のテーマにとどめるならば、中国は世界中から誤解を受けることになるだろう。

　ここで、法律従事者に九段線を解釈し宣伝する力があまりないことは、より深刻な問題といえる。それはつまり象牙の塔から出られない、現実問題を踏まえて国際法問題を研究できないということであり、国際法を教条主義的に扱い、いわば国際法機関を盲信しているということでもある。

　国際法治は単なる手段であって目的ではない。もっといえば国際関係のすべてでもない。また法律問題は数々の実際問題の表れに過ぎない。従って法律問題は決して学術問題でなく現実問題である。もしわれわれが事実から離れ、実体がない前提で現実の国際法問題を討論するならば、国際法は言ってみれば「学者」サークルの知的ゲームに変わる危険がある。出された結論も「一帯一路」建設の役に立たない。

　法治とは、法律を盲信すること、法律を崇拝することでは決してない。法律を濫用しない、さらには法律の名の下、法律に反することをしないという意味である。われわれは国際法を盲目的に信奉し、国際法治による現段階の効果を盲信するという危険の中にいる。長年欧米法学に身を捧げ、俗にいう「整合」や「グローバル化」をた

184

第三章 「一帯一路」の挑戦

だひたすらに探求する者もいるが、こうした人物は国際法は各国の利益を真に越えるものだと誤認し、国際法にひれ伏す恐れがある。さらには、いわゆる国際法に服従するという虚名やら一部海外メディアの表面的賞賛やらのために、「一帯一路」の利益を害するかもしれない。

国際法の研究者らが、「一帯一路」イニシアチブに提供するものは、最も根本的な理論という支持である。しかし、理論は必ず実践と結び付ける必要があり、中国の主権を詳述してただ宣伝するだけでは不十分で、海上パトロールや法の執行などの活動を通じて主権を守らなければならない。現在、中国は南シナ海の主権を擁護するための数多くの部門を擁しているが、重要なのはその数ではなく、連携を強化し、法執行能力を高めることである。南シナ海の状況は複雑で、漁業、エネルギー、海賊など多くの紛争を抱えている。しかも各領有権主張国が兵力の増強を進めており、法的リスクが安全保障リスクや政治リスクに変わる可能性がある。法の執行力が不十分だったり、人手や物資が不足していたり、過去に例がない事態を法に従って処理するための準備を怠っていたりすれば、手おくれになる可能性がある。

南シナ海紛争では、立法不足のリスクにも直面している。厳格な法の執行には、拠り所となる法律が必須である。先に触れたように、もし海賊罪がなければ中国は海賊の刑を決められないという気まずい立場に陥ることになる。目下、南シナ海地域の領有権主張国は次々と新しい手段でもめ事を起こしてくる。新たな情況に対応できるように、この地域での法の執行には、立法機関による迅速な法律の公布や改正が求められる。既存の法律もさらに解釈を加えて、新たな問題に対応できるようにする必要がある。

南シナ海紛争に関しては法律の論述と実際の立法が不十分だが、「一帯一路」イニシアチブ全体も類似の問題にぶつかる可能性がある。中国にとって、「一帯一路」はあらゆるものを網羅する戦略で

185

あり、過剰に厳格な形式は必要ない。しかも、もし国際法の分野にまで広げ過ぎれば、懸念を感じて参加をためらう国が出てくるかもしれない。しかし「一帯一路」戦略は国内法の分野でも付帯法が不足しており、中でも「一帯一路」イニシアチブ国家戦略の性質を固めることができる綱領的法律が欠けている。そうなると、「一帯一路」関連の経済法や法規は急速に発展しても、この戦略の重要性、とりわけ思想の核心に対する人々のしかるべき評価も理解も不足したままになる。ただ、過ぎたるは猶及ばざるが如しで、法律の役割は重大だが、「一帯一路」建設を展開する中で、中国は単に法律の権威を盲信するのであってはならない。実際の現場では、国際機関との協力を強化して、法律の枠組みの中で種々の二国間・多国間協力を進めることも必要であり、法律を、行動を束縛する信条ではなく、指導行為の規範とすべきである。

## 5．法的リスクにどう対処するか

これまでに述べた通り、「一帯一路」戦略を実施する過程で、多国籍企業や海外投資企業が多くの法的リスクと課題にぶつかることはまず避けられない。そこで、中国の対応力を高めるために、以下のいくつかの点から着手することを考えてみるとよいだろう。

まず、「一帯一路」沿線諸国と地域の法律を熟知することである。沿線諸国の法律に精通していなければ、「一帯一路」建設の法的リスクを防ぐ手立てなど考えようもない。これまでの法学研究はいわば先進国重視で、発展途上国の法律に関してはあまり注視してこなかったようだ。こうした法的認識の偏りは政策の意思疎通を妨げ、沿線各国で法律行為を行いにくくする。それによって「一帯一路」建設関係者のイメージが損なわれるかもしれない。例えば、貿易の円滑化と資金の融通においても、当事国の法律に精通してなければ、貿易協力契約締結の際に不法な力に簡単に利用されて、法律の効力が大きく損なわれる可能性がある。また、民心の通い合いでも、

第三章 「一帯一路」の挑戦

「エコ」や「人権」を旗印に掲げるNGOと対面した場合に、所在国の環境法や労働法に精通していなければ、相手に口実を与えて守勢に回ることになってしまう。

次に、所在国の法制度を遵守し、法に従って厳格に経営を行うことである。中国企業が海外投資を行う際に起きる問題の多くは、現地の政策規定や法制度に従わなかったことによるものだ。従って、中国企業は「一帯一路」沿線諸国で投資を行う場合、現地の法律・法規を厳格に遵守し、現地政府や民衆と友好協力関係を築いて、中国に対してよいイメージを持ってもらうことが重要である。そうなれば多国籍企業は現地での一層の投資や成長が望めるようになる。

さらに、国際法に精通することと、国際ビジネスルールを遵守することである。「一帯一路」建設の拡大に伴い、貿易情勢は一層複雑化している。これに対処するには、建設関係者が中国や沿線各国の法律だけでなく、国際商法と国際ビジネスルールを熟知する必要がある。今後「一帯一路」をめぐる貿易の対立は増えることが予想される。中国企業が真に「走出去」を果たすためには、受け身で裁判に応じる姿勢から、各国際ビジネスルールやメカニズムを利用して各国の法律に精通する立場へと変わらねばならない。また、「一帯一路」建設の過程で紛争を国際仲裁に付託した場合、国際法問題に発展する。「一帯一路」でも国際法や国際法廷を完全に盲信して守勢に回ってはならない。

最後に、専門性の高い法律に携わる人材の育成を強化することである。特化された法律のプロ集団を編成して、「一帯一路」の支点都市や沿線各国で科学的調査研究を行うのである。各国の法律文化や政治制度を徹底して理解、熟知し、中でも投資先については入念な調査を行うべきだ。資産経営、産業運営、法的資質、経営規制範囲などの現状をしっかりと評価し、一連の法的リスク予防方法を策定して、「敵と己を知れば、百戦危うからず」を実現するのである。

このほかに、実際の法的リスク防止と紛争解決の過程で、法律の

権威を完全に盲信してはならない。「一帯一路」建設における種々の問題とリスクは、あらゆる方面の法律にかかわってくる。だが、実際に起こる問題とリスクは非常に複雑で、法的リスクの問題にとどまらない。単に法的リスクの問題と見なして解決を図るだけでは、そのリスクを完全に取り除くことはできないだろうし、新たなリスクも招きかねない。


## 五、道徳リスク

「一帯一路」が負う道徳リスクは、国家レベルの道徳リスク、企業レベルの道徳リスク、個人レベルの道徳リスクの三つの段階に分けることができる。

### 1．国家レベルの道徳リスク

「一帯一路」建設は、国家を戦略の実施主体として、異なる国家同士の政府レベルの協力により共同で進められる。すなわち一国は国家間の規定を遵守するとともに、その執行を監督することができる。こうした背景の下、沿線諸国がコミットメントを守れるかどうか、高い信用を維持できるかどうかは、「一帯一路」建設にとって極めて重要である。なぜなら、このことが「一帯一路」のほかの各方面に分岐した枝葉のオペレーションに関係するからだ。

まず、中央アジアと中東地域を取り上げよう。先に述べたように、中央アジア諸国は「バランス外交」を実行し、域外の数多くの国々との駆け引きによって、自国の利益の最大化を図っている。中国の「一帯一路」建設は中央アジア地域に極めて大きな発展のチャンスをもたらすものだ。インフラ建設が進み、人民の生活水準が向上し、中国の発展の恩恵を分かち合うことができる。それとともに、域内国家の互恵・ウィンウィンも促される。だが、中央アジア国家は米

第三章 「一帯一路」の挑戦

国、日本、ヨーロッパなど多くの国々の戦略的誘惑にさらされている。もし中央アジア国家が天秤を他方に傾ければ、高い信用を維持できなくなり、「一帯一路」建設にとって極めて不利となる。これは中東地域にもいえることだ。

次に、東南アジア地域は今のところ政治上は米国に、経済上は中国に依存する形をとっている。この地域の国々での「一帯一路」建設は、米国のアジア回帰とTPP交渉の二重の脅威にさらされている。さらに重大な点は、米国の影響で東南アジア諸国が「一帯一路」建設に圧力を加えるようになり、建設に支障が出る可能性があることだ。東南アジア諸国は中国の周辺外交の重要な構成要素である。その高い信用は、「一帯一路」建設に安定した周辺環境を提供するとともに、積極的なモデルとしての役割を果たすことができる。

このほか、重要な戦略的チャンスの時期に入ったアフリカ諸国については、世界の各主要国が一様に関係強化に乗り出している。またヨーロッパはアフリカを重要な戦略上の後背地ととらえている。歴史的に見れば、アフリカ諸国は中国と兄弟のような親しい関係を築いてきた。中国の国連加盟を後押しし、一方の中国も無利息の借款によってアフリカ諸国の進歩を促してきた。中国とアフリカとの間にはこのような友情が存在するが、発展途上にあるアフリカは、利益追求から西側の価値観の影響を受けかねず、「一帯一路」に対する支持が下がることが考えられる。

以上、中央アジア、東南アジア、アフリカを例に国家レベルの信用に起因する道徳リスクおよびその重要性について述べた。高い信用と政府レベルの支援があって初めて、「一帯一路」建設のスムーズな進展を保証でき、各種問題解決のための政策支援をスムーズに探ることができる。そしてそれによって両国政府が政治の相互信頼を深める中で、「一帯一路」の協力を強化することができる。

189

## ２．企業レベルの道徳リスク

「一帯一路」の建設では、シルクロード建設の円滑な実施を保証するために国家が大量の資金を投入し、マクロ調整を行う。同時に、建設初期における主要任務であるインフラ建設は中国の各企業の手に任されることになる。「一帯一路」建設の重要任務を担うことで、企業も多くの道徳リスクに直面するだろう。それは主に市場性道徳リスクと社会性道徳リスクの二つである。

市場性道徳リスクは主に中国企業の経済活動と関係がある。中国企業には、円滑な経済活動のために自らの行為を規制することと、域内の経済情勢を適切に保つことが求められる。市場性道徳リスクとは、具体的には以下のようなものである。

第一に、独占と不当競争である。中国企業が海外経営を行う場合、独占または不当競争によって所在国や周辺地域の市場を乱すことがあれば、一定の道徳リスクが生じる。また、「一帯一路」戦略にかかわる経済規模が比較的小さい国家については、中国の大企業規模効果がもたらす独占リスクに特に注意が必要だ。例えば、2015年3月、国務院国有資産監督管理委員会により中国南車集団と中国北車集団の合併が大筋で認められた。両者は国外に多数の業務を抱えており、合併手続きに際して現地の法律に従って、独占禁止監督機関の許可を得る必要があった。一方で、中国企業はこれまで合併の際、複数の国で独占禁止機関の許可を得なければならない状況はほとんどなかった。

第二に、信用取引違反と契約詐欺である。2009年9月、中国海外集団がポーランドの高速道路の補修工事を落札した。これはEU諸国が初めて正式に中国人に委託した建築工事であった。しかしこの工事は今、中止に追い込まれている。その原因は、当時中国海外集団が工事原価の見積もりを正確に出さなかったことに加え、ポーランドのサプライヤーが手を組んで値上げを図り、中国海外集団を締め出したことにある。結果、実際の建築費用が落札価格を大きく上

回り、同社は全財産を失うことになった。この違約によって、中国海外集団には25億元もの罰金が科せられ、かつ中国企業の海外イメージも大きく損なわれた。この事例から分かることは、中国企業の海外経営は、例えば契約精神を遵守せず、頻繁に違約行為を犯し、さらに契約詐欺を働くようなことがあれば、相応の道徳リスクを招くということである。

　第三に、規約違反転嫁リスク、債務逃れである。中国企業は海外経営で往々にして所在国で融資を行い、ひいては所在国で上場する必要がある。中国企業が規約に違反する手段で大量の貸し付けや資本注入を得たものの、破産などで債務が返済できなくなった場合、所在国の銀行や金融機関などの債権者に重大な損害を与えることになる。そうなれば当然相応の道徳リスクが生じる。例えば、中国航油（シンガポール）の破産によって同社が扱う石油派生商品の取引は総額5億5,000万ドルの赤字になった。さらにその純資産が1億4,500万ドルを下回り、深刻な債務超過に陥ったため、債権者に多額の損失をもたらし、中国企業の国際的イメージも損なった。

　第四に、貿易におけるダンピングと補助である。2011年10月18日、ドイツSolar Worldの米国子会社が他の製造業者6社と共同で、中国の太陽光発電製品の「反ダンピングと反補助金」に対する調査申請を米商務省に正式に提出した。訴えによれば、中国の太陽光発電企業は米国市場で違法に多結晶シリコン太陽電池をダンピングし、中国政府は国内メーカーに対してサプライチェーン補助金や貿易障壁の設置などを含む違法な補助を行っているという。そのため米連邦政府に、中国からの太陽光発電製品に対し10億ドルを超える関税を徴収するよう求めている。この種の中国企業に対する反ダンピング、反補助調査に関するニュースは枚挙にいとまがない。輸出取引を行う際には、関係先の道徳リスクに注意が必要ということだ。

　一方、社会性道徳リスクとは、中国企業が沿線諸国で活動する際に、その国の社会や民衆に与える影響により引き起こされる道徳リ

スクであり、主に以下の三つである。

　第一に、沿線諸国の資源の消耗と環境汚染による自然リスクである。中国企業が「一帯一路」戦略に則って海外経営活動を行うことにより、現地の自然資源の過度な開発と廃棄物の大量廃棄で環境汚染を引き起こす可能性がある。この二つの行為は所在国の持続可能な発展能力を損ない、道徳リスクを招く。例えば2011年9月30日、ミャンマーのテイン・セイン大統領は自身の任期中に突如、ミャンマー電力部、中国電力投資集団、ミャンマーアジア世界公司からなる合弁会社が投資建設するミッソン水力発電所を凍結すると一方的に宣言した。その理由の一部はこの地域の生態バランスへの影響と環境破壊に対する配慮から出たものだ。またヨーロッパなどの国では環境保護、汚染制御に対する法律や基準が国内と比べてかなり厳しく、企業の設立、生産、販売、サービス、経営などの各段階に対しそれぞれ厳格な環境保護と排出規定が設けられている。そのため中国企業は関係国で海外経営を行う際、環境面の道徳リスクに特に気を付ける必要がある。

　第二に、文化と風俗の違いからくる道徳リスクである。中国は文化、風俗習慣および民族問題などで多くの「一帯一路」戦略関係国と違いがある。このために、企業は海外経営活動で同様に文化・風俗面の道徳リスクに直面する。この種のリスクを招く具体的な原因は、中国企業の海外経営が所在国の宗教や信仰活動の妨げとなる、現地の風俗習慣を尊重しないために所在国の住民による抗議やストライキに遭う、所在国の民族問題を激化させるなどである。

　第三に、企業活動が沿線諸国の住民生活に与える影響による道徳リスクである。中国企業の海外経営活動は往々にして現地住民の生産や生活に影響を与える。速やかに現地の人々と効果的なコミュニケーションを図れずに、適切な補償など与えられるはずもなく、やはり道徳リスクを招く。この種の道徳リスクの比較的典型的な事例は、中国・ミャンマーのレパダウン銅山事業である。2011年7月8

第三章　「一帯一路」の挑戦

日、中国水利水電建設（中国水電）は滞りなくミャンマー・モンユワのレパダウン銅山事業の建設請負工事を落札した。ところが翌年の11月18日から、数百人の現地農民と僧侶、権益保護者が銅山の作業区で抗議行動を始めた。工事現場付近に6つの臨時の野営地を設け、不当な銅山の立ち退き補償金、環境汚染、寺院の取り壊しなどの不満を訴えた。建設作業はすべて中止に追い込まれ、12月2日以降、アウン・サン・スー・チーを委員長とする調査委員会によるこの事業の全面的かつ入念な調査が行われた。2013年3月11日の最終報告では、レパダウン銅山事業が現在のような局面に至った主因は透明性の欠如にあり、ディベロッパーや現地住民および地方政府の間のコミュニケーションが不足していたと指摘。土地収用費用の安さと業務収益が十分に保証されていなかったことがデモにつながったとし、さらに土地収用手続きでの関係方面の説明不足と、外部組織や団体の介入が事態をエスカレートさせたとまとめた。報告ではまた環境保護、現地住民の生活補償、企業協力取り決めなどについて必要な改善を行うよう求めるとともに、ディベロッパーと現地で話し合いを行い、事業地の寺院を完全な形で移転させることなどを提案した。

## 3．個人レベルの道徳リスク

　中国経済の発展に伴い、海外に出掛ける中国人観光客が増加を続けている。個人で出国する中国人は中国の姿を伝える重要な「名刺」となっている。公式文書の中でも、観光分野の協力を強化し、観光規模の拡大を重要な任務とし、民心の通い合いの実現を図るとしている。こうした背景の下、中国の公民が「一帯一路」沿線諸国で文明的ではない行動を取れば、個人レベルでの道徳リスクを招き、「一帯一路」建設に影響を与えるだろう。同時に、「一帯一路」建設という使命を帯びて出国した建設関係者も、認識不足や不適切な作業方法によって、故意にしろ無意識にしろ民心の通い合いを阻害し、

現地の風俗習慣を十分に尊重できずに、道徳リスクを招くことになるだろう。

　以下、三つのタイプを挙げて、個人レベルの道徳リスクについてさらに詳しく述べたい。

　第一に、企業法人である。前述したように、「一帯一路」建設のプロセスで、企業は重要な役割を果たす。また企業法人は、企業として民事責任を単独で負うことができる、法人資格を得た社会経済組織であり、企業にとって極めて重要である。しかし、法人は利益の追求のために国家の政策を曲解し、「一帯一路」建設を自社の利を図るための道具としかねない。汚職行為や法律規定違反によって、道徳リスクを招く可能性がある。この種の法律違反行為は「一帯一路」建設に大きな支障をきたす。まず、不適切な資金の投入で、シルクロード建設の効果が大きくそがれる。同時に建設プロセスで、好ましくない連鎖反応を生んで、国内外の雰囲気を悪化させる。これは国内の腐敗撲滅要求と相反することだ。また域外からすると、中国に対するイメージが悪くなる。もしこの問題が速やかに修正されなければ、「一帯一路」沿線諸国に中国の戦略に対する疑念を抱かせてしまう可能性もある。そこに西側世界の宣伝が加われば、「一帯一路」の効果は大きく失われるだろう。

　第二に、ビジネス集団である。「一帯一路」建設の全面的な展開に伴い、元々ビジネスの経験がない多くの人間がこれを機に中国で商売をするか、あるいは本国で中国と取引したいと考えるようになった。公式文書の中で中国側は、各国企業が中国にきて投資を行うことを歓迎すると明確に述べており、「一帯一路」は対中投資の再ブームを起こす可能性がある。しかし、こうした投資家は中国語を理解できず、中国でのビジネスの経験にも乏しく、また小資本営業でリスク回避能力に欠けることも考えられる。そのため中国でのビジネスによって損をする可能性は排除できない。結果この種の人々は中国に対する共感があまり抱けず、中国にとって不利益な言論を

まき散らす恐れがある。またその国の人々も彼らの考え方に簡単に影響されて、中国を客観的に見られないかもしれない。従って、中国は中国国内でビジネスを行っている外国の友人に目を向ける必要がある。できる限り手続きや融資、マーケティングなどの手助けを行い、内外取引を発展させるとともに、中国のイメージ向上に努めなければならない。

　第三に、留学生グループである。留学もまた、国外の人々が中国を理解するための重要な手段の一つになっている。現在、「一帯一路」沿線諸国から訪れる留学生は、ほとんどの場合家庭環境が比較的恵まれている学生か、双方の政府の援助を受けている学生である。彼らは中国の文化を伝える上で重要な役割を果たしてはいるが、実際の効果は大幅に弱められている。学校生活で留学生は中国人学生の中に十分溶け込めているとはいえず、中国の文明を本当に理解することは難しいとみられる。留学生を介して中国のイメージを広めるというこのやり方は、あまり効果が望めないようだ。また、西洋思想に触れる機会が多い一部の留学生は、往々にして中国に対してあらかじめつくられたイメージを持ち、「中国脅威論」の影響を受けている。彼らはそうした固定観念を根本から改めることができず、あるいは理解を深めることも、問題の所在を見出すことも望んでいない。この問題の解決のために、中国は公式文書で、世界の各主要国との交換留学生の規模を拡大し、協力して学校運営を行い、沿線諸国に毎年1万人の政府奨学金枠を提供するとしている。これは中国が青少年人材を重視していることの表れであり、さらにいえば「民心の通い合い」に対する努力と試みでもある。一方で、留学は大学や専門学校の外国人学生だけに限定するべきではない。例えば、専門家や技術者だけでなく、現地の労働者や農民を招いて中国で技術を学ばせるなど、対象範囲を広げるべきだ。もし両国の一般の労働者の交流が拡大すれば、民心の通い合いを大きく促すことができ、「一帯一路」沿線諸国の発展にプラスになるだろう。

個人レベルの道徳問題の解決を促すためには、次の二つの面から取り組むべきである。

まず、沿線地域の華人と華僑のプラスの役割を生かし、孔子学院を利用して個人レベルの相互理解を促すことである。データによると、現在世界の華人・華僑の総数は6,000万人を超え、「一帯一路」沿線地域である東南アジア各国だけでも4,000万人以上に上る。経済力豊かで、科学技術力もあり、政治参加にも積極的である。また中国語メディアの影響力も、華僑による社会団体の力も強まっている。これらは現在の海外華人・華僑に見られる五大特徴である。「またとないチャンスの今、アジア特に東南アジアの華人商人は優位性を十分に発揮し、『一帯一路』建設に積極的に参与すべきだ」と国務院台湾事務弁公室の何亜非副主任は強調する。華人商人経済は次の五つの面で大いにその力を発揮できると思われる。一つ目が、産業の段階的移転と構造転換・高度化を推進すること。二つ目が、かつてない規模の相互接続インフラ建設の機会に参与すること。三つ目が、人民元のより幅広い使用を推進すること。四つ目が、海洋経済開発と協力を深化させること。五つ目が、科学技術と知力の支援ネットワークを構築することである[12]。華人・華僑のプラスの役割については、ここではこのぐらいにしておこう。一方の孔子学院は「一帯一路」を目的にして誕生したものではないが、客観的に沿線諸国の民心の通い合いにとって素地となるものだ。新たな時代背景の下、孔子学院は「一帯一路」と手を携えて歩み、補完し合うことができる。孔子学院は文明復興の時代の体現であり、中国の生き生きとした魅力を伝えるものでもある。古代シルクロードが蒔いた中国と沿線諸国との友情の種は、孔子学院という水が注がれて根を張り、芽を出し、「一帯一路」建設を経て花開き実を結ぶ。ともに議論し、ともに建設し、ともに享受する理念を掲げる「一帯一路」は、孔子学院とともに何代にもわたって受け継がれていくだろう。平和・協力、開放・包容、相互学習・相互参照、互恵・ウィンウィ

ンのシルクロード精神を大いに発揚することは、孔子学院の今後の発展にとって新しい原動力となり、個人レベルの相互理解を助け、個人レベルの道徳問題が生じるのを大きく回避させる。

　もう一つは、「一帯一路」の道徳リスクは中国の内部に端を発しているということである。これはつまり、中国は「一帯一路」建設で、人々との交流を重視し、対外開放のレベルを常に深化させ、国内改革を進め、中国に対する沿線周辺国家の理解を深め、真摯な姿勢で民心の通い合いを促し、責任ある態度で「一帯一路」建設における道徳リスクを解決しなければならない、ということである。まさに公式文書の中で指摘している通り、シルクロードの友好協力の精神を伝承・発揚し、文化交流、学術交流、人材交流と人材協力、メディア協力、若者と女性の交流、ボランティアサービスなどを幅広く展開し、二国間・多国間協力を深めるための堅実な民意基盤を築いていく。そして、これらの手段を通じて少しずつ道徳リスクを克服し、「民心の通い合い」の実現を図るのである。

---

① トクヴィル『論美国的民主（アメリカの民主政治）』第一巻、商務院書館1996年版、181頁。
② 孫壮志「"絲綢之路経済帯"構想的背景、潜在挑戦和未来趨勢（「シルクロード経済ベルト」構想の背景、潜在的試練と未来の趨勢）」、『欧亜経済』2014年第4号。
③ 許涛「中亜地縁政治変化与地区安全趨勢（中央アジアの地政学的変化と地域の安全保障の行方）」、『現代国際関係』2012年第1号。
④ 陳俊華「中東地縁政治新格局与伊朗核危機（中東の地政学の新たな局面とイラン核危機）」、『世界地理研究』2013年第3号。
⑤ 方天建、何躍「冷戦後東南亜地縁政治変化中的大国戦略調整述評（冷戦後の東南アジア地政学の変化における大国戦略の調整に関する解説と評論）」、『世界地理研究』2013年第9号参照。
⑥ 袁新涛「"一帯一路"建設的国家戦略分析（「一帯一路」建設の国家戦略の分析）」、『理論月刊』2014年第11号参照。
⑦ 董漫遠「"伊斯蘭国"崛起的影響及前景（「イスラム国」台頭の影響と見通し）」、『国際問題研究』2014年第5号。
⑧ 郭芳、謝瑋「"一帯一路"：新全球化時代的経済（「一帯一路」〜新グローバル化時代の経済）」、『中国経済周刊』2014年8月。

⑨ 国連の「2015年世界経済情勢と展望」報告を参照。

⑩ 欧州委員会、欧州中央銀行、国際通貨基金の三つを指す。

⑪ 魏加寧「警惕"一帯一路"戦略可能面臨的風険（「一帯一路」戦略が直面し得るリスクへの警戒)」、『21世紀経済報道』2015年3月11日。

⑫ 何亜非「華僑華人参与"一帯一路"建設大有作為（華僑華人は「一帯一路」建設に参加し大いに力を発揮しよう)」中国新聞網、2015年5月21日参照。

## ▶第四章

# 「一帯一路」建設をどう進めるか


　「一帯一路」をどのように建設するか。その鍵は「五通」の実現にある、と習主席は指摘している。すなわち、1．太平洋からバルト海、インド洋へとユーラシア大陸をまたがる交通幹線を建設する。2．貿易と投資を発展させる。貿易手続きを簡素化する。貿易規模を拡大し、その構造を改善して、ハイテク製品および高付加価値製品の割合を増やす。投資協力を強化する。3．通貨の流通性を高める。通貨交換を促し、貿易の自国通貨決済を行い、金融システムのリスク回避能力を強化し、国際競争力を高める。また、二本のシルクロード建設融資のための金融機関を設立する。4．政策の意思疎通を強化し、二本のシルクロード建設を利益共同体、運命共同体とする。5．人文協力を強化し、民心の通い合いを実現する、の五つである。また「ビジョンと行動」では、「五通」の内容をこう説明している。「沿線各国は保有資源がそれぞれ異なり、経済の相互補完性が強いため、互いの協力の潜在力と余地は大きい。政策の意思疎通、インフラの接続、貿易の円滑化、資金の融資、民心の通い合いを主要な内容として、以下の面で重点的に協力を強化する」

　この「五通」は、ヨーロッパ人がグローバル化を始めて以降の、主に貿易の円滑化と資金の融通に集中していた段階を越え、古代シルクロードの物々交換や文化融合の段階をも超えた。それは、政府、企業、社会にかかわり、物の流れ、資金の流れ、人の流れ、情報の流れを含む全方位的な交流とイノベーションを推し進めるものである。

199

「五通」の実現に必要なことは何か。それは理念の革新、理論の革新、方式の革新である。

大国の争いには、理念で打ち勝たねばならない。ともに協議し、ともに建設し、ともに享受する原則を掲げる「一帯一路」は、マーシャル・プランや対外援助、「走出去」戦略を超越したものだ。実施の過程でどのようにこの理念を終始徹底させて、21世紀グローバル化協力の新モデルを切り開くかが鍵となる。

中国の改革開放は現時点で世界最大のイノベーションである。「一帯一路」は全方位的な対外開放戦略として、経済回廊理論、経済ベルト理論、21世紀の国際協力理論などによって経済発展理論、地域協力理論、グローバル化理論のイノベーションを進めている。

だが「一帯一路」建設は、沿線諸国や地域の既存の協力の枠組みとどう共存、両立するかという問題に直面している。さらに域内外勢力から疑問を投げつけられ、妨害にも遭ってもいる。長期にわたる成果を確保し、素晴らしい事業を確実に成し遂げるためには、全く新しい方法で建設を行い、創造的に「五通」を実現させる必要がある。


# 一、理念の革新

理念で勝ることで、西洋を越えねばならない。ともに協議し、ともに建設し、ともに享受する原則を掲げる「一帯一路」は、マーシャル・プランや対外援助、「走出去」戦略を超えて、21世紀の国際協力に新たな理念をもたらすものである。

「一帯一路」建設計画は、目下の中国の国情と世界全体の発展状況とに立脚し、外貨準備の合理的な利用、国内産業構造の調整・高度化実現に新たな視点を提供し、内陸地域の潜在力を掘り起こし、経済成長の勢いを保つ新たな原動力を与え、平和で調和の取れた周

第四章　「一帯一路」建設をどう進めるか

辺環境を築く上で新たな方法を生み出す。また長期的には、中国が揺るぎない「三つの自信（理論への自信、進む道への自信、制度への自信）」を備え、責任ある大国のイメージをつくる上で、形の面でも信用という面でも支えとなるだろう。「一帯一路」は「新常態」下にある中国の経済社会の発展の必要に応え、これまでにない発展理念、協力理念、開放理念を反映したものであり、自国の発展、周辺環境の経営、国際的なアジェンダやルール策定への参与に対する中国の全く新しい姿勢を示したものである。

　では「一帯一路」が持つ理念の革新とはどういうものか。以下で具体的にみてみよう。

## １．多国間ウィンウィンの協力理念

　ウィンウィンの提携は、各国が国際的事務にあたる上での基本的な政策の方向性であるべきだ。習主席はかつてこう述べている。「われわれはここに改革を全面的に深化させる全体構想を進める。力を入れる点の一つは、より完全で、より活力ある開放型経済体制によって、国際協力を全方位的かつ多層的に発展させ、各国各地域との利益の一致、互恵・ウィンウィンを拡大させることである」[1]。「一帯一路」建設の提起は、沿線各国がともに発展に取り組み、ともにチャンスを分かち合うという素晴らしいビジョンにぴたりと当てはまる。そして、沿線各国とともにグローバル経済の後退に向き合い、発展の壁を乗り越えようという中国の決意と意志の表れでもある。中国は「ともに協議し、ともに建設し、ともに享受する」理念と、「運命共同体」「利益共同体」に代表される「共同体」理念とを相次いで打ち出し、多国間ウィンウィンという国際協力の新たな形を呼び掛けているのだ。

　「ともに協議し、ともに建設し、ともに享受する」理念の提起は、中国が「一帯一路」建設を通じて自国中心主義を進め、ユーラシア大陸を主導しようとしているのではないかといった、それまでの誤

201

った議論を打ち砕いた。「一帯一路」建設は平和五原則を基礎に、国連憲章に明記された趣旨と原則に従って行われる。まず、「ともに協議する」とは、すべての「一帯一路」建設において、自らがかかわる協力事項に対する沿線諸国の発言権を十分に尊重し、各国の利益関係を適切に処理することである。沿線各国はその大きさ、強さ、豊かさに関係なく、一様に「一帯一路」の平等な参加者である。積極的に策を提案することも、自国のニーズに基づいて多国間協力のアジェンダに影響を与えることもできるが、他国が選んだ発展の道に口出しすることはできない。二国間または多国間のコミュニケーションや話し合いを通じて、経済面の優勢相補を探り、発展戦略をリンクさせてもよい。次に、「ともに建設する」とは何か。「協議する」ことはつまるところ、それぞれが「一帯一路」建設に実質的に参加する第一歩にすぎない。これに続いて「走出去」の支援業務を一段と進め、さらに沿線諸国が資金や技術を導入して、人材の育成や自主発展能力の増強を図れるよう後押しする必要がある。この二つを成し遂げてこそ、「一帯一路」建設の成果を沿線諸国で確実に分かち合うことができる。

　一方の「共同体」理念は、互恵・ウィンウィンの協力観を新たな高みに引き上げたものだ。そこには中国の新指導部による外交理念の超越と昇華が十分に表れている。「ゼロサムゲーム」や冷戦思考はすでに過去のもので、「共同体」意識こそが国際協力に対する中国の新しい見方を的確に反映しているといえる。すなわち、一国の発展は他国の発展を損なうことで成り立つべきではないし、バランスの取れた発展はゼロサム的な発展の移行ではなく、イノベーションを基礎とするウィンウィンを完全に実現できる発展である、という考え方だ。「一帯一路」沿線諸国は経済発展に対して共通の要求を持ち、また平和五原則の下、コミュニケーションや交流を頻繁に行っている。加えて「一帯一路」自体が沿線のインフラ建設に重点を置いているため、交通や通信が円滑になれば「共同体」に同居す

る沿線諸国はさらに緊密に結び付くだろう。言い換えれば、「一帯一路」は沿線諸国の「共同体」意識の形成を促し、共同の、活力ある、調和の取れた発展の実現を後押しするということだ。

「一帯一路」建設は、沿線諸国の共同繁栄、地域経済協力の深化、沿線各国間の政治の相互信頼と善隣友好の促進に資するものである。また、中国内陸地区の開放を進め、陸海統一、東西互助の全方位的な対外開放の新たな枠組みをつくり出す上でも有益である。この共同建設にあたっては、沿線諸国とのこれまでの友情をよりどころに、かつその友情を深めながら、既存の協力メカニズムとプラットフォームを十分に活用する必要がある。そして、各当事者の利益と関心事を考慮し、沿線諸国の立脚点を結び付け、利益の一致点を広げ、すべての者が利益を得る新しい理念を積極的に打ち立て、政治関係の優位性、地理的つながりの優位性、経済相補の優位性を、実務協力や持続的成長の優位性に転換しなければならない。

## 2．かつてないほど包括的な開放理念

「一帯一路」の核となる理念は包容である。「一帯一路」の背景にある開放は、かつてないほど包括的な開放なのである。商務部の高虎城部長は雑誌『求是』の中でこう述べている。「『一帯一路』の共同建設戦略は、中国の全方位的な対外開放の新たな枠組みを切り開くものだ。『一帯一路』建設は、中国共産党と国家が全く新しい理念によって推進する新たな段階の対外開放である。国内と国外の相互協力、対内開放と対外開放の相互促進を助け、二つの市場と二種の資源の活用を促し、発展の可能性を切り開き、発展の潜在力を解き放つものだ。新しい段階の対外開放の包括性は、その『全方位的』という要求に凝縮されている」[2]

「全方位的な開放」は決して新しいテーマではない。1990年代初めに鄧小平が行った「南巡講話」が対外開放の第二の潮流の始まりである。中国共産党第十四回全国代表大会（1992年）の報告では、

対外開放の地域を拡大し、多層的で多ルートの全方位的な開放の枠組みを形づくることが示された。また続く第十五回大会報告（1997年）では、全方位的で、多層的で、幅広い分野の対外開放の枠組みを整え、開放型経済を発展させ、国際競争力を高め、経済構造の最適化と国民経済の質の向上を促すことを求めた。多くの辺境、河川沿線、内陸の省都がこれに従って開放され、1998年には「沿海から内地に至り、一般加工業からサービス業にまで及ぶ全方位的で、多層的で、幅広い分野の対外開放の枠組み」がほぼ出来上がっていた③。中国のWTO加盟後、対外開放は新たな高みへとさらに突き進んだ。中国はWTO加盟の約束事項を真摯に履行し、制度的開放への転換実現を目指し、対外開放政策の及ぶ地区をさらに増やしていった。政策実施から三十年余りが経った今、中国の開放型経済建設は豊かな成果を得たといえよう。しかし、国務院発展研究センターの研究によると、中国の対外開放レベルはなお世界の平均以下にとどまり、サービス貿易額や対外投資額も先進国と比べて大きな開きがあり、社会全体の開放レベルは決して高いとは言い難い④。過去の経験が示す通り、対外開放は時代の流れに沿って進めるものである。一方で開放レベルの向上は、「インダストリー4.0」時代のチャンスをつかみ、中国の戦略的チャンスの時期を維持し延長するために避けては通れない道である。

「全方位的で、多層的で、幅広い分野」がそれぞれ対外開放の地域、レベル、業種の範囲に対する要求であることは明白だ。「一帯一路」戦略によってつくられる「全方位的な開放体制」において、その重点はやはり長年にわたる各地域の発展の不均衡による矛盾や問題を改めることと、「新常態」下にある中国の経済要素を適切に地域に配分し、内陸（特に中部・西部）の市場潜在力を掘り起こすことにある。しかし同時に「全方位的な」開放体制の意図はこれにとどまらない。新たな段階の対外開放として、次の四つの面で「高度化」を実現することが求められる。

第四章　「一帯一路」建設をどう進めるか

　第一に、主体の開放である。「一帯一路」建設はまず、国情に立脚し、内陸地区の開放レベルの向上を重視し、漸進的開放の中で生じた不均衡の問題を改善する必要がある。対外開放を始めた当初は、国力も経験も足りず、対外開放を一気に実現することなどとても無理な状況だった。そのため経済特区から段階的に開放していく政策的開放の道を選んだわけだが、中国が得た大きな経済成果はこの策略なくしてはあり得なかった。だがこの策略は同時に、今日の中国における地域発展の不均衡を招いた過去の原因でもある。ゆえに「一帯一路」建設に求められることは、沿線と地方の積極性を全面的に引き出すこと、中でも中・西部の開放と開発が遅れた地区の積極性を引き出すことである。そしてその生産優位性を東部やシルクロード沿線諸国の市場ニーズと結び付けねばならない。また、「一帯一路」には参加メンバーの「身分」に制限がない。沿線諸国に対しても別の形で加わった国家や組織に対しても開かれたものであり、多角化経営を奨励し、政府、企業、民間による多層的な交流を呼び掛けている。

　第二に、対象の開放である。「一帯一路」はより広範囲にわたる国内、海外市場に向けた開放政策の確立を求めている。「一帯一路」は中国に端を発する世界最長の経済大回廊である。その建設には、まず「対内開放」を拡大する必要がある。すなわち、沿線各省が個々の経済建設に積極的に取り組み、うまく処理し、管轄地域内の建設プロジェクトをしかるべきところで実施し、国内のほかの地区との相互接続を実現しなければならない。また、「対外開放」を拡大する必要もある。すなわち、より数多くの、より多様なレベルの国々に向けて開放政策を実施するのである。中国が進める「一帯一路」建設は、いかなる国もひいきせず、排斥もしない。協力パートナーの選択肢はかつてない広さである。中央アジア、東南アジア、南アジア、西アジアさらにはヨーロッパの一部地域を貫き、東はアジア太平洋経済圏に、西はヨーロッパ経済圏に及ぶ。対象となる人

205

口は世界全体の63％を占める約44億人、経済規模は同じく29％の約21兆ドルに達する。従来の地政学的な地域の限界を超え、経由する国と地域は発展水準、民族、宗教、発展の歴史、文化背景などに大きな違いがある。中国政府は、沿線諸国以外の国々、国際機関、地域組織の建設的な参加を歓迎すると強く呼び掛けている。そしてその誠意を証明するべく、中国はこれまでに何度となく域外の国に「一帯一路」イニシアチブを詳しく語ってきた。またAIIBなどの付帯金融機関の建設計画については、金融業が発達した米国やヨーロッパ各国にわざわざ足を運んで状況説明に回った。より多くの国家や組織の力を取り込み、この偉大な事業にともに力を注いでほしいと考えてのことだ。

　第三に、相互作用形式である。開放は、二国間または多国間の経済の相互作用をよりよい形で実現するためのものである。貿易面では、「一帯一路」によって中国と沿線諸国をつなぐ交通や通信などのインフラ整備を重点的に支援し、沿線地域の物流効率を高め、二国間および多国間貿易取引の円滑化を図る。沿線地域の人々の消費水準を引き上げることで、さらに大きな消費市場を掘り起こし、持続可能な貿易取引モデルを形成することができる。投資面では、「一帯一路」はグローバル・バリューチェーンにおける中国の製造業の地位向上に寄与するはずである。中国企業の「走出去」の支援を続け、「引進来」に匹敵する相互作用が働くよう努力することは、「一帯一路」の包括的開放の重要な中身である。目下、中国の国際競争力は依然として労働集約型産業に集中しており、伝統産業の高度化改良、価値向上の余地は極めて大きいといえる。「一帯一路」建設によって、技術集約型産業と資本集約型産業に大量の注文書が舞い込むようになり、中国の技術集約型、知識集約型、資本集約型業界の国際競争力が急上昇して、国産化市場が飛躍的成長を遂げるであろうことは想像に難くない。過去十年、中国の輸出で最も急成長したのは船舶や自動車、通信設備、プラントであって、ローエン

206

ド加工後に「メイド・イン・チャイナ」のラベルを貼った消費財ではない。例えば、華為技術（ファーウェイ）や中興通訊の製品は発展途上国を中心に世界中に出回り、海外販売数はすでに国内のそれを大きく上回っている。「一帯一路」建設は沿線の発展途上国にとって工業化、都市化の新たなきっかけとなるものだが、そこには必ず付帯インフラ整備が必要となる。エネルギー、電力、セメント、鉄鋼、機械、交通、通信などを含むインフラ建設業界において、中国企業は中国の工業化、都市化建設のプロセスで資本、人材、技術、そして豊富なノウハウを蓄積してきた。その実力は国際競争の中でも際立っている。専門家の予測では、さほど遠くない時期に世界はインフラ建設のピークを迎えるという。中国にとってはチャンスである。中国はこの新たな戦略的チャンスの時期をつかみ、グローバル競争における新たな優位性を実現しなければならない。

　第四に、開放への意識である。中国は「一帯一路」建設を通じて、より包括的な対外開放とより包括的な実務協力を行うことを提唱し、国際協力に新風を吹き込んだ。これまではこうした大規模な経済ベルト建設が動き出しても、往々にして主導国は一方的な輸出を主とすることで自国の利益が損なわれないようにしてきた。だが「一帯一路」建設では、中国は内政不干渉の原則を守り、矛盾や衝突を生みかねない旧式の方法には走らず、「与隣為善、美美与共（隣人とよしみを結び、尊重し合い、相手の文化を賛美する）」を成し、共同発展の実現を目指す。また「一帯一路」は、中国が自国中心主義をとらないこと、自分たちの意志を人に強いたりしないことを強調している。沿線諸国が自国の発展の強みと需要とを率直に語ることを歓迎し、沿線諸国の自己革新能力向上と国同士の誠実なコミュニケーションにより成立した効果的な協力とを支援する。イニシアチブは中国が提起したものではあるが、「一帯一路」建設において中国は「前面に出ず」に、沿線諸国の平等な話し合いによって関連プロジェクトの合理性と実現性を確保するべきだろう。さらに、「一

207

帯一路」建設は沿線諸国同士の「五通」、すなわち政策の意思疎通、インフラの接続、貿易の円滑化、資金の融通、民心の通い合いの実現にかかっている。「一帯一路」を滞りなく推進するには「民心の通い合い」を重視しなければならない。それには沿線諸国と地域が運命共同体を築くことを遠大な理想と目標とすることが求められ、沿線地域の人々がより豊かな包容力で文化と価値の共有を実現させ、実体経済の連携と建設のために精神的支えを与え、発展への信念を築くことが求められる。中国は積極的に公共財を提供し、国際的責任を積極的に担い、沿線諸国と地域の互恵・発展に向け取り組んでいく。そして自由と平等の理念を胸に他国の立場に立って考え、包括的な開放理念を発揚し、人々の心を近づけるのである。

## 3．バランスの取れた協調的な発展理念

対内と対外の二つの政策の方向性を含む「一帯一路」は、中国政府の国内発展政策と外交政策との有機的な結合である。バランスの取れた協調的な発展理念もこの二つの方向性に非常によく反映されている。

まず、「一帯一路」は国内各地域のバランスの取れた発展を重視する。

改革開放から三十年余りの間に、中国国内の経済建設は世界が目を見張るほどの成果を挙げてきた。だが発展の不均衡という問題が中国の「さらなる進歩」を妨げる足かせとなりつつある。新世紀の始まりとともに、中国は統一的かつ協調的な地域発展を目標とした西部大開発戦略の実施を推進。続いて中部台頭戦略と東北振興戦略計画を進めた。顕著な成果を挙げたものの、これらの戦略の対象となった内陸地区にはなお多くの貧困層が存在し、社会と経済の発展が抱える根深い問題はいまだ適切な解決策が得られていない。漸進的開放政策下の「落ちこぼれ」であり、また自然立地、交通事情、経済基盤、市場化レベルなどの制約もあって、内陸地区の優位資源

第四章　「一帯一路」建設をどう進めるか

と市場潜在力を合理的に開発することは決して容易ではない。グローバル化時代において、内陸地区の競争は明らかに劣勢に立たされており、沿海部の発達地区との差は大きく開いたままだ。

　地域発展の不均衡は国全体の社会と経済に深刻な影響をもたらしている。その一つは、地域間の利益の矛盾が目立つことである。内陸地区はいまだ資本蓄積が不十分で、逆に資金、人材、資源の流出と生態環境の悪化による影響を早くから受けてきた。地域発展のチャンスが不平等であるために、発展水準の差はなくなるどころか広がっている。その代償に見合うだけのフィードバックや補償を得ることもままならない状況だ。直ちに手を打たねば地方の経済建設の積極性にマイナスとなる可能性がある。もう一つは、地域間の発展の格差がひとたび社会の許容範囲を超えれば、社会問題を招いて社会の安定と団結を損ないかねないということだ。内陸地区は国の発展に「後から作用する力」を蓄えている。豊かな自然資源と人材を国家建設のために提供できる能力と、いまだ手つかずの広大な市場空間とを持つが、その開発には安定した社会環境が必須である。地域発展の格差は人々の社会に対する共感を低下させ、社会の調和を乱すことにつながる。大規模な発展計画を国が策定し実施する際に直面する制御不能な要素が、格差に伴って増えていく。

　目下、内陸地区のさらなる発展の足を引っ張る大きな要因は、開放レベルが低いことと、産業構造が不合理で高度化が難しいことである。「シルクロード経済ベルト」の建設は、陸上の開放ルートを広げ、中部・西部地区の開放型経済発展に直結する窓口を開くことに力を注ぎ、当該区の開発と住民の増収につながる新たな活力を注入しようというものである。現地経済の新たな成長と社会の新たな発展を促し、市場化プロセスを推進し、地域発展の不均衡がもたらした一連の問題の改善を目指す。同時に、「一帯一路」が作用する地域を、国家発展戦略リストに一括で盛り込まれた「京津冀協同発展」や「長江経済ベルト」戦略と互いにリンクさせることで、各地

209

域のインフラ整備を完成し、地域間相互接続プラットフォームを構築する。それにより内陸地区は「借船出海（他者の船で海に出る）」、すなわち沿海地区の外向型経済による長期発展の経験とルートを活用して、沿海地区さらには海外市場のニーズに応えられるようになる。そればかりか、内陸各省の発展構想をも刺激し、その土地に応じた優位資源を開発して、産業の発展水準と企業の競争力の向上、旧式生産能力の淘汰、産業構造の高度化促進のための方法を見つけられるようにもなる。

　次に、「一帯一路」は、沿線諸国の経済成長を牽引し、グローバル経済の協調的発展を促すことに尽力する。世界経済の発展プロセスでは、ある国が豊かになっていく一方で、ある国は長く困窮し立ち遅れるというマタイ効果が等しく見られるが、こうした局面は長くは続かない。過去の経済危機と金融危機の影響は今もまだ尾を引いているが、「インダストリー4.0」時代の到来に伴って、先進経済体と発展途上経済体のいずれも時機をつかむ必要に迫られており、開放的な姿勢で経済復興のきっかけを探っている。特に発展途上経済体は基盤が弱く、資金、人材、技術が相対的に不足しており、外部からの支援をより一層必要としている。ユーラシア大陸を横断する「一帯一路」沿線には発展途上国が多い。習主席はこの点についてこう述べている。「水漲船高、小河有水大河満（水位が上がれば船の高さも上がる。小川に水があってこそ大河が満たされる）。みなが発展してこそみなを発展させることができる。各国は自国の発展を求めるにあたり、ほかの国との共同発展を積極的に促し、その発展の成果をより多く、よりよい形で各国人民と分け合うべきだ」⑤。こうした精神に基づき、中国は「一帯一路」建設を通じて改革による発展の恩恵を分かち合い、またその発展の経験と教訓を生かして、沿線国同士の協力と対話の実現を図り、より平等でバランスの取れた新型グローバル発展パートナーシップを築き、世界経済の長く安定した発展の基盤を固めていく。

第四章 「一帯一路」建設をどう進めるか

## 二、理論の革新

　「一帯一路」建設における、ともに協議し、ともに建設し、ともに享受するという理念の下、中国指導部は内外の情勢を踏まえて理論面で重大な革新を成し遂げた。それは主に経済発展分野と地域協力分野においてである。これら革新的理論に従って、中国は「引進来」と「走出去」をよりしっかりと結び付け、世界との融和に際し、中国の発展の恩恵を分かち合い、それにより開放的かつ平等に世界各国との共同発展と互恵・ウィンウィンを実現しようとしている。さらに、中国の経済発展理論と地域協力理論の革新は従来の経済理論と地域協力モデルを超えるとともに、「均衡、包容、調和」の理念によって現行のグローバル化プロセスに深く影響を与えている。これら理論上の先駆的試みはこれまでにない発展構想を世界に提示し、グローバルな相互接続の早期実現を後押ししている。

### １．経済発展理論
　中国共産党第十八期中央委員会第三回全体会議で「一帯一路」を重要国家戦略に引き上げて以降、中国の指導者は歴史の伝承を基礎に、経済協力を軸として、開放的かつ包括的に「シルクロード」建設を陸上と海上で同時に進めてきた。陸上については、北方に始まり、沿線のロシアや中央アジアさらにはヨーロッパにまで波及する「シルクロード経済ベルト」建設と、中国の西部・南部地区の発展を牽引するべく、南アジアや東南アジアに深く入り込み善隣友好を促す「経済回廊建設」とがある。この経済回廊とは主に「中国・パキスタン経済回廊」や「BCIM経済回廊」、北東アジア地域の繁栄と安定を保ち、伝統的な友好関係を強固にする「中国・モンゴル・ロシア経済回廊」である。「シルクロード経済ベルト建設理論」と「経済回廊建設理論」の二大経済理論は陸上シルクロード建設の革

211

新的指針となっている。同時に、海上シルクロード建設と足並みを
そろえて進められ、その「包括性、開放性、革新性」によって沿線
諸国で広く受け入れられている。「一帯一路」における経済発展理
論の建設とは何か。それは革新性によって従来の経済学理論を超越
し、中国の発展の恩恵を分かち合うとともに、周辺国家にも波及さ
せ、各国の積極性を引き出し、国家間の利益の奪い合いや貿易障壁
を回避しようと努めるものである。そして、地域間の長期的、継続
的な経済協力のために効果的なプラットフォームを構築し、最終的
には沿線諸国の共同参加と対等な協力を通じて、政治をともに議論
し、経済をともに繁栄させ、文化をともに調和させる新たな道を共
同で建設する。

　「一帯一路」戦略における経済発展理論の革新は、主に「陸上シ
ルクロード」の建設プロセス、すなわち「シルクロード経済ベル
ト」建設と「経済回廊」建設に具現化されている。両者は異なる地
域に焦点を当てながら、国家レベルの統一的指導の下で同じ方向を
目指し、中国の対外開放の新たな枠組みを共同で切り開くものだ。
域外資源を頼みとする牽引から世界との相互接続へと、さらなる責
任感を持ってグローバル化プロセスにかかわり、「ともに協議し、
ともに建設し、ともに享受する」発展理論を確かに実現させて、ユ
ーラシア大陸の共同発展と互恵・ウィンウィンを促進する。

## （1）「シルクロード経済ベルト」建設

　習主席は2013年9月、訪問先のカザフスタンで「シルクロード経
済ベルト」という偉大な戦略思想を提起し、同国のナザルバエフ大
統領から賞賛と支持を得た。その中身について習主席は、これは一
種の「革新的協力モデル」であると説明。さらに「五通」の建設、
すなわち「政策の意思疎通、インフラの接続、貿易の円滑化、資金
の融通、民心の通い合い」を打ち出した。このことから、「シルク
ロード経済ベルト」によって新たな成長モデルの構築を図り、「非

排他性」の原則と開放・包容の姿勢で各国の幅広い参加を歓迎していることが分かる。また、従来の経済協力モデルにおける「超国家行為主体」の基準という縛りをなくし、相互接続の実現を基礎として互恵・ウィンウィンの関係を築こうという意図がうかがえる。

「経済ベルト」の概念は地域経済協力モデルの革新である。中国・モンゴル・ロシア経済回廊、新ユーラシア・ランドブリッジ、中国・中央アジア・西アジア経済回廊、BCIM経済回廊、中国・インドシナ半島経済回廊、海上経済回廊などは、経済成長拠点から周辺へと波及させるという点で、従来の開発経済学の理論を超越している。

「シルクロード経済ベルト」登場の背景には、国内外の深刻な状況がある。その中の内部発展についていえば、数十年の改革開放を経て、中国の東部地区、特に沿海地域は極めて大きな発展を成し遂げた。社会的富は手厚く、人材の蓄積も十分、対外交流が盛んで、開放レベルも高い。しかし、これと極めて対照的なのが西部地区だ。政府は「西部大開発」戦略に力を入れてはいるが、やはりその内陸型という地理的配置が企業誘致や資金導入を難しくしている。そのために開発水準が低下し、インフラ整備も進まず、大量の地方人材が東部・南部に流出してしまうなどの苦境に陥り、開放レベルは東部にかなりの後れを取っている。各種「経済回廊」建設を含む今回の「シルクロード経済ベルト」建設は、まさにこの窮地を一変させるためのものだ。西部地区を中央アジア、南アジア、東南アジアさらにヨーロッパとつながる要衝として、内陸に属するだけだったその地位を対外開放の最前線へと押し上げることで、東部と西部の発展の格差を縮め、中国の全方位的な対外開放戦略を遂行する。一方の外部情勢は、米国のアジア回帰戦略の提起に加え、日本が地球儀外交を実施したことで「中国脅威論」が勢いを増し、アジア太平洋地域において中国は圧力や排斥から逃れられない状況にある。こうした中で提起された「シルクロード経済ベルト」思想には、中国側の誠意が反映されている。それは、中国は絶対に覇を唱えず、各国

と誠実に成果を分かち合うということだ。中国が台頭すれば「トゥキディデスの罠」になるのではないかという各国の懸念を解消したいとの思いもある。また、西側世界では金融危機により先進資本主義国家の経済成長が鈍化したが、反対に多くの発展途上国は力強い成長を見せている。「シルクロード経済ベルト」の登場は中国がこれら新興の発展途上国との関係を深め、自国の経済成長の新たな推進力を探すことにもつながる。

　中国が打ち出した「シルクロード経済ベルト」の概念は、これまでに登場した各種「経済区」や「経済同盟」とは性質が異なる。これらの二つと比較して、経済ベルトは柔軟性が高く、適用範囲が広く、実用性に優れているのが特徴だ。どの国も平等な参加者であって、任意参加と協調推進の原則に基づき、古代シルクロードの包容の精神を発揚するものである。対象となる地域は、主に東アジアからヨーロッパの沿線諸国で、東アジア、中央アジア、西アジアなど数多くの地域を経由する。「シルクロード経済ベルト」は包括的、開放的なものである。従って、組織や機関の設立に関してEUなどのように統一ルールを策定して各加盟国にその遵守を強制する政策とは全く異なる。沿線各国が持つ独自の文化と制度の優位性を生かすことを主張し、発展水準が異なる国同士が、融通し合い補い合って、「経済ベルト」の建設にともに参加することを提唱している。当面は、まず沿線のインフラ建設を強化し、交通輸送網を整備し、資本と労働力の自由な移動を円滑にすることだろう。そして点を面へと広げる形で、エネルギーや金融など重要分野の協力を実現して、徐々に「五通」を完成させるべきだ。ここで注目すべきは「中央アジア地域」である。その重要な地政学的配置と豊かな自然資源とから、「シルクロード経済ベルト」建設プロセスでも重点に置くべきだろう。2013年、中国と中央アジア諸国は戦略的パートナーシップを結んだ。さらにSCOの存在によって、双方の経済・政治協力はイデオロギーの面で統一を図れるようになった。中央アジア諸国の

第四章 「一帯一路」建設をどう進めるか

戦略的優位性を十分生かすために、中国と中央アジア諸国がエネルギー分野での協力を深め、道路、鉄道、通信、電力などのインフラ建設の協力を強化することは必然の流れであろう。中でもインフラ整備は、第二ユーラシア・ランドブリッジの建設と実施にとって深い意味がある。

　「シルクロード経済ベルト」建設は、その革新性によって経済発展の中身を充実させ、開放的、包括的な姿勢でユーラシア大陸の共同発展、共同富裕の推進に大きな役割を果たすものだ。そこには時機を見極め、現実を見つめ、時代の変化に対応するという理論の本質と中国の姿勢が反映されている。


## （2）「経済回廊」建設

　経済回廊が最初に登場したのは、1996年にフィリピンのマニラで開かれた第八回GMS経済協力閣僚級会議で提起されたGMS協力メカニズムである。一つの特殊な地理的エリア内で生産、貿易、インフラを結ぶメカニズムを指し、主に交通回廊の拡充によって、経済的利益を高め、つながった地域や国との間の経済協力や発展を促進するものである。「越境経済回廊」の建設で求められるのは、複数の国家が近隣の地域の中で個々の資源や固有の優位性を生かして補い合い、インフラや貿易投資、産業、観光などで協力することである⑥。中国による「経済回廊」建設は、「シルクロード経済ベルト」建設と相互に補完、協調する付帯的取り組みとして、東アジア、北東アジア、東南アジア、南アジアさらにはアフリカ北部の国家を緊密に一つにつなげ、さまざまな地域や国家と経済貿易協力を深め、事業取引を展開することで、一部を全体にまとめ、その「開放性・包括性」と「全体性」によって経済発展の新たな局面を切り開き、地域間の経済協力にこれまでにない視点とモデルとを提供する。

　「一帯一路」の方向に従って、陸上では国際大ルートを基幹とし、沿線の中心都市を柱とし、重点経済貿易工業団地を協力プラットフ

215

ォームとして、さまざまな国際経済協力回廊を共同で構築する。具体的には、北東アジア、東南アジア、南アジア、中央アジア地域で個々の現状に基づき、その土地に適した形で、個別の「経済回廊」モデルをつくる。中国・モンゴル・ロシア経済回廊やBCIM経済回廊、中国・パキスタン経済回廊、中国・中央アジア・西アジア経済回廊、中国・インドシナ半島経済回廊などがその主なものである。経済回廊ごとに具体的な付帯的取り組みや政策手順の違いはあるが、その理念は一貫している。すなわち、「ともに協議し、ともに建設し、ともに享受する」理念と、包容・開放、非強制の原則である。これは調和と共生の経済革新モデルといえる。

　中国の「全面的戦略協力パートナー」、「全面的戦略パートナー」として、ロシアとモンゴルは良好かつ安定した中国との協力基盤を持つ。その背景の一つには、三カ国が経済構造の中でもとりわけエネルギー分野における相互補完性が強いことが挙げられる。2014年5月、10年余りに及ぶ交渉の末、中国とロシアは30年間を期限とする天然ガス供給協定の最終合意にこぎつけた。年間380億立法メートルのガス供給によって、中ロ関係はさらに一歩近づいたといえる。ロシア側からしても、ウクライナ問題勃発による西側の制裁に加え、自国の石油価格下落やシェールガス革命の影響もあって、中国とこの協定を締結することで新しい市場を開拓する必要があった。同様にモンゴルもロシアのエネルギーに大きく依存しており、もし中国・モンゴル・ロシアの三カ国でガス供給管の共同建設が実現されれば一つの大きな進歩になるだろう。もう一つの背景として、この三カ国が隣接し、兄弟のような親密な関係にあることから、必然的に経済貿易が盛んで、政治でも頻繁に会談が行われていることが挙げられる。さらに、三カ国は東アジア、北東アジアひいてはアジア全体の平和と安定を守る上で極めて大きな役割を果たしている。中国が打ち出した「中国・モンゴル・ロシア経済回廊」計画はその高度な開放性と適応性から、この地域にすでにあったロシアの「ユ

ーラシア経済連合（EEU）計画」やモンゴルが主張する「草原シルクロード」と符合し、補い合うことができる。三者による統一市場の創設や、貿易の円滑なネットワーク構築にプラスであり、地域の安定維持と経済統合推進に大きく作用する。

「BCIM経済回廊」建設は、東アジア、南アジア、東南アジアを一つに結び付けるものである。最初に取り上げられたのは2013年、李克強首相のインド訪問時である。バングラデシュ・中国・インド・ミャンマー地域協力フォーラムを踏まえた経済回廊の共同建設を中印両国が提案。この呼び掛けはほどなくして他の関係国の同意と称賛を得て、四カ国の合意に至った。2012年の中国共産党第十八回全国代表大会後、中国は外交分野での周辺国家の役割を重視し、「与隣為善、以隣為伴」と「睦隣、安隣、富隣」とを堅持し、「親、誠、恵、容」の理念を体現してきた。「BCIM経済回廊」はまさにその中国の周辺外交理念を具現化したものといえよう。経済回廊建設によって、例えば労働力、資本、技術、情報などの地域内の生産要素の自由な移動が促されるが、それと同時に中国側は一視同仁の姿勢で、どの国もその強弱や大小にかかわらず経済回廊建設に参加する権利があると主張している。それは地域内の発展の格差を縮め、共同繁栄と平和と安定の実現を期待してのことだ。加えて「BCIM経済回廊」の建設は、中国の西南部地区の対外開放レベルを高め、雲南省をはじめとする西南部の省と南アジアや東南アジア諸国との関係を強化することにつながる。それにより東西の発展の格差を縮め、中国の改革開放プロセスをさらに深化させ、中国共産党第十八期中央委員会第三回全体会議で採択された「決定」における内陸部の開放推進に関する決定を実現することができる。

2013年初め、中国はパキスタンの「グワダル港」の運営をシンガポールから引き継ぐことに同意した。同年5月の李首相によるパキスタン訪問をきっかけに、双方が会談後に発表した「全面的戦略協力の共同声明」では、「中国・パキスタン経済回廊」共同建設の

217

主な目的は新疆からパキスタンに至り、そこからインド洋に入る陸上ルートを開通させることにあるとしている。今のところ、両国の経済貿易は好調で、中国は第二の貿易パートナーと第四の輸出先として良好な関係を保っている。加えて両国には相互接続建設ですでに一定の交通輸送インフラの実績がある。「経済回廊」建設の基盤は整っており、大いに将来性があるといえる。両国は戦略協力を引き続き深め、互いの経済貿易取引や人的交流を推進し、エネルギーをはじめとする基幹分野での協力を進めるべきである。そして既存の相互接続の水準をさらに高めて、新疆を含むパキスタンまでの回廊沿線の地域経済の繁栄と発展を牽引することが求められる。

### （3）海上シルクロードの経済発展理論

　「中国文明にも海洋遺伝子はかなりあった。ただ大陸遺伝子によって長く抑制されただけのことだ」[7]。現代社会では、「海洋」が外交における新興分野の一つとなった。内陸から海洋への進出は以前から必要な選択ではあったが、「21世紀海上シルクロード」理論の提起に伴い、中国も徐々に陸の外交から海の外交へ、「大河」から「大海」へと乗り出し、積極的に海上能力をはぐくみ、海上での実力を増し、周辺諸国との海洋関係を発展させている。このことは周辺諸国との海洋領有権をめぐる争いに対処するためだけでなく、よりよい形で世界と融和するための必然の要求でもある。

　「21世紀海上シルクロード」の重点的な方向は、中国沿海部の港湾から南シナ海を通ってインド洋に至り、ヨーロッパまで延伸するルートと、同じく南シナ海を通って南太平洋に至るルートである。途中で経由する地域には東南アジア、南アジア、西アジア、北アフリカなどと南太平洋地域が主に含まれ、海上シルクロードの沿線諸国は緊密に一つに関係づけられることになる。例えば、中国は目下、中日韓FTA交渉を始動させたほか、ASEANとのFTAのグレードアップや、協力ルートの拡大、地域統合プロセスの推進に取り組ん

でいる。また、海上シルクロードもその高度な包括性で陸上シルクロードと足並みをそろえており、「一帯一路」は内部と外部を兼ね備え、海と陸を結び付けながら、中国の改革開放のさらなる深化と、ユーラシア大陸さらには世界の平和と安定、繁栄と発展とを推進している。

　中国は世界最大の貿易国であるが、非同盟政策を守り、海上の覇者である米国との新型大国関係構築を打ち出した。このため中国には、21世紀における海洋協力の新たな理念を提案し、例えばコンセッションや港湾の共建・共有などの方式によって海運、物流、安全保障の協力モデルを刷新し、海上シルクロードと陸上シルクロードをリンクさせることが求められる。「21世紀海上シルクロード」は「21世紀」に重きを置いている。それはつまり、中国が従来のグローバル化のリスクを効果的に回避する方法を探り、「人海合一」、調和と共生の持続可能な発展という新型海洋文明を創始しようという表れにほかならない。拡張、衝突、植民地化という西側列強の古い海洋進出のやり方に走ろうとも、また米国と海洋覇権を争う悪の道に進もうとも考えていないということだ。

　「21世紀海上シルクロード」は同時に、中国の「21世紀海洋協力の新理念」を反映している。例えば、コンセッションや港湾の共建といった方法を提案するなど、この新理念は海運協力モデルの革新を主張している。21世紀を強調する理由で際立つのは、中国の海洋協力理念の革新性と時代性である。すなわち中国は、海洋植民地を拡張することで覇権を確立した、かつての西側の古いやり方に走るわけではない。中国が提唱するのは平等、誠実、特恵・ウィンウィン、持続可能な発展という平和の道である。2014年6月の中国・ギリシャ海洋協力フォーラムで李首相が示したように、「中国側は世界各国とともに歩み、海洋事業の発展によって経済発展を牽引し、国際協力を深め、世界平和を促し、平和と協力と調和の海洋を築くべく努力することを望んでいる」のである。

219

以上に述べた「シルクロード経済ベルト」、「経済回廊」および
「21世紀海上シルクロード」の創建を含む経済理論の革新は、いず
れも順風満帆とはいかないだろう。建設を進める中で域内外勢力の
影響を受けることは必須だからである。例えば、中国の各省が「一
帯一路」という同じ車に相乗りし、盲目的に各種計画を乱発すれば、
計画が重複して大量の人的、物的資源を浪費することになる。また
国際社会では、米国の「新シルクロード計画」や、EUの「新中央
アジア戦略」、トルコが提唱する「テュルク語諸国協力評議会（テ
ュルク評議会）」など各国が各種政策を打ち出しているが、これら
はどれも関連地域が一致しているため、「一帯一路」実施に一定の
影響を及ぼすと考えられる。加えて西側諸国の吹聴と誤解により、
中国の台頭に伴って「中国覇権論」や「中国脅威論」などが次々と
飛び出し、各国とりわけ周辺諸国の中国に対する政治的信頼がかな
りの程度で損なわれ、理論の革新的実施に悪影響を及ぼした。だが
中国は、道は曲がりくねっていても、その先に必ず光があると信じ
て進むしかない。

　中国が「一帯一路」建設で提起した各種経済発展理論、そこに共
通するのは理論自体の開放性と包括性である。中国自身は提唱者と
して建設を引っ張るだけで、統率者の地位を求めることは決してな
い。理論政策自体の「非排他性」ゆえに、いかなる国家も自由意志
の原則に基づき、上記の各種建設に平等に参加することができる。
そして互いの協力と交流によって、中国の改革開放の恩恵を分かち
合い、中国の責任ある大国としての務めを実感し、互恵・ウィンウ
ィン、共同発展を実現することができる。ここでより重要な点は、
中国が提起したこうした数々の経済発展理論が、その「開放性」、
「包括性」、「互恵性」によって従来の地域経済協力モデルを打ち破り、
ポスト金融危機時代にあって経済発展のスピードが鈍化した各国に
新しい発展構想を提示したことである。すなわち、「超国家機構や
拘束メカニズムを設けるのではなく、各国の利益を尊重した上で、

第四章 「一帯一路」建設をどう進めるか

下から上へのごく自然な融和と相互作用を追求する。それにより世界経済の枠組みをさらに合理化し、域内各国の経済の安全を保障する。経済協力によって政治や文化の交流を後押しして、安定した国家関係と相互信頼によって経済の共同繁栄と進歩を促すのである」[8]。

## ２．地域協力理論

　これまでに述べた、「シルクロード経済ベルト」、「経済回廊」、「21世紀海上シルクロード」を含む数々の経済発展理論はどれも、「一帯一路」建設における地域協力と密接な関係がある。それぞれの地域同士の提携や統合も上記の経済理論の下で展開されるものだ。古代シルクロードは、歴史の中で東アジアからヨーロッパへ至る陸上交通の大動脈を築き、中国を中央アジア、西アジアさらには南ヨーロッパの広大な地域と一つにつないだ。それぞれの地域はシルクロードを介して貿易を行い、沿道は栄え、衝突や対立もなく、穏やかに交流をはぐくんだ。その包括性によって地域協力の促進に極めて大きな役割を果たしたといえよう。同時に、この道は古代中国文化、ペルシャ文化、アラビア文化そしてギリシャ文化を強く一つに結び付け、文化交流の懸け橋となった。そして今、中国が提唱する「一帯一路」が網羅する範囲は、古代シルクロードに勝りこそすれ決して劣ることはない。東はアジア太平洋から西はヨーロッパまで、その広大な地域を舞台に「一帯一路」建設を進めれば、そこは必ずチャンスと挑戦で満ちあふれる。さらに革新的な地域協力のモデルや考え方は地域内の紛争解決や協力の新たな局面を切り開く上で、大きな役割を果たすに違いない。

## （１）地域協力の原則

　「一帯一路」の地域協力において、中国側は「相違の調整と協力の促進、共同発展、互恵・ウィンウィン」の地域協力原則を堅持するとしている。「一帯一路」は対象範囲が広く、民族国家が多いた

221

め、さまざまな歴史問題や宗教問題、領土紛争を抱えている。また地域内の国家の多くは地政学的優位性が際立つことから、域外の大国が何とかしてその地にかかわり、自国の勢力範囲を広げて主導権を確立しようと目論んでいる。こうした複雑な問題が絡み合えば相違が生まれることはどうしても避けられない。だが中国にとって、地域協力は永遠のテーマであり、こうした相違が地域協力の障害となるべきではないし、またなってはならない。

　実際の行動では、中国側は相互尊重を前提に、対等な交流という方法で、相違から目をそらさずに共同で対応し処理することを徹底している。これを基礎に、互いの共通の利益を常に追求し、それを拡大することで相違による影響を取り除き、「共同発展、互恵・ウィンウィン」の地域協力目標を実現しようとしている。そして、世界の地域経済統合の流れに合わせ、商品、資本、労働力などの生産要素の自由な移動を進めていく。

　中国が提起した地域協力原則は、内政に干渉せず、勢力範囲の拡大や主導権の確立を求めないという特徴を反映している。「一帯一路」共同建設を周辺沿線諸国と進める中で中国側が求めるものは、互いの恩恵を分かち合い、利益をともに生み出すことである。以下、中米関係を例に、両国の相違を処理する際に中国の地域協力原則がどう機能するかを具体的に示してみよう。「一帯一路」がかかわる中東や中央アジアなどの地域は、その豊富なエネルギーや鉱物資源と特殊な地政学的優位性とによって、米ドルの主導的地位や米国の覇権と密接に関係している。そのため米国はこの地域での覇権確立に力を入れており、中国が中東や中央アジアを「一帯一路」の対象に組み入れれば、両国間の対立を招くことは必至である。目下、米国はアジア回帰政策によって、TPP交渉を進め、高い敷居や高い基準を設けることで中国やロシアを締め出そうとしている。同盟国とともにアジア太平洋地域での経済主導権を強め、この地域における中国台頭の影響の弱体化を図っている。また一方では、「新シル

第四章 「一帯一路」建設をどう進めるか

クロード」計画を打ち出し、アフガニスタン、パキスタンおよびイ
ンドを経由してインド洋へ南下するルートを中央アジア地域に開拓
し、中央アジア諸国を中国への依存から脱却させようと試みている。
こうした米国の種々の動きに対し、中国側は誠意をもって適切に対
応している。習主席はオバマ大統領との米カリフォルニア州サニー
ランズでの会談で、中米新型大国関係すなわち「衝突せず、対抗せ
ず、相互に尊重し、協力してウィンウィンになる関係」を打ち出し、
21世紀の新しい中米関係をともに築くことを提案。さらにこの理論
で中米の争いの解決を図りたいと持ち掛けた。理論という側面から
いえば、まず中国の「一帯一路」政策は強い開放性と包括性を備え、
地域内にすでに存在する多くの計画や機関とリンクさせることがで
きるため、本質にかかわる深刻な矛盾を生むことは決してないはず
である。従って、「一帯一路」計画と「新シルクロード」計画にも
平和共存の余地がある。次に、中米両国は多くの分野で共通の利益
を持っている。例えば、両国は「GMS協力」のエネルギー交流分
野ですでに一定の成果を挙げているほか、中東地域の平和維持、イ
スラム過激派組織（ISIS）への攻撃、イラクやアフガニスタンの安
全と安定、エネルギー輸送の安全確保の面でも共通の利益がある。
中国側はこれらの共通の利益を踏まえ、積極的に中米協力や争いの
仲裁を進めている。「一帯一路」建設でも、責任ある態度で、米国
と対等かつ誠意ある意思疎通を図り、互いの協力を最大限促して、
地域の繁栄と安定のためにともに努力していく。

## （2）地域協力の具体的な内容と特徴

　2013年9月、カザフスタンのナザルバエフ大学での演説で「シル
クロード経済ベルト」建設を提唱した際、習主席は「点から面へ、
線から面へと広げ、段階的に地域の大協力を形づくる」という計画
目標を掲げた。さらに「政策の意思疎通、インフラの接続、貿易の
円滑化、資金の融通、民心の通い合い」の「五通」を打ち出したが、

223

この「五通」の裏には、「一帯一路」建設プロセスにおける、地域協力の主な内容と具体的な特徴が示されている。

2014年11月、中国共産党第十八期中央委員会第三回全体会議で採択された「改革の全面的深化における若干の重大な問題に関する中共中央の決定」の中に、「シルクロード経済ベルトと海上シルクロードの建設を推進し、全方位的な開放の新たな枠組みを形成する」ことが正式に盛り込まれた。これはすなわち「一帯一路」建設が正式に中国の重要戦略になったことを意味している。その内容についていえば、「一帯一路」建設はその長期性と複雑さゆえに、簡単に成功させることは不可能である。実際の必要性を整理した上で、各国の要望を把握し、必要に応じて分配し、一歩ずつ進める必要がある。実際の実施プロセスでは、次の複数の面から着手するべきである。まず第一に、道路や輸送パイプライン、通信、情報などのインフラの整備である。一帯一路が及ぶ地域は広大で、その中でも中央部の多くの発展途上国はインフラ整備が行き届いていない。具体的には、道路の輸送環境が悪く、安全面に多くのリスクを抱え、情報の伝達に支障が生じたり、通信ネットワークの範囲が狭いためにうまく伝送されなかったりといった問題がある。またインフラの整備はすべての相互接続を実現する土台である。従って、インフラの提携を「一帯一路」建設における地域協力の切り口とすることは、合理的かつ必然的といえる。第二に、インフラの整備を土台として、互いの理解を深め、政策の意思疎通を強化し、さまざまな自由貿易圏の構築を図るとともに、域内にすでに存在する各種戦略目標と合わせて、地域協力の緊密さとレベルを引き上げることである。この一連の過程で中国は、地域協力の一致点をさらに探り、国ごとの必要に応じて個別の企業協力やエネルギー協力を実施するべきであろう。例えば鉄鋼産業のような中国国内の過剰生産産業を外部移転するなど、対象国の経済発展と繁栄のために努力する必要がある。と同時に、「一帯一路」建設をより着実に実行するために、中国は協

第四章 「一帯一路」建設をどう進めるか

力レベルの引き上げを図るとよいだろう。例えば、中国・ASEAN自由貿易圏のアップグレード版を打ち出したり、中央アジア諸国と自由貿易圏の設置を試みたり、アフリカ北部の国家やその他の沿線諸国を協力のレールに乗せたりといったことである。第三に、「五通」を実現させる過程で、東アジア、南アジア、東南アジア、中央アジア、西アジアさらにはヨーロッパを対象とするユーラシア大陸クラスターを段階的に築くことだ。そのクラスター内での労働力、資本、通貨などの生産要素の自由な移動を実現し、スムーズな交通輸送網や情報協力ネットワーク、科学技術交流ネットワークを構築し、貿易障壁を減らして、経済貿易協力を強化することで、調和の取れた安定した真の共同体を築き、共同繁栄、共同発展、共同進歩の実現を図る。以上の「三段階」は、筆者が中国の地域協力建設の段取りを示すために考えたおおよその計画にすぎない。実際の実施に際しては実情を踏まえ、時間や場所、条件に応じて修正していく必要がある。だが確かな点は、地域協力の促進において、中国は常に安定性と持続性の統一を図り、着実にゆっくりと推進し、互いの理解と交流を深めることによって、喜びも悲しみも分かち合う「共同体」を「五通」実現の過程でつくり上げる、ということだ。

地域協力の強化を経て段階的に「一帯一路」目標を実現するプロセスで、中国指導部は国際社会にこれまでにない視点を提供し、自分たちの特徴を存分に示してみせている。それは第一に、積極性である。改革開放を発展させるにあたり、中国がまず採用したのが「引進来」戦略である。すなわち「ただ乗り」という形で国際資源に頼ることで自国の経済発展を引き出すものである。続く「走出去」戦略は国外市場をより一段と利用することで、中国の改革開放レベルをさらに深化させた。現在、中国のGDPは日本を上回り、世界第二位に躍り出た。だがそのために国際社会から中国は今後どんな行動に出るのだろうという疑惑の目を向けられるようになった。今こそ中国政府は積極的に前へ出て、「引進来」と「走出去」を結

225

び付け、自分たちの発展の恩恵を周辺沿線諸国と十分に分かち合い、大国の責任を担い、国際社会に向けて風格を示し、可能な限り各国の懸念を取り除き、さまざまな「中国脅威論」に対処すべき時といえる。積極的に「引進来」と「走出去」を結び付けることで、国内外の二つの市場、二つの資源をより効果的に活用して、自国の改革開放を深化させるとともに、各地域との協力を推進することができるはずだ。第二に、全体性である。中国は地域協力の推進プロセスで、「点から面へ、線から面へと地域大協力を促す」という方針に従っているが、この順を追って進めるやり方は、空間の違いや時間の差ごとの中国の政策手順を示している。これは過去の網目状の発展モデルとは異なる棒状構造であり、この構造はさまざまな行為主体をより全面的に取り込み、その協力の活力と原動力を十分に刺激することができる。さらに、以上で詳述した地域協力の内容から、「一帯一路」はインフラ分野の相互接続に限ったことではなく、これを切り口として一歩ずつ深く、全面的に実行していくものであることが分かるだろう。経済貿易、科学技術、人文などより多くの分野で全面的な協力を進め、すべての分野において「ともに協議し、ともに建設し、ともに享受する」新型地域協力モデルを打ち立てるのである。第三に、実務性である。中国は「一帯一路」地域協力の推進プロセスで、「求真務実（現実を見つめ実務に励む）」を一貫した原則としている。すなわち国内、国外の二つの次元から、実情を踏まえ、着実に推進するということだ。国内についていえば、改革開放によって東部の開放レベルが西部よりはるかに高くなってしまった。そのため西部地区を要衝とする「一帯一路」建設であれば、東西の発展格差を効果的に解消し、西部地区の対外開放レベルを高め、東西の二大地区で連携して開放を推進するという好ましい状況をつくることができる。では国際社会についてはどうか。まず中国の実務性は、各国の実情の把握に表れる。各国の必要に応じて分配し、自身は国際的責務を十分に担い、地域内の調和を深め、国同士

第四章 「一帯一路」建設をどう進めるか

の発展格差を解消し、共同発展と共同進歩を追求する。また、各地域と協力を進める中で、中国はその地域の大国と適切な関係を図れるだけでなく、他の国にも配慮することができる。相違が生じた国については、中国の利益を守ることを前提に、相手の合理的要求を十分考慮して、平等、誠実、率直に問題解決に向け努力する。地域内にすでに存在する地域組織や地域計画に関しては、協力の中で政策面での連携が図れないか探ることも可能だ。これらすべてに平等、実務性の特徴が見て取れる。

このように、地域協力の原則、内容、特徴から、中国の地域協力理論を詳述したが、これは開放・包容、平等・誠実、互恵・ウィンウィンの姿勢を反映したものであり、国同士、民族同士、地域同士の協力を探る上で一つの新しい考え方と一種の新しい形式とを提示している。中国は地域協力のプロセスで、互恵・ウィンウィン実現のために地域同士が行う協力を支援していく。また中国と協力する地域に対しては、自国の政策を踏まえた上で周辺外交における「睦隣、安隣、富隣」政策を堅持し、「与隣為善、以隣為伴」と「親、誠、恵、容」の理念で各種問題に取り組み、中国周辺外交のアップグレード版をつくり、協力の実現と発展を促していく。同時に中国は、覇を唱えず、他の国が覇を唱えることも認めず、自らが地域の主導的地位を確立することも求めない。平和的台頭の道を歩むことを堅持し、自らの国際的責務を担うものとする。実際の業務において、中国は各国との間の各種交流や協力を平等に行い、互いを尊重し、互いを理解して、その合理的な利益の要求に耳を傾け、地域協力の中の「五通」実現を積極的に推し進める。また、経済発展の考え方と一致する点を挙げれば、地域協力においても中国は「一帯一路」の主導者でも指導者でもなく、あくまで提唱者にすぎないということだ。大きな包容力をもって、各国の積極性を引き出すよう努め、自由意志の原則に従って「一帯一路」建設に参加するよう各国に呼び掛け、地域協力実現のためにともに貢献していく。これもま

227

た中国の「一帯一路」建設における「非排他性」の典型的な表れといえる。

## 3．グローバル化理論

　現在はグローバル化の時代である。とりわけ経済のグローバル化を主とする、生産、貿易、金融、企業取引のグローバル化は豊かな富をもたらした一方で、一連の問題も生んだ。中国が提起した「一帯一路」政策は、経済発展と地域協力という二つの革新的発展構想によって、グローバル化の過程で生じる数多くの問題解決に大いに役立つものだ。言い換えれば、「一帯一路」の多くの考えは、グローバル化のプラスの効果をより発揮させることができるとともに、従来の統合建設の考え方を超越し、グローバル化時代のウィンウィンの提携を追求することができる。目下、「グローバル化によって、例えば『世界の多極化』、『グローバル・ガバナンスにおける権力の分散化』、『国際問題の多元化』、『地域統合メカニズムの構築加速』など数多くの問題が起きている。実のところ、『一帯一路』共同建設はこうした問題解決と密接な関係があり、適切に推進できれば、よりよい形でのグローバル化の進展に極めて大きなプラスの効果を発揮するはずだ」[9]。具体的には、「一帯一路」建設のグローバル化理論における先駆的な取り組みは、主に利益共同体、運命共同体、責任共同体の構築、そして均衡、包容、調和の三大理論特性に表れている。

　「一帯一路」建設は共同発展という大局に立脚しているため、対象となる沿線地域の共同体構築は欠くことができない。この点は中国のグローバル化理論における重要な革新の一つである。2014年4月のボアオ・アジアフォーラム開幕式で、李首相はこう呼び掛けている。「共同発展という大きな方向を堅持し、アジアの利益共同体を結成しよう。融和的発展という大きな枠組みを構築し、アジアの運命共同体を形成しよう。平和的発展という大きな環境を守り、ア

第四章　「一帯一路」建設をどう進めるか

ジアの責任共同体をつくり上げよう」。中国の「一帯一路」建設は、グローバル化時代における国同士の関係の緊密さに大きく立脚している。「一蓮托生」の共同体意識を根付かせ、安全保障にかかわる課題にともに取り組むよう各国に呼び掛け、共同発展と共同進歩を実現するものだ。「利益共同体」とは、各国の間の利益が程度こそ異なるが一致することである。各国は共通の利益を求めるにあたり、常に相違を減らし、利益によって協力を促して発展を図り、それによって互恵・ウィンウィンを実現するべきである。「運命共同体」とは、グローバル化が急速に進展する今日、ごく一部の動きが全体を左右するほど各国の運命が強く一つに結び付けられていることを指す。どの国もその大きさや豊かさ、強さにかかわらず人類全体の運命に責任があり、従って国ごとの制約をなくして、各国が平等に共同体構築のプロセスに参加できるようにすべきである。では「責任共同体」とは何か。現在、国際社会が抱える数多くの問題は、環境問題や非従来型の安全保障の問題など国や国境という枠を超えており、一国の力だけでは解決が困難になっている。これはすなわち各国に対応の責任が求められるということであり、互いの意思疎通や連携を強化し、イデオロギーの束縛を捨て、心を一つにして課題に取り組む必要がある。「一帯一路」建設の実際の業務において、共同体構築は「五通」の指針の下、自発的に沿線諸国との経済協力パートナーシップを発展させ、政治の相互信頼、経済の融合、文化の包容という利益共同体、運命共同体、責任共同体をともにつくり上げるものである。

　「一帯一路」建設の重要な考え方の一つは、すなわち点から面へ、部分から全体へと広げ、グローバルな発展という大きな視野に立脚していることだが、グローバル化と異なる点は、グローバル化のプラスの効果を最大化させつつ、そのリスクを可能な限り回避することをより重視していることであり、全く新しい発展構想を人類に提供している。「一帯一路」建設で地域統合を行う際、すなわち部分

229

から全体へと広がる過程で、均衡、包容、調和の三大特性を特に強く反映させている。一つ目が、均衡である。グローバル化時代に顕著な一つの事象に、先進国が発展途上国から常時資源を奪い取っていることが挙げられる。しかも発展途上国の市場を独占し、「豊かな国はますます豊かに、貧しい国はますます貧しくなる」状況を引き起こしている。「一帯一路」の「均衡」とはまさにこの状況に焦点を当てて打ち出されたものだ。均衡とは一国が富を独占すべきではないということである。真の発展は、協調推進、共同富裕であるべきであり、自らの発展の恩恵を世界各国と分かち合い、すべての国の貧富の差を解消しなければならない。例えば、「一帯一路」政策の提起後に設立された400億ドル規模のシルクロード基金は、中国が大国としての責任を負い、国際社会のバランスの取れた発展を促し、自らの発展の成果を世界と分かち合うという姿勢をまさに形にしたものといえる。二つ目が、包容である。グローバル化の発展には統合プロセスの加速が必ず伴う。統合は地域の繁栄に大いにつながるが、多くの弊害ももたらす。EUを例に挙げると、欧州債務危機によって、EUの制度設計の欠陥が表面化した。統合が生んだ超国家的なメカニズムとルールに縛られ、各国の実情に配慮することが難しくなってしまったのだ。欧州中央銀行主導の下、ユーロ圏全体の固定為替相場政策により自国の為替レート手段を失った加盟国は、欧州統合の中に身を投じるしかなく、単一の通貨政策と加盟国ごとの政策のずれとが矛盾を生んだ状態にある。包容は、こうした統合のジレンマをかなり改善できる。すなわち統合プロセスでは、加盟国ごとの文明の特色、発展の特徴、資源や制度が持つ優位性に一段と目を向ける必要があり、統合建設に極力一元化しなければならない。この点は従来の「超国家的」な特性を超越しており、新時代の統合建設に新たな視点を提供したといえる。三つ目が、調和である。「一帯一路」建設のプロセスで中国は、「調和」の旗印を高く掲げ、「一帯一路」建設を中国が提唱する「調和の取れた世界」の

理念と結び付けることで、国際関係の民主化の実現、人類の恒久平和と共同発展の実現を図っていく。

「一帯一路」建設はグローバル化の側面で、経済発展理論と地域協力理論における数多くの考え方を大いに参考にして、世界のグローバル化と統合が加速する今日、地球規模の問題解決につながる優れた手本を提供している。もし「一帯一路」沿線の60数カ国、40億人以上の人々の積極性を限りなく引き出し、共同体意識を受け継いで、均衡、包容、調和の世界環境の構築を図ることができれば、従来の統合とグローバル化プロセスを超え、地球規模の問題解決を促し、世界の急速な発展と共同繁栄のために活力を注ぐことができるだろう。


# 三、方式の革新

現在までのところ、「シルクロード経済ベルト」に関する主な内容は、習主席によるカザフスタンのナザルバエフ大学での演説とSCO加盟国元首理事会第十三回会議でのあいさつ、2015年3月28日に国家発展改革委員会、外交部、商務部が共同で公表した「シルクロード経済ベルトと21世紀海上シルクロードの共同建設推進のビジョンと行動」の中に示されている。習主席のカザフスタンでの演説で注目される点は、中国の対中央アジア政策の「四つのなすべき原則」、「シルクロード経済ベルト」の「五大支柱」、SCOの実務協力実施に関する五つの具体的取り組みである。この中でインフラの接続は基礎であり、貿易の円滑化は本質的内容である。

「四つのなすべき原則」とは何か。中国と中央アジア諸国が、代々にわたる友好を保ち、仲睦まじいよき隣人であること、互いに支え合い、誠実で信頼できるよき友人であること、実務協力強化に力を入れ、互恵・ウィンウィンのよきパートナーであること、より

広い心とより広い視野とで地域協力を進め、光輝く新たな未来をともに創ることの四つである。これをまとめれば、四つの「なすべきこと」は四つの「堅持」に対応している。すなわち、開放・協力の堅持、調和・包容の堅持、市場運営の堅持、互恵・ウィンウィンの堅持である。

では「シルクロード経済ベルト」戦略構想の「五大支柱」とは何か。

第一に、政策の意思疎通である。「一帯一路」が滞りなく推進できるか否かは、沿線諸国との間の高度な政治の相互信頼にかかっている。逆に経済の相互作用による依存度は、国同士の関係の調和に新たな原動力を提供し続けるだろう。友好的な対話と話し合いによって、各国は経済発展の戦略と対策について協議し、「求同存異（違いを残しつつ、一致点を求めること）」を図るとよい。政策の対立とその他人為的な協力の壁とを取り除き、地域協力推進の計画や取り組みを協議して策定し、政策、法律、国際合意を沿線の経済融合を推進する護衛とするべきだ。そのため、政府間協力を強化し、多層的な政府間によるマクロ政策の意思疎通・交流メカニズムを積極的に構築し、利益の融合を深め、政治の相互信頼を促して、協力の新たなコンセンサスを得ることが、「一帯一路」建設の重要な保障となる。沿線各国が経済発展の戦略と対策について交流や連携を十分に進められるように、地域協力推進の計画や取り組みを共同で策定し、協力面での問題を話し合いで解決し、実務協力と大型プロジェクト実施に共同で政策支援を提供する。シルクロードに関する組織やフォーラムを立ち上げ、ハイレベル協議を行ってもよいし、あるいは、中国共産党中央党校（党幹部の最高養成機関）でシルクロードのワークショップやセミナーを開いて、「一帯一路」沿線諸国の中級幹部クラスの交流に学習の場を提供してもよいだろう。

第二にインフラの接続である。これは次の四つに大別される。一つ目は交通インフラである。この中でも主要道路や主要中継点、重

第四章　「一帯一路」建設をどう進めるか

点事業については、寸断された区間を優先的に整備し、ボトルネック区間は改良し、道路安全防護施設や交通管理施設を付帯完備して、交通事情の改善を図る。一元化された全行程の輸送調整メカニズムの構築を進め、国際通関や積み替え、複合輸送の有機的な接続を促し、互換性と規範性を備えた輸送ルールを徐々に構築し、国際輸送の円滑化を実現する。二つ目は、通関地のインフラである。水陸連絡輸送ルートを開通させ、港湾の共同建設を進め、海上航路や運行回数を増やし、海上物流の情報化協力を強化する。また、民間航空の全面協力プラットフォームとメカニズムを拡張し、航空インフラの水準向上を加速させる。三つ目は、エネルギーのインフラである。石油・ガスパイプラインなどの輸送ルートの安全を共同で確保し、越境電力や送電ルートの建設を進め、地域送電網の高度化・改造協力を積極的に行う。四つ目は、越境光ケーブルなどの通信幹線ネットワークである。国際通信の相互接続水準を引き上げ、情報シルクロードを開通させる。また、二国間の越境光ケーブルなどの建設を加速させ、大陸間海底光ケーブル建設プロジェクトを計画し、空間（衛星）通信ネットワークを整備し、情報交換と情報協力を拡大する。中国はインフラ建設先行の発展の道を歩んでいる。開放レベルを高め、良質な投資環境をつくり出し、周辺地域の経済成長と住民の増収を牽引する上で、道路、通信、エネルギー、電力などのインフラの完備が極めて重要であることは、これまでの実績が証明している。インフラの相互接続は間違いなく「一帯一路」建設の優先分野である。中国と「一帯一路」沿線諸国のインフラの相互接続水準は相対的に遅れている。これは一つには自然条件の制約による。地形など建設環境が複雑で、工事数量が多く難度が高いために、巨額の資金を投じる必要がある。もう一つには、メンテナンスが行き届かないために、基幹ルートに総じて欠陥や断裂が見られることが挙げられる。また、建設技術が低いために、接続しようにもニーズに応えられないケースもある。「インフラの接続」を行うにはすなわ

233

ち、「一帯一路」建設プロセスで中国のインフラ関連産業の生産能力を活用し、先進技術、優秀な人材、実践経験の優位性を生かして、陸上と海上のシルクロード沿線諸国に開放の道、発展の道、富に至る道を敷設する必要がある。インフラの接続を成し遂げるには、沿線各国が力を合わせ、連携を深めて、交通と物流の大ルートを切り開き、バルト海から太平洋、中央アジアからインド洋やペルシャ湾へとつながる交通輸送回廊を開通させねばならない。道路、鉄道（高速鉄道）、海運、電力、通信、エネルギーなどのインフラ接続は中国と「一帯一路」沿線諸国とを立体的につなげ、「ハード」によってシルクロード協力の長期的かつ効果的な運用を保障するだろう。

　従って、「一帯一路」建設の基礎事業とは何かと問われれば、それは関係国の主権と安全保障への関心を尊重した上で、沿線諸国がインフラ建設計画と技術標準体系の連携を強め、国際基幹ルート建設を共同で推進し、アジアの各サブ地域およびアジア・ヨーロッパ・アフリカをつなぐインフラネットワークを徐々に形成することである。当然そこには、環境に配慮したインフラのエコ・低炭素建設と運用管理とが求められ、建設中も気候変動の影響を十分考慮して、グリーン・シルクロードを築く必要がある。

　第三に、貿易の円滑化である。対外貿易はいわば、その国の対外開放のレベルと質とを計る測定器である。従来の貨物貿易については、速やかな政策の意思疎通という土台があってはじめて、「一帯一路」沿線諸国が他国の発展構想をより全面的に理解し、関連国の産業構造や発展段階、貿易特性を合理的に分析することができる。さらにいえば優位資源を重点的に開発し、競争優位産業を育て、比較優位を生かすこともできる。サービス貿易も対外貿易の重要な構成要素であるが、その円滑な取引は関連国とどれだけ政策協調を図れるかにより一層かかっている。情報化時代の到来に伴い、それまで人員の移動だけであったサービス貿易も、電子商取引や関連サービスを含むとてつもなく大きな体系へと高度化した。法律、政策、

234

第四章 「一帯一路」建設をどう進めるか

国際協力合意などの形式で協力を固定化し、政策協調の結果を着実に遂行し、インフラの相互接続によって便利になった物流を十分活用して、自然や人間が生み出した貿易障壁をさらに取り除き、各種生産要素が国境を超えて流通することに伴うリスクを軽減しなければならない。そうしてこそ沿線諸国は貿易構造を最適化させて、「量」と「質」の両方を高めることが可能になる。シルクロード経済ベルトの総人口は30億人近くに上る。唯一無二の市場規模と市場潜在力を誇り、貿易・投資分野での各国の協力ポテンシャルは極めて大きいといえる。各当事者は貿易・投資の円滑化問題について検討し、適切な措置を講じ、貿易障壁を取り払って、貿易と投資のコストを引き下げるようにすべきだ。そうすることで地域経済の循環速度と質を上げて、互恵・ウィンウィンを実現することができる。

　投資と貿易の協力は、「一帯一路」建設の重点内容である。投資と貿易の円滑化を進め、障壁を取り払い、二国間投資保護協定や二重課税回避協定の話し合いを強化し、投資家の合法的権益を守り、地域内と各国に良好なビジネス環境を整え、積極的に沿線諸国や地域と自由貿易地圏を設け、協力ポテンシャルを刺激して引き出し、協力の「パイ」を大きくすること。これらが努力目標である。

　第四に、資金の融通である。仮に経常収支と資本収支で各国が自国通貨による換金や決済を実現すれば、資金流通コストを大幅に抑えることが可能になり、金融リスク回避能力を高めることも、当該地域経済の国際競争力を高めることもできる。「一帯一路」建設は中国と沿線諸国の金融安全保障にとって新たな転機となるだろう。金融は現代の経済発展における中核であると広く認められている。「一帯一路」関係国は国際決済に域外国の通貨を使うことがほとんどだ。沿線諸国の融資ニーズに応え、重大プロジェクトの多国間協力と建設を支援するため、「一帯一路」は「シルクロード基金」や地域内の多国間機構による開発投資銀行の資源を活用し、SCO銀行連合体などの資源を動員・調整することで、沿線諸国との金融協

235

力の革新と深化を図る必要がある。同時に、「一帯一路」は自国通貨による決済と通貨スワップの拡大を提唱している。これは関係国で投資や貿易活動を行う際の為替リスクと決済コストを下げ、経済活動における金融リスクを分担する通貨セーフティーネットを関係国がつくることにつながり、さらには各国が自国の金融の安全と経済利益とを守る能力を高めることにもなる。

　このため、「ビジョンと行動」では資金の融通について次のように指摘している。「資金の融通は『一帯一路』建設の重要な柱である。金融協力を深め、アジアの通貨安定システム、投融資システム、信用システムの構築を進める。沿線諸国の二国間通貨スワップと決済範囲、決済規模を拡大する。アジアの債券市場の開放と発展を推進する。AIIBや新開発銀行の設立準備を共同で進め、SCO融資メカニズム構築について関係当事者で話し合いを行う。シルクロード基金の設立と運営を加速させる。中国・ASEAN銀行連合体やSCO銀行連合体の実務協力を深め、シンジケートローンや銀行与信などの方式で多国間の金融協力を展開する。沿線国政府と信用格付けの比較的高い企業および金融機関が中国国内で人民元建て債権を発行することを支援する。条件に合致する中国国内の金融機関と企業が、国外で人民元建て債券と外貨建て債券を発行することを許可し、調達した資金を沿線諸国で使用することを奨励する。また同時に、金融監督管理協力を強化し、二国間の監督管理協力に関する了解覚書の締結を進め、地域内に効率的な監督管理協調メカニズムを段階的に構築する。リスク対策と危機対応の制度配置を整え、地域性金融リスクの警告システムを構築し、越境リスク対策と危機対応の交流協力メカニズムをつくる。信用調査管理部門や信用調査機関、格付け機関との国の枠を超えた交流や協力を強化する。シルクロード基金や各国のソブリン・ウエルス・ファンドの機能を十分に活用し、商業性投資ファンドやソーシャル・ファンドが『一帯一路』の重要プロジェクト建設に共同参加するよう働き掛ける」

第四章　「一帯一路」建設をどう進めるか

　第五に、民心の通い合いの強化である。「一帯一路」建設は、善隣友好の協力精神を大いに発揚し、教育、文化、観光などの分野で人文協力を展開し、文化交流によって包容・開放理念の形成と普及を推進し、文化の融合を促し、文化の共感をはぐくむことで、沿線諸国との協力深化のために内なる原動力を提供する必要がある。近年、中国と沿線諸国の政府および民間とのコミュニケーションがかなり活発になっており、人文協力の効果がはっきりと表れてきている。中国はこれまで通り「シルクロード精神」の伝承と発揚に努め、友好協力を提唱し、沿線諸国の人々の心を近づける。それは協力を深めるための強固な民意の基盤となるだろう。中国と沿線諸国の人文交流と人文協力には大きな余地がある。具体的な取り組みの一部はすでに上層部の話の中で取り上げられている。例えば中国は今後、沿線諸国向けの政府奨学金の定数を増やすほか、沿線諸国の関係者が中国で研修を行う際に助成する意向だ。また、国際交流年や芸術祭などの活動を沿線諸国と交互に実施。観光プロモーション協力にも力を入れるという。

　現時点では「シルクロード経済ベルト」は相対的に抽象的な構想であるといえよう。その対象となる地理的範囲、協力分野や協力メカニズムの段取り、具体的な実施方法、実施ステップと目標などをすべて速やかに具体化して、国際社会のコンセンサスを得なければならない。

　幸いなことに、「一帯一路」建設は以下の点についてはすでにコンセンサスを得られている。単一資源や原材料取引の制限を超えること。二国間を手始めに、沿線諸国への経済投資と割合を増やし、より多くの公共財や公共サービスを提供する必要があること。排他性を避け、開放性と包括性を強調し、二本の「シルクロード」建設における利益の一致点がどこにあるかを周辺諸国と正確に探り、互恵・ウィンウィンの原則を徹底し、周辺諸国と利益共同体を築くこと。ソフト面の環境づくりで消費者の相互信頼を高め、企業インタ

237

ラクティブや文化教育分野の人材交流・人材交換を実現すること、である。

これに対応する協力分野には次のようなものがある。インフラの相互接続。貿易の円滑化実現と貿易方式の革新。直接投資の奨励、投資分野の拡大による現地住民の雇用機会の拡大。金融協力の強化、貿易の自国通貨決済の推進。エネルギー協力の強化、エネルギー産業の採掘、加工、付加価値能力の向上、エネルギー輸出入の多元化の実現。人文交流。生態環境保護。

五大支柱に対応する五つの具体的な取り組みとしては、以下のことが挙げられる。

1) 融資の提供：中国は友好国にインフラ建設のための借款を行う用意があることを、アジア、アフリカ、南アメリカなどの発展途上国に表明する。

2) 関税の減免：中国と友好関係にある後発発展途上国に対し、一部製品の関税減免優遇措置を実施し、互いの貿易の繁栄を促す。

3) 人材育成：中国は発展途上国の各分野の人材育成のために、研修・研究機関を現地に設立し、留学生に政府奨学金などを提供することで、現地経済の真の発展を促していく。

4) 援助の増加：農業、食糧援助、教育訓練、衛生、クリーンエネルギーなどの多くの分野で発展途上国向けの支援を行う。金融危機下でも援助を減らさず、兄弟国と協力して目の前の困難に立ち向かう。

5) 債務の解消：金融危機以降、中国は自国の困難を乗り越え、アジア・アフリカ・ラテンアメリカの発展途上国への無償援助、無利息の借款、優遇借款などの援助を続けてきた。

「シルクロード経済ベルト」は多国籍経済ベルトに属し、その将来的な目標は地域協力の新モデルを構築することである。では「シルクロード経済ベルト」と従来の地域協力モデルとの違いは何か。従来の地域協力とは、互恵となるよう貿易・投資を調整し、関税政

第四章　「一帯一路」建設をどう進めるか

策を一本化し、その後超国家的機構を設けることで深化を実現する
ものである。一方、「シルクロード経済ベルト」は高い目標を定め
ず、当面主に貿易、交通、投資の分野で協力するものであり、将来
的に関税同盟を設けることもない。「経済ベルト」は「緊密型の統合
協力組織」ではなく、既存の地域制度のあり方を破壊するものでも
なく、もっといえば実践的かつ柔軟な経済協力措置である。

　「一帯一路」建設推進に関する初の作業会議で、国務院の張高麗
副総理はこう強調した。「『一帯一路』建設は広大な体系的事業であ
る。重要事項を際立たせ、広い地域をつなぎ合わせ、力強く順序立
てて効果的に推進し、この建設業務が好スタートを切れるようにす
る必要がある。ともに協議し、ともに建設し、ともに享受する原則
を堅持し、積極的に沿線諸国の発展戦略とリンクさせねばならない。
重点目標を見極め、陸上では国際大ルートを中心に、重点経済貿易
工業団地を協力プラットフォームとして、複数の国際経済協力回廊
を共同で構築する。一方海上では重点港湾都市を拠点に、安全で高
効率な輸送大航路の開通をともに目指す。計画を強くリードし、長
期目標や任務、当面の業務を結び付け、業務に対する具体的な指導
を強化しなければならない。重点プロジェクトを把握し、インフラ
の相互接続を突破口に『一帯一路』建設推進の基本的役割と模範的
効果を発揮させる必要がある。また、投資と貿易を滞りなく行うた
めに、円滑化推進に力を入れ、地域内に良好なビジネス環境を整え、
海外協力工業団地建設を進め、地域経済のウィンウィンの提携とい
う発展の新たな枠組みを築いていく。金融協力の開拓については、
柱となる強力な投融資ルートの確立を急ぎ、『一帯一路』建設の資
金確保を強化する。さらに、人文交流促進のために、古代シルクロ
ードの友好と協力の精神を伝承・発揚し、『一帯一路』建設の民意
基盤と社会基盤を固める必要がある。また、生態環境を守るために、
法律・法規を遵守して、社会的責任を果たし、環境にやさしく調和
の取れたウィンウィンの『一帯一路』をともに建設する。意思疎通

239

や話し合いの強化も必要である。多国間・二国間、地域・サブ地域の協力メカニズムとプラットフォームの機能を十分に活用し、利益の一致点を拡大して、共同発展、共同繁栄を追求し、手を携えて『一帯一路』建設を推進する」

「シルクロード経済ベルト」と「21世紀海上シルクロード」の構想は、「シルクロード」に全く新しい時代の風と生命力とを吹き込んだ。自らが持つ前例のない包括性によって、「一帯一路」は多くの多国間経済貿易協力の枠組みの中で自然とその力を発揮し、独自の輝きを放っている。だが同時に、それを進める中で多くの課題や試練に直面している。「一帯一路」の枠組みの下で行われる協力は、長期的な視野に立ち、多くの事柄を包括した、段階的な構造を持つ協力である。そのため、発展計画を分割して策定し、基幹産業の発展を段階的に支援することが求められる。また、国家、企業、個人など多様な行為主体の個別の役割を踏まえて、沿線各国の発展水準とニーズを全面的に分析しなければならない。さらに政治、経済、文化、安全保障分野における沿線地域のさまざまな利益要求について、個々に配慮しつつ統一的に計画する必要がある。

2014年10月、中国主催の「相互接続パートナーシップ強化対話会議」で習主席はこう指摘している。「もし『一帯一路』がアジアを羽ばたく二枚の翼であるとするならば、相互接続はその翼を流れる血管である。『一帯一路』は時空を超えた壮大な戦略構想であり、中国が独自につくり上げた最大の外交プラットフォームとなるだろう。このプラットフォームを築き上げるには、中国が実務協力の姿勢と風格を受け継ぎ、『相互接続』のニーズをしかるべきところに落とし込む必要がある。また、このプラットフォームを活用するには、中国がこれに対応した長期ビジョンを確立させる必要がある。それにより、シルクロードを通じて『中国の夢』を沿線諸国の繁栄の夢とつなげ、世界の平和的発展の夢とつなげるのである」

沿線諸国との相互接続の実現は、「一帯一路」建設の推進、国際

第四章 「一帯一路」建設をどう進めるか

協力の新モデル構築の内在的要求である。インフラ建設を先導役として、産業配置の最適化を進め、中国と沿線諸国の共同発展を促すことは、「一帯一路」の建設初期に必ず達成せねばならない目標である。「五通」の提起によって相互接続の目標は、政策の意思疎通、インフラの接続、貿易の円滑化、資金の融通、民心の通い合いという五つの面に細分化された。これは中国とシルクロード沿線各国との相互接続を具体的にどのように築いたらよいのかという沿線諸国の疑問に答えるために描かれた一つのルートマップである。「一帯一路」建設を通じて隣国やその他の沿線諸国との政治の相互信頼を深め、シルクロード沿線の経済発展水準を高め、民間交流や文明研究を強化するという中国の意志の表れであり、中国の決意と実務姿勢を十分に示している。この「五通」を成し遂げることは、中国の外交環境の改善、経済の長期的発展、社会の恒久的安定のための堅実な基盤を固めることになるだろう。

「五通」は、中国が地域協力を促し、「一帯一路」沿線諸国とともに発展を目指す上での行動指針である。関係国とのハード面のインフラ接続と率直な対話を加速させることで、中国は「五通」実現のプロセスで、東アジア、南アジア、東南アジア、中央アジア、西アジア、ヨーロッパを含むユーラシア大陸クラスターを段階的に築き、内部の生産要素の自由な移動が可能になるよう図る。それにより関係国とさらに調和した関係を築き、各当事者が苦楽をともにする、呉越同舟のよき隣人、よき友人、よきパートナーとなり、共同繁栄、共同発展、共同進歩の実現に向け、喜びも悲しみも分かち合う「共同体」を一歩ずつ形づくっていく。

世界に現存する「共同体」組織は決して多くはない。そのほとんどが地域性の協力組織であり、頻繁な経済貿易取引や比較的高いレベルの経済協力がその中心的要素である。歴史上、「共同体」という言葉が広く使われるようになったのは、1965年のEEC成立からである。地域経済統合の一つの段階を代表するもので、地域経済協

241

力の制度化の表れである。しかし、経済のグローバル化の進展と交通や通信技術の急速な発展に伴い、国際行為主体同士の相互依存関係が強まるようになると、人類が直面する共通の課題と外部的問題とが急速に増え、グローバル・ガバナンスの枠組みに変化が生じてきた。こうした認識を踏まえ、中国共産党第十八回全国代表大会報告では、人類の運命共同体という概念が提起された。自国の利益を追求しつつ他国にも合理的に配慮することを提唱し、自国の発展を求めつつ各国の共同発展も促し、より平等でバランスの取れた新型グローバル発展パートナーシップを築くとしている。これは従来の「共同体」概念を発展させたもので、共同体に対する理解と認識を地理的範囲の外に据え、単一の経済分野協力を超越して、人類のより全面的な進歩と発展を促すものである。

　これまでに中国の指導者がさまざまな場面で言及した「共同体」には、「利益共同体」、「責任共同体」、「運命共同体」などがある。李首相はボアオ・アジアフォーラムの開幕式で以前、こう呼び掛けている。「共同発展という大きな方向を堅持し、アジアの利益共同体を結成しよう。融和的発展という大きな枠組みを構築し、アジアの運命共同体を形成しよう。平和的発展という大きな環境を守り、アジアの責任共同体をつくり上げよう」。中国はASEAN、アフリカ、ラテンアメリカ、カリブ海諸国に向けて、「共同体」意識を築き、これらの地域や国家と全面的に協力を展開する用意があると相次いで表明した。例えば、中国は「中国・ASEAN運命共同体」構築を提案し、信頼と友好を重んじ、協力・ウィンウィンの関係を築き、互いに助け合い、心を通じ合わせ、開放・包容を堅持して、双方と現地の人々により多くの幸福をもたらそうと強く訴えた。また、習主席は就任後初のアフリカ政策演説で「中国とアフリカはこれまでずっと運命共同体であった」と語り、アフリカ諸国が積極的に自国の事情に合った発展の道を探ることを支援するとした。しかし、「共同体」の概念の含意はより広範であるべきだ。沿線諸国の相互

242

第四章　「一帯一路」建設をどう進めるか

接続の客観的な効果から見ると、「一帯一路」建設は中国と沿線諸国を一つにし、政治の相互信頼、経済の融合、文化の包容という利益共同体、運命共同体、責任共同体をともに築くことができる。

　一つ目はシルクロード精神を発揚し、文明の相互理解を深めて、文明共同体をつくり出すことである。シルクロードは世界文明史上、特別な地位にある。古代シルクロードの東の端として、中国は中国文明の発祥地で中心地だった。古代シルクロードは豪華な物品の貿易によって四大文明の発祥地をつなぎ、中国文明は他の文明と互いにつながり、学び合い、人類社会の進歩に独特の力をささげた。中国文明の影響力も二本のシルクロードによって周辺地域に伝わり、巨大な中国文明圏を形成した。地理的には今日の中国周辺に位置する中央アジア、東南アジア、東アジアの大部分の地域を含む。このため、「一帯一路」には古代シルクロードのこうした役割を受け継ぎ、深い歴史基盤を持つことが求められる。過去に中国文明の影響を受けた広大な地域は、中国と地理的に近く、文化が通い合っている。中国が文明共同体を構築する理想のパートナーである。インフラの相互接続によって中国と沿線諸国との人文交流や協力が円滑になれば、文明の伝承範囲はさらに広がるはずだ。シルクロード精神を発揚するにはまた、他の文明と他の国家の発展の選択を尊重するべきである。人類文明に高低も優劣もあるべきでない。文明間の平等な交流と衝突は往々にしてその中身を豊かにし、その思想を切り開いて、人類文明をさらに多彩なものにすることができる。そして「一帯一路」建設は、文明の寛容さを説き、文明の学び合いを奨励し、寛容によって調和を促し、学び合いによって進歩を促し、文明の対立を誘発するような隙を過激派に与えず、沿線各国の結束力と求心力とを高めるべきである。

　二つ目は、相互理解と多元的協力により、利益共同体を築くことである。「利益共同体」の理念は多方面の相互利益という実務協力に立脚し、利益融合を進め、利益の一致点を常に広げていくもので

243

ある。李首相は2014年のボアオ・アジアフォーラムの基調講演で
こう述べている。「利益共同体とは、各国の間の利益が程度こそ異
なるが一致することである。各国は共通の利益を求めるにあたり、
常に相違を減らし、利益によって協力を促して発展を図り、それに
より互恵・ウィンウィンを実現するべきである」

　利益共同体は、中国の利益と沿線諸国の利益の協調を求めている。
シルクロード沿線諸国の大多数は発展途上国である。過去数十年
にわたり中国とこれらの国々が行ってきた経済貿易取引の多くは、
低付加価値消費財を輸出して石油や天然ガスなどの鉱物資源と交換
するというものであった。こうした形式の取引は、代わりとなるよ
うな製造業を現地に生むことにも、人々の生活のニーズを満たすこ
とにもつながらず、また現地の優位資源関連産業の技術を高度化さ
せることも難しくする。しかも、シルクロード沿線には、単に中国
製品のダンピング市場や原材料供給基地でいることをよしとしない
国家が増えてきており、さらに中国がこうした取引の形式を続ける
ことで、自国の経済の安全を脅かすのではないかと危惧している国
もある。ゆえに中国の「一帯一路」建設で行われる従来の取引方法
に対して、なかなか明確な態度を示そうとしないため、建設の進捗
に影響が出ている。この問題に気付いた中国は、利益共同体の構築
を打ち出して、沿線諸国の懸念を取り除こうとしている。

　これまでの経験が示す通り、沿線諸国の現代化の発展要件に応え
てこそ、「一帯一路」建設はその国の支持と投資を得ることができ
る。「一帯一路」計画には、中国が対外取引対象の利益要求をこれ
まで以上に重視しているということが表れている。「一帯一路」建
設は関係国の発展要求を十分に考慮していく。沿線諸国の中でも特
に発展途上国の経済現代化の実現を重点として、中国とこれらの国
家との共通の利益の真の一致点を探る。この新型の協力は、関係国
の十分な検討や協議という土台の上に築かれ、建設成果が相手国の
利益やニーズに合致することだけでなく、中国企業の「走出去」の

244

地位を引き上げることも確実に保障する。同時に中国の国際的イメージと国際的地位を向上させる。

また「一帯一路」には、対外関係の進展に際し、経済、政治、安全保障、文化利益の両立と調和を果たすことが求められる。

従来の外交概念による外交関係の処理は、経済、政治、安全保障、文化など性質の異なる国家利益を区分して、一つ一つ分析処理しがちであった。特に中国の周辺外交環境は複雑で、歴史的な問題が多く、地縁的、宗教的、民族的な衝突がたびたび起こっている。周辺国家との交際の中で各分野の外交関係の親しさは必ずしも一致せず、中日関係でよく見られる「政冷経熱」現象などはまさにその好例である。「一帯一路」は外交にかかわる戦略的計画として、国家利益の各種プロジェクトをつなげ、一種の新しい外交方針を切り開くものである。

「一帯一路」建設にあたり、中国は経済協力を先導役として、沿線諸国の協力の意志を確保し、政治協力を礎として、経済協力の人為的障害を取り除き、文明交流と文化協力を柱として、沿線諸国の間の信頼の溝を埋め、民意を勝ち取り、協力の基盤を築くことを追求する。さらには過激派の根を絶ち、安全保障の衝突を未然に防いで、全方位的な対外関係の発展理念をつくり上げる。この理念はいわば「多角的に取り組む」ことであり、「シルクロード」建設を通じて中国が世界に報いるという効果を確保する上でプラスに働き、「一帯一路」戦略にかつてない安定性をもたらす。

三つ目は、リスクを分担し、共同管理する、責任共同体を築くことである。李首相はこう指摘している。「目下、国際社会が抱える数多くの問題は、環境問題や非従来型の安全保障の問題など国や国境という枠を超えており、一国の力だけでは解決が困難になっている。これはすなわち各国に対応の責任が求められるということであり、互いの意思疎通や連携を強化し、イデオロギーの束縛を捨て、心を一つにして課題に取り組み、『責任共同体』を築く必要がある」。

245

「一帯一路」協力は、沿線各国が共通の課題に積極的に対処し、パブリック・ガバナンス、グッド・ガバナンスを実践する有益な試みである。目下、世界の政治の枠組みはまさに転換・変革の重要な時期にある。経済のグローバル化と情報化という環境の下、元々抱えている気候変動、食糧安全保障、貧困などの問題は長く適切な解決が得られず、核拡散、金融安全保障、インターネット・セキュリティー、海洋安全保障などの非従来型の安全保障の課題は一段と厳しさを増している。世界共通の問題の発生は、グローバル・ガバナンス能力と統治体系のグレードアップを呼び掛けている。「一帯一路」建設は沿線諸国の全面的な協力に対して比較的高い要求を打ち出し、関係国の政策協調、インフラ接続、金融リスクの分担、民間交流推進を求めている。こうした要求は沿線諸国間の関係をさらなる高みに押し上げ、沿線諸国は世界規模の問題にともに立ち向かわざるを得なくなる。そのため、「一帯一路」建設への参加は関係国にとって、グローバル・ガバナンス問題の解決を試みる初の取り組みである。このことは関連国が手を携えて問題に立ち向かい、公共財提供にともに力を尽くし、ともに責任を分担する上で役立つはずだ。

　中国は責任共同体の中で大国としての責務を自発的に担い、「一帯一路」建設のために付帯サービスやその他の公共財を積極的に提供していく。中国は前回の経済危機の衝撃を目の当たりにし、各国経済の回復、構造調整、国際産業分業の新たな形勢が強く望まれるだろうと見極め、世界的な生産能力過剰が引き起こすであろう深刻な影響を見定めた。「一帯一路」建設の提唱を通じて、中国はすでに「責任ある大国」への重要な一歩を踏み出した。続いて、潤沢な資金力とインフラ関連産業の強大な競争力とによって、沿線諸国の工業化、都市化のために資金、技術、人材などの支援を提供し、大国としての態度で「一帯一路」建設業務を成し遂げようとしている。

　四つ目は、経済協力の成果を固め、過激派をともに打ち、安全共同体を構築することである。2014年末の香山フォーラムで、中国

第四章 「一帯一路」建設をどう進めるか

国防部外事事務室の銭利華前主任は、アジア国家の多極的問題が顕著であり、「安全共同体」の建設は時期尚早だと述べた。「一帯一路」がかかわる国家は地理的に広く分散しており、国情も千差万別で、短期間で安全共同体を構築するのは確かにかなりの困難が伴うといえる。

「一帯一路」建設は、沿線の安全共同体の構築に三重のチャンスをもたらすだろう。第一のチャンスとは何か。国際政治学者のカール・ドイッチュの定義によると、安全共同体とは戦争によらずに紛争を解決する高度に融合した集団または組織であるという。これは一つの社会概念であり、国ごとに人々が共感を生み育てた結果である。交流と理解が安全共同体構築の核心と必要条件であり、組織を存在させ維持させる接着剤である。交流と理解は、共通の意識を生むことができ、一つの集団が共通の思想や観念、行動を擁するための重要な基盤となりうる[10]。視点を変えて見れば「一帯一路」建設は、相互接続によって沿線諸国の人々に十分な交流と理解の機会を与え、それによって安全共同体の構築に徐々に民意の基盤を積み重ねるものといえる。第二のチャンスは、経済の安全保障は国家の安全保障の重要な構成要素であるということだ。高度な相互接続はシルクロード沿線諸国の経済依存度をかつてない高みにまで引き上げることができる。経済依存は国家間の対立の可能性を大幅に下げると同時に、各国の実体経済と金融分野をより一層緊密に関係づける。重大なリスクが生じた場合には責任を負い、経済と金融の安全を共同で保障しなければならない。第三のチャンスは、「一帯一路」建設の進行に伴い、経済協力の成果を守り、相互接続したインフラの正常な運行を保障することが急速に沿線諸国の共通のニーズとなることである。「シルクロード経済ベルト」は中央アジア、南アジア北端、中東地域を貫くが、これらの地域は情勢が不安定で、テロリズムや分離主義、宗教上の急進主義の影響がかなり大きく、局所的な衝突が勃発する可能性が極めて高い。一方「海上シルクロード」は

247

東シナ海と南シナ海を貫くため、海洋上の紛争はやはりインフラの安全や円滑な物流に深刻な脅威となるだろう。「一帯一路」建設によって沿線諸国は過激派の脅威に共同で対応し、経済協力の成果を固めて、自身と他者の利益を一元化せざるを得なくなる。

　五つ目は、ともに試練に立ち向かい、ともに発展を求める運命共同体を築くことである。「共同体」概念の五つの部分は五つの異なる階層であり、それぞれが異なる中身を持ち、中国の外交協力における実務姿勢が具現化されている。運命共同体は上記の四つの共同体を昇華し、より高めた段階である。中国は周辺諸国と「一帯一路」沿線地域の他の発展途上国に対し「運命共同体」の概念を提起したが、これは類似の発展プロセスをたどっている国家に対する共感に基づくだけでなく、ともに発展を求め、ともに責任を分担し、ともに試練に立ち向かい、ともに収益を享受するという意志の表れでもある。

　「運命共同体」という言葉は、中国共産党第十八回全国代表大会報告や周辺工作会議報告などの重要文書の中に相次いで登場し、その影響力は明らかである。グローバル化が高度に発展した今日、各国の運命は密接につながり、小さな事柄が全体に影響を及ぼす状態にある。「運命共同体」は平等で公正な権力概念や、互恵・ウィンウィンの協力概念、中国自身の国際的義利観を含み、困難をともに乗り越えることを強調し、独善的であった中国の外交理念が世の中全体を幸福にしようという考え方に大きく転換したことを示している。

　世界が中国を育て、中国が世界に報いる。改革開放から三十年余りを経て、中国は飛躍的な経済成長を果たし、社会の発展と人民の生活水準は、世界が目を見張るほどの成果を挙げた。花が一つ咲いただけでは春とは呼べない。さまざまな花が咲き誇ってようやく春が来たといえる。グローバル経済の退勢を逆転させ、世界の平和と発展を推進するためには、各国がともに努力する必要がある。強く繁栄した中国を追求することと、世界の発展のために大きく貢献す

248

第四章　「一帯一路」建設をどう進めるか

ることはどちらも「中国の夢」の重要な中身である。「一帯一路」によって、この二つはより一層自然にかつ調和して一つになるだろう。沿線諸国の今後の命運もさらに緊密につながり、苦楽をともにするようになるだろう。関係国が「中国の発展の列車にただ乗りする」のは大歓迎だと中国は公言している。互恵という国際協力の原則を運命共同体の高みまで引き上げることによって、中国は「一帯一路」建設において互恵・ウィンウィンの協力の姿勢に従って、沿線諸国とともに共通の利益を確定する。そして、各当事者の利益の融合をより高い水準に引き上げて、中国の発展を余すところなく他国に行き渡らせ、また中国も他国の発展の成果を得られるよう図っていく。

---

① 習近平「弘揚絲路精神　深化中阿合作（シルクロード精神を発揚し、中国・アラブ諸国協力を深化させる）」新華網、2014年6月5日。
② 高虎城「共建"一帯一路"戦略，開創我国全方位対外開放新格局（「一帯一路」共同建設戦略は、わが国の全方位的な対外開放の新たな枠組みを切り開く）」、『求是』2015年第5号参照。
③ 劉向東「従封閉走向全方位、多層次、寛領域的対外開放（閉鎖的対外開放から、全方位的で、多層的で、幅広い分野の対外開放へ）」、『求是』1998年第22号参照。
④ 高虎城「把握世界大勢，提高開放水平（世界の大勢をとらえ、開放レベルを高める）」、『求是』2015年第2号参照。
⑤ 習近平「弘揚和平共処五項原則、建設合作共贏美好世界（平和五原則を発揚し、協力・ウィンウィンの素晴らしい世界を建設する）」、『人民日報』2014年6月29日。
⑥ 邵建平、劉盈孟「孟中印緬経済走廊建設：意義、挑戦和路径思考（BCIM経済回廊建設～意義と課題、手段の考察）」、『印度洋経済体研究』2014年第6号。
⑦ 王義桅『海殤？―欧州文明啓示録（海に死す？―ヨーロッパ文明の黙示録）』世紀出版集団、上海人民出版社2013年版。
⑧ 孫壮志「"絲綢之路経済帯"構想的背景、潜在挑戦和未来走勢（「シルクロード経済ベルト」構想の背景、潜在的課題と今後の趨勢）」、『欧亜経済』2014年第4号。
⑨ 羅雨訳「"一帯一路"：全球新秩序的福音（「一帯一路」～世界新秩序の福音）」、『中国外匯』2014年10月1日。
⑩ 秦亜青『国際関係理論：反思与重構（国際関係理論～再認識と再構築）』北京大学出版社2012年版、第16頁参照。

## ▶ 結び

# 「一帯一路」を語り、国際公共財を捧げよう

「国同士の交わりは人民同士の友好によって決まり、人民同士の友好は心の通い合いによって決まる」という格言がある。中国外交の大局であるシルクロード外交には、長期的な経営、丹念な計画、適切な策略が求められる。その中の最大の鍵が「民心の通い合い」だ。二本のシルクロード建設における「五通」のうち、この「民心の通い合い」は公共外交によって解決する必要がある。古代シルクロードは沿線各国をよき隣人、よき友人、よきパートナーに変えた。「親望親好、隣望隣好（隣人と助け合い協調する）」といわれるように、中国は「与隣為善、以隣為伴」と「睦隣、安隣、富隣」を堅持し、「親、誠、恵、容」の理念を積極的に実践している。シルクロード公共外交とはすなわち、中国の発展と沿線各国の発展をリンクさせ、中国の夢とよりよい暮らしを求める沿線各国の人民の夢を結び付ける努力することだ。それにより周辺諸国は中国の発展から利益と助力を得ることができ、中国もまた周辺諸国の共同発展から利益を受けることができる。

（一）

「シルクロードの復興が間もなく実現すると考えたら、アレクサンドロス大王の遠征の輝きが心に浮かんできた」。イスタンブールで開かれた第18回ユーラシア経済サミットで、マケドニアのジョ

250

ルゲ・イヴァノフ大統領は、筆者の「一帯一路はユーラシア文明の復興を後押しする」との発言を受けてこう口にした。バルカン、中央アジア、コーカサス地域の政府要人の中にも筆者の発言に反応した者は多くいたが、大方は栄華を極めたかつてのシルクロードへの賛美や、復興するシルクロードへの期待の声だった。どうやら、国家によってシルクロード観は異なるようで、「一帯一路」の合意形成にはよほどの努力が必要と思われる。だが、それ以上に不思議に感じたのは、各国の精鋭が集まる会議にもかかわらず、中国が公表した「シルクロード経済ベルトと21世紀海上シルクロードの共同建設推進のビジョンと行動」文書を知らなかった者が多かったことである。

　実のところ、このことで他人をとがめることはできない。われわれ自身が「一帯一路」についていろいろと誤解しているからである。「一帯一路」には認識リスクがあるといってもよいだろう。それをまとめると以下のようになる。

　1.「一帯一路」は戦略であるという認識。一部の人間は、「一帯一路」は米国のアジア回帰に対抗する「西進戦略」であって、だからこそ懸命に推進しようとしているのだと何気なく口にしている。こうした行為は、中国が地政学の版図を拡張するのではないかという警戒心を他国に抱かせる。本来は、戦略は慎重に論じ、文明を多く語るべきである。特に「大戦略」という概念は通常、覇権国家の世界戦略を指す言葉であるため、使用を避けた方がよい。

　2.「一帯一路」は中国のものであるという認識。「一帯一路」を「戦略」のしかるべき筋道と見なし、つまり「一帯一路」は中国のものあり、「私のもの」でもあるが、「私たちのもの」ではないと考えることだ。この場合、中国は「一帯一路」の発展改革委員会、財政部、そしてシルクロード解放軍の役割まで引き受けることになり、このために計画や資金、安全面の支援、さらには秘密さえも提供しなければならない。だが実際は、「一帯一路」は中国が打ち出した

偉大な協力イニシアチブであるが、中国のものではなく、すべての沿線諸国のものであり、世界に極めて大きな発展のチャンスをもたらすものである。

3.「一帯一路」は「一路」を重んじ、「一帯」を軽んじているという認識。「一帯一路」は海上陽動作戦で、本当の狙いは陸上にあるという意見があるが、これもまた明らかに戦略上の専門的な表現だ。「一帯一路」には軽いも重いも、先も後もない。あるのはユーラシア大陸の相互接続と、アフリカや南太平洋への延伸であって、それを実現してこそ体系的な効果を発揮することができる。

4.「一帯一路」は復興の名を借りた復古であるという認識。中国は復興と言っているが、その実態は復古であり、つまり朝貢体制の復活を狙っているのではないかと懸念する国がある。この懸念は経済面で中国に依存することへの不安を反映している。実際には、「一帯一路」は文明の復興であり、中国文明だけではなく、ユーラシア文明の復興でもある。

5.「一帯一路」は過剰生産能力の輸出であるという認識。「一帯一路」は中国版マーシャル・プランだとする主張は、過剰生産能力の輸出であるという意見に後押しされたもので、中国はこれによって地域覇権の確立を狙っているなどと捏造している。過剰生産能力は中国国内においてであり、「一帯一路」沿線諸国にとっては豊かで優れた生産能力といえるはずだ。そうでなければ「中国のチャンスを世界のチャンスに変える」という理念を具現化することはできない。

6.「一帯一路」は中国版経済帝国主義、あるいはグローバル化4.0版すなわち中国版グローバル化であるという認識。中国資本の拡張であるという主張については、地政学的思想の流行がこうした現実離れした非常に有害な見方を助長しているとみられる。「一帯一路」は中国が国際社会に提供する公共財である。「ともに協議し、ともに建設し、ともに享受する」原則を受け継ぎ、開放・包容を強

252

調しており、中国版経済帝国主義などということはあり得ない。

7．「一帯一路」は中国中心主義の復活であるという認識。「一帯一路」は沿線諸国との政策、技術、標準のリンクを強く提起しているが、このことが「人には自分とリンクさせ、自分は人とはリンクしたがらない」という印象を与えてしまっている。例えば、インドの「モンスーン計画」とのリンクは、心からこの計画を歓迎しているのか、それとも計画を「一帯一路」に組み込もうとしているのかとの疑問を抱かせる。認識や言い方のあいまいさは、このような認識リスクを招くことになる。実際は、リンクの目的は相互接続である。そうである以上、一方的な押しつけはあり得ない。

8．「一帯一路」は中国の周辺外交であるという認識。事実、「周辺」という概念は中国を中心としたものであるので、本来は「善隣」に置き換えるべきだろう。「一帯一路」は安全保障対策を含むリージョナル・ガバナンスを強調しているため、単なる中国周辺外交や多国間外交ではない。

9．「一帯一路」は閉じた輪であるという認識。ネット上に流れている地図の多くは「一帯一路」を一つの閉じた輪として描いている。だが「一帯一路」は決して閉じた輪などではなく、開放的な帯であり、経済回廊や経済ベルトを一つに集約したインフラ建設、投資、貿易、情報のネットワークである。

10．「一帯一路」は経済協力によって目隠しされた中国の軍事拡張であるという認識。「橋頭堡」や「ノード」などの言い回しは軍事色が強く、使用には慎重を期した方がよい。「一帯一路」は21世紀の地域協力と国際協力の理念を切り開くことを強調しており、西側の拡張路線を踏襲することはないし、また踏襲すべきでない。

さまざまな認識リスクが示す通り、名実が伴わなければ心は一つにならない。「一帯一路」はすでに存在する、あるいは今後起こりうる不可思議な認識リスクから目をそらさず、「文明の衝突」に陥ることを避けなければならない。

253

では、どのように認識リスクに対処するのか。それには、次の認識を確立する必要がある。すなわち、シルクロードはユーラシア諸国の共通の記憶であり、「一帯一路」も沿線諸国の共同事業である。「ともに協議し、ともに建設し、ともに享受する」原則を終始堅持し、シルクロードをともに議論して建設することにより、リスクを分担し、協力して大事業を成し遂げるという目標を達成する。そのためにはシルクロード文化をより効果的に伝え、シルクロードの物語を語り、シルクロード精神を説く必要がある。

## （二）

「一帯一路」の偉大な提唱は中国外交のニューディールである。中国の過剰生産能力の解消につながり、中国の全面的な開放戦略に立脚するだけでなく、国際分業体制における中国の新たな比較優位によってユーラシア大陸統合を切り開くとしている。このことは真っ先に国際社会に向けて明らかにすべき点である。その次に、シルクロード沿線諸国や域外国家が「一帯一路」をどのように見ているのか、という点もシルクロード公共外交の重要な業務対象といえる。

シルクロード公共外交の三大対象とは、以下のようなものである。

一つ目は、シルクロードそのものを対象とした公共外交、すなわち文明共同体である。2014年6月、筆者は国務院新聞弁公室がウルムチで開催した「共建、共享、共贏、共栄のシルクロード経済ベルト」会議に参加した。国外の賓客は中国側のシルクロード戦略について次々と質問を投げ掛けた。シルクロード経済ベルトとは何か。どの国が含まれるのか。中国にどんな思惑があるのか。メリットとデメリットは何か。既存の地域の枠組みとどう共存していくのか。果たしてその結末はというと、欧米は冷めた目で傍観し、ロシアは痛烈に皮肉を言い、中央アジアは猜疑心の塊で、南アジアは訳が分

からずぼう然としている。これが会議初日の大方の反応だったが、一日かけて中国の政府職員や学者が代わる代わる説明し、二日目にどうにか和やかな雰囲気になった。このことでわれわれは気付かされた。「一帯一路」は「戦略」と呼ぶべきではなく、「提唱」という言い方をした方がよいのではないかと。戦略という言葉は慎重に用い、文明や包括的発展については多く語らなければならない。核となるのはシルクロードの復興であり、グローバル化の時代の文明共同体を切り開くことをその目的とするべきなのである。

　二つ目は、域外国家を対象とした公共外交、すなわち利益共同体である。「一帯一路」は何代にもわたる努力の末にようやく成し遂げられる偉大な事業である。米国主導の現行の国際体系やグローバル化との関係をどううまく解決していけばよいのか。言い換えれば、「一帯一路」は地域の既存の協力の枠組みや国際体系とどのような形で共存し、域外国家や域内国家とどうウィンウィンを実現するのか。これはシルクロード公共外交が必ず答えを出さねばならない大問題であり、またシルクロード精神の開放・包容の原則によって域内外の利益共同体をどう築くのかという問題でもある。

　三つ目は、域内国家を対象とした公共外交、すなわち運命共同体である。シルクロードは平和、貿易、文化交流の道である。「一帯一路」の発展の前には、海上の安全保障リスクや国々の懸念、宗教や三悪といった壁が立ちふさがっている。安全の発展と発展の安全とをどう確保すればよいのか。これは中国の平和的発展理念の外延になるだろう。「一帯一路」はまた、中国の台頭によって世界に何がもたらされるかという問いに対する的確な回答でもある。それはすなわち発展のチャンスと安全保障の責任である。中国は世界の貿易大国の中でも数少ない米国の非同盟国で、長年にわたり独立自主の平和外交政策を堅持してきた。国外に盟友も軍事基地も持たないため、リースやコンセッション、港湾の共建といった形でしか海上ルートの安全確保や今後の空母補給ステーションなどの問題の解決

を図れない。このことは中国の平和的発展、持続可能な安全観を示す好例といえる。と同時に、インフラ投資は戦略的、長期的なものであって、沿線国家の政局の安定や対中関係の安定いかんにかかっているため、起こりうるカラー革命の動乱や中国への挑発を防ぐ必要がある。従って、沿線国やステークホルダーを含めたシルクロード関係国に求められることは、それぞれが自国をしっかり治めた上で、安全保障公共財を共同で提供し、シルクロードの平和と安定を確保することである。同甘共苦の精神で、運命共同体意識を形づくらねばならない。

（三）

　シルクロード文化を伝承し、シルクロードの物語を語り、シルクロード精神を説くことは、シルクロード公共外交の三大要素である。
　シルクロード文化を伝承する上での重要な課題は、伝統的シルクロード文化への興味と熱意を現代のシルクロード文化への興味と熱意に変え、現代のシルクロード文化への興味と熱意を現実の「一帯一路」への興味と熱意に変えることである。これについて習主席はこう指摘している。「中華民族の最も基本的な文化遺伝子を現代文化に適応させ、現代社会と調和させ、人々に歓迎され幅広く参加できる形で普及させる。時空を超え、国を超え、永遠の魅力に富み、現代的価値を持つ文化精神を発揚する。そして優れた伝統文化を継承しつつ時代精神を発揚し、自国に立脚しつつ世界に向き合った現代中国文化の革新的成果を伝承していく。伝統的な文化資源を体系的に整理し、皇宮にしまい込まれた文化財や、広い大地に陳列された文化遺産、古書に記された文字を生かさねばならない。道理をもって人を服し、文化をもって人を服し、道徳をもって人を服し、対外文化交流の水準を高め、人文交流の体制を整え、その方法を刷新

し、大衆から集団、個人による伝播まで多彩な手段を総合的に活用して中国文化の魅力を発信していくのである」。習主席の中国文化に関する論述はシルクロード文化にすべて適用できる。とりわけ、域外国家の「一帯一路」に対する邪推や疑惑については、シルクロード文化の魅力によって効果的に消し去る必要がある。シルクロード文化と他の文化の共通点を掘り起こし、シルクロード文化の復興を通じて他の文化の復興や人類文化の繁栄を推進しなければならない。

シルクロードの物語を語ることは、すでにシルクロード公共外交の重要な努力目標になっている。シルクロード国家の歴史家、文学者、芸術家たちは、人類のシルクロード文明に関する研究成果を参考に、シルクロードの物語の背景にある制度の根源と文化の遺伝子についてはっきりと語っている。それを「一帯一路」が切り開く新しい統治体制と成長モデルに転化し、より包括的なグローバル化を創始し、シルクロードの安全、発展、統治の三位一体を実現しなければならない。ビッグデータを用い、広大なストーリーによってシルクロードが推進する文明の転換をはっきり語るのである。それは、この5000年で初めて内陸文明から海洋文明へ、農耕文明から工業・情報文明へ、地域文明から世界文明への転換を実現すること、そしてこの三つの転換が人類文明の転換に対し偉大な貢献を果たすことである。海外の大手メディアや出版社と協力して映画、テレビ番組、文学作品を提供し、この広大なストーリーをノーベル文学賞や世界の映画賞の受賞作、ネットゲームなどの製品に変えるのである。

シルクロードの物語の背景にあるシルクロード精神を説くことは、シルクロード公共外交の新しい努力目標である。シルクロードの成功物語の裏側にある価値の根源とその普遍性をはっきり語り、国際社会に向けてシルクロードが支える平和・協力、開放・包容、相互学習・相互参照、互恵・ウィンウィンの精神を広く伝承する必要がある。平和・協力とは、率直で誠実な対話と深い意思疎通を通じて

257

対等な交流を行い、さまざまな国家や地域との交流と協力を深め、運命共同体、責任共同体を築き、政治関係の優位性、地理的つながりの優位性、経済相補の優位性を、実務協力の優位性や持続的成長の優位性に変えるのである。開放・包容とは、世界的視点や戦略的思考によって、性質の異なるものを受け入れ、多くの優れたものを取り入れることである。これはシルクロード精神の最も際立った特性である。シルクロード沿線諸国同士で交流と協力を進める際には、包容力をもって、違いを残しつつ一致点を探り、各国が社会制度や発展へ道を自主的に選択する権利を十分尊重するべきである。相互学習・相互参照とは、文明の多様性、交通の多様化、発展水準の不均衡などの差異を尊重した上で、互いに学び合い、手本にし合い、長所を学び短所を補い、ともに高め合うことである。互恵・ウィンウィンとは、種族や信仰、文化の違いを背景に持つ国家や地域が互恵・協力によって、脅威や課題にともに立ち向かい、利益や福祉をともに求め、さらには互いに利があるウィンウィンの発展を実現することである。シルクロード精神において、平和・協力は前提であり、開放・包容は根本であり、相互学習・相互参照は手段であり、互恵・ウィンウィンは目的である。シルクロード精神は人類の精神の尊い財産である。そしてグローバル化新時代の人類共通の精神を、時代の変化に合わせて形づくっていく。

## （四）

　シルクロード公共外交の精髄は、21世紀のシルクロード文明を発掘し、伝承し、詳説することにあり、復興、包容、革新の三部作をしっかりととらえることにある。

　第一歩は復興である。ユーラシア大陸は地政学者のマッキンダーによって「世界島」と称えられた。「一帯一路」の偉大な提唱と建

設は、「ユーラシア人」という共通の身分をつくり、ユーラシア大陸を人類文明の中心に復帰させつつある。ユーラシア大陸はもともと、少なくともエジプト文明が衰えて以降は世界文明の中心だった。東西の二大文明は歴史上のシルクロードを介して、オスマン帝国が台頭するまで一つにつながっていた。シルクロードが切断されると、ヨーロッパは海洋進出を余儀なくされたが、それによって中国の羅針盤や火薬などの四大発明がアラブを経由してヨーロッパに伝えられるという恩恵を得た。ヨーロッパは海洋へ進出し、植民地化という形でグローバル化を創始。その結果、シルクロードは凋落し、東洋文明は閉鎖的になり、いわゆる近代の西洋中心世界に突入した。だが米国の台頭で西洋の中心がヨーロッパから米国に移ると、ヨーロッパは力を失い、欧州統合を果たしてもその退勢を根本的に打開することはかなわなかった。だが今、ヨーロッパは世界の中心的地位を取り戻す、またとないチャンスを迎えている。すなわちユーラシア大陸の復興である。EUの相互接続と中国の「一帯一路」をつなぎ、政策、貿易、インフラ、資金、民心の「五通」によって平和、成長、改革、文明という中国・ヨーロッパの「四大パートナーシップ」をリンクさせることで、ユーラシア大陸を人類文明の中心に回帰させ、アフリカ大陸にまで波及させて、人類の恒久平和と共同繁栄の実現を図るのである。

　第二歩は包容である。「一帯一路」の成功の鍵は関係国の発展、安全、統治の三位一体を実現することにある。すなわち、国内の効果的な統治を実現した上で、シルクロードの持続可能な発展、持続可能な安全を実現し、中国文明、アラビア文明、イスラム文明、ペルシャ文明、インド文明、キリスト教文明などのシルクロード沿線の文明の復興と、転換と、革新とを実現し、新しいシルクロード文明をともに形づくることである。これまでのグローバル化は海で生まれ、沿海地区や海洋国家がまず発展して、大陸国家や内陸部は後れを取ったために、貧富の差が生まれた。だが「一帯一路」イニシ

259

アチブは西への開放を奨励し、西部開発や中央アジア、モンゴルなどの内陸国家の開発を牽引するものであり、国際社会にグローバル化の包括的発展理念を広めている。グローバル化新時代における文明の包容・相互参照の新たな一ページを開いたといえる。

第三歩は革新である。「シルクロード」はユーラシア大陸の貿易ルートであるだけでなく、ユーラシア文明の交流の紐帯でもある。「シルクロード経済ベルト」はグローバル化時代において、かつての貿易と文明のルートを受け継ぐだけでなく、陸上のグローバル化を切り開くことで海上のグローバル化のリスクを相殺し、文明の交流と相互参照を切り開くことでユーラシア大陸の平和と繁栄を実現し、人類の持続可能な発展という新たな文明を切り開くものだ。一方、「21世紀海上シルクロード」は「人海合一」の調和と共生の持続可能な発展という新型海洋文明を創始する。これは、拡張し、衝突し、植民地化した西側列強の古い海洋進出のモデルとは異なり、従来のグローバル化のリスクを効果的に回避するものである。

## 付録

---

# シルクロード経済ベルトと
# 21世紀海上シルクロードの
# 共同建設推進のビジョンと行動

国家発展改革委員会 外交部 商務部
（国務院の承認を経て公布）
2015年3月

---

## 目　次

序文

一、時代背景

二、共同建設の原則

三、枠組み構想

四、協力の重点

五、協力メカニズム

六、中国各地方の開放状況

七、中国の積極的行動

八、美しい未来をともに創る

# 序文

　2000年以上前、ユーラシア大陸の勤勉で勇敢な人々が、アジア、ヨーロッパ、アフリカの大文明を結ぶ貿易と人文交流の道を探し求めた。この道は後に「シルクロード」と呼ばれるようになった。「平和・協力、開放・包容、相互学習・相互参照、互恵・ウィンウィン」のシルクロード精神は代々受け継がれ、人類文明の進歩を促してきた。そして、沿線各国の繁栄と発展を促進する重要な紐帯となり、東西の交流と協力の象徴となり、世界各国が共有する歴史的文化遺産となった。

　21世紀に入り、平和、発展、協力、ウィンウィンを主題とする新たな時代を迎えた。復興力に欠ける世界経済と、複雑に絡み合った国際・地域情勢にあって、シルクロード精神を伝承し発揚することは極めて重要で価値あることといえる。

　2013年9、10月、中国の習近平国家主席は中央アジアと東南アジア諸国を歴訪した。その際、「シルクロード経済ベルト」と「21世紀海上シルクロード」（以下、「一帯一路」という）の共同建設という重大なイニシアチブを相次いで打ち出し、国際社会から高い関心を集めた。その年の中国・東南アジア諸国連合（ASEAN）博覧会に出席した李克強首相は、ASEANに向かう海上シルクロードをつくり、内地の発展を牽引する戦略的支点を築く必要性を強調した。「一帯一路」建設の加速は、沿線各国の経済繁栄と地域の経済協力を促進し、異なる文明の交流と学び合いを深め、世界の平和的発展を促すのに資することであり、世界各国の人々に幸福をもたらす偉大な事業である。

　「一帯一路」建設は体系的なプロジェクトであり、ともに協議し、ともに建設し、ともに享受する原則を堅持し、沿線諸国の発展戦略の相互接続を積極的に推進するものでなければならない。「一帯一

付録

路」という重大なイニシアチブの実施を推進し、古代シルクロードに新たな息吹を吹き込み、これまでにない方法でアジア・ヨーロッパ・アフリカ各国の結び付きを強め、互恵協力を新たな歴史的高みへと引き上げるべく、中国政府は「シルクロード経済ベルトと21世紀海上シルクロードの共同建設推進のビジョンと行動」を策定し公布した。


## 一、時代背景

　世界は今まさに複雑かつ深刻な変化の中にある。世界金融危機の根深い影響からなお抜け出せず、世界経済の回復は極めて緩慢で、発展は分化し、国際的な投資貿易の枠組みと多国間投資貿易ルールは深刻な調整をはらみ、各国の発展は依然として厳しい試練に直面している。「一帯一路」共同建設は世界の多極化、経済のグローバル化、文化の多様化、社会の情報化という潮流に合わせ、開放的な地域協力の精神を掲げ、世界の自由貿易体系と開放型世界経済の維持に努めるものである。そしてその目的は、経済要素の秩序ある自由な移動、資源の効率的配分、市場の深い融合を促し、沿線各国の経済政策の協調を進め、より広範囲で、より高水準で、より深い段階の地域協力を展開し、開放、包容、均衡、互恵の地域経済協力の枠組みをともに構築することにある。「一帯一路」共同建設は、国際社会の根本的利益に合致し、人類社会の共通の理想と素晴らしい追求をはっきりと示している。国際協力とグローバル・ガバナンスの新モデルを積極的に模索するものであり、世界の平和的発展にこれまでにないプラスのエネルギーを注ぐことだろう。
　「一帯一路」共同建設は、アフロ・ユーラシア大陸とその近海の相互接続に力を入れ、沿線各国が相互接続パートナーシップを築いてこれを強化し、全方位的、多角的、複合的な相互接続ネットワー

263

クを構築し、沿線各国の多様で自主的でバランスの取れた持続可能な発展を実現するものである。「一帯一路」の相互接続プロジェクトは、沿線各国の発展戦略のリンクと結合を推進し、地域内の市場潜在力を掘り起こし、投資と消費を促し、需要と雇用を生み出し、沿線各国人民の人文交流と文明の学び合いを増やして、各国人民が互いを知り、信頼し尊敬し合い、調和の取れた穏やかで豊かな生活を享受できるようにするだろう。

中国経済と世界経済は目下、緊密な関係にある。中国は一貫して対外開放の基本国策を堅持し、全方位的な開放の新たな枠組みを構築し、世界の経済体系に深く融和する。「一帯一路」建設の推進は、中国が対外開放を拡大し深化させるために必要なことであり、アジア・ヨーロッパ・アフリカおよび世界各国との互恵協力を強化するためにも必要なことである。中国は力の及ぶ限りより多くの責任と義務を負い、人類の平和的発展のためにさらなる貢献を果たす構えである。


## 二、共同建設の原則

国連憲章の目的と原則を厳格に守る。平和五原則、すなわち領土・主権の相互尊重、相互不可侵、相互の内政不干渉、平和共存、平等互恵を遵守する。

開放と協力を堅持する。「一帯一路」関係国は古代シルクロードの範囲に基づくがこれに限らず、各国と各国際機関、地域機関のいずれも参加可能で、共同建設の成果をより広い地域に行き渡らせるものとする。

調和と包容を堅持する。文明の寛容さを提唱し、各国の発展の道と発展モデルの選択を尊重し、異なる文明同士で対話を深め、違いを残しつつ一致点を探り、異なる要素を合わせ持ち、平和共存、共

生共栄を求める。

市場運営を堅持する。市場ルールと国際慣習法に従い、資源配分における市場の決定的役割と各種企業の主体的役割を十分生かし、同時に政府の役割も発揮させる。

互恵とウィンウィンを堅持する。各当事者の利益と関心事を考慮して、利益の一致点と協力の最大公約数を探り、各当事者の知恵とアイデアを具体化し、それぞれが長所を生かし、力を尽くして、各当事者の優位性と潜在力を遺憾なく発揮させる。


# 三、枠組み構想

「一帯一路」は共同発展を促進し、共同繁栄を実現する協力とウィンウィンの道であり、理解と信頼を増進し、全方位的な交流を強化する平和と友好の道である。中国政府は、平和・協力、開放・包容、相互学習・相互参照、互恵・ウィンウィンの理念を掲げ、実務協力を全方位的に推進し、政治の相互信頼、経済の融合、文化の包容という利益共同体、運命共同体、責任共同体を築くことを提唱している。

「一帯一路」はアフロ・ユーラシア大陸を貫き、その一端は発展目覚ましい東アジア経済圏、もう一端は発達したヨーロッパ経済圏である。その間に広がる内陸国家には極めて大きな経済発展の潜在力がある。「シルクロード経済ベルト」は、中国から中央アジア、ロシアを経てヨーロッパ（バルト海）に至るルート、中国から中央アジア、西アジアを経てペルシャ湾、地中海に至るルート、中国から東南アジア、南アジア、インド洋に至るルートを重点的に開通させるものである。一方の「21世紀海上シルクロード」は、中国沿海の港湾から南シナ海を通ってインド洋に至り、ヨーロッパまで延びるルートと、同じく南シナ海を通って南太平洋に至るルートを重

点としている。

「一帯一路」の方向に基づき、陸上は国際大ルートを基幹に、沿線の中心都市を支柱とし、重点経済貿易工業団地を協力プラットフォームとして、新ユーラシア・ランドブリッジ、中国・モンゴル・ロシア、中国・中央アジア・西アジア、中国・インドシナ半島などの国際経済協力回廊を共同で構築する。海上は重点港湾を中継点として、安全かつ高効率な輸送大航路を共同建設し開通させる。中国・パキスタン、バングラデシュ・中国・インド・ミャンマーの二つの経済回廊と「一帯一路」建設推進との関係を密にし、協力をさらに推し進めて、大きく前進させなければならない。

「一帯一路」建設は、沿線各国の開放と協力の広大な経済ビジョンであり、各国が手を携えて努力し、相互利益と共同安全保障という目標に向かって歩み寄る必要がある。地域インフラのさらなる整備、安全で高効率な陸海空ルートのネットワークの基本形成、相互接続のレベルアップを実現するべく努力しなければならない。また、貿易と投資の円滑化水準をさらに引き上げ、高基準の自由貿易圏ネットワークをほぼ構築し、経済連携をさらに緊密化し、政治の相互信頼をさらに深める。人文交流をより幅広く進め、異なる文明の相互学習と共同繁栄を実現し、各国人民の相互理解と平和友好を促進する。


# 四、協力の重点

沿線各国は保有資源がそれぞれ異なり、経済の相互補完性が強いため、互いの協力の潜在力と余地は大きい。政策の意思疎通、インフラの接続、貿易の円滑化、資金の融通、民心の通い合いを主要な内容として、以下の面で協力を重点的に強化する。

政策の意思疎通。政策の意思疎通の強化は、「一帯一路」建設の

付録

重要な保障である。政府間協力を強化し、多層的な政府間によるマクロ政策の意思疎通・交流メカニズムを積極的に構築し、利益の融合を深め、政治の相互信頼を促して、協力の新たなコンセンサスを得る。沿線各国は経済発展の戦略と対策について十分に交流と連携を図り、地域協力推進の計画や取り組みを共同で策定し、協力面での問題を話し合いで解決し、実務協力と大型プロジェクト実施に共同で政策支援を提供するべきである。

インフラの接続。インフラの相互接続は、「一帯一路」建設の優先分野である。関係国の主権と安全保障への関心を尊重した上で、沿線諸国はインフラ建設計画と技術標準体系の連携を強化し、国際幹線ルートの建設を共同で推進し、アジアの各サブ地域およびアジア・ヨーロッパ・アフリカ間をつなぐインフラネットワークを徐々に構築するべきである。インフラのエコ・低炭素建設と運営管理を強化し、建設にあたっては気候変動の影響を十分に考慮する。

交通インフラの主要道路や主要中継点、重点事業をしっかりと掌握して、寸断された区間を優先的に整備し、ボトルネック区間は改良し、道路安全防護施設や交通管理施設を付帯完備し、交通事情の改善を図る。一元化された全行程の輸送調整メカニズムの構築を進め、国際通関や積み替え、複合輸送の有機的な接続を促し、互換性と規範性を備えた輸送ルールを徐々に構築し、国際輸送の円滑化を実現する。港湾のインフラ建設を推進し、水陸連絡輸送ルートを開通させ、港湾の共同建設を進め、海上航路や運行回数を増やし、海上物流の情報化協力を強化する。また、民間航空の全面協力プラットフォームとメカニズムを拡張し、航空インフラの水準向上を加速させる。

エネルギーインフラの相互接続協力を強化し、石油・ガスパイプラインなどの輸送ルートの安全を共同で確保し、越境電力や送電ルートの建設を進め、地域送電網の高度化・改造協力を積極的に行う。

越境光ケーブルなどの通信幹線ネットワークの建設を共同で推進

267

し、国際通信の相互接続水準を引き上げ、情報シルクロードを開通
させる。二国間の越境光ケーブルなどの建設を加速させ、大陸間海
底光ケーブル建設プロジェクトを計画し、空間（衛星）通信ネット
ワークを整備し、情報交換と情報協力を拡大する。

　貿易の円滑化。投資と貿易の協力は、「一帯一路」建設の重点内
容である。投資と貿易の円滑化問題の研究と解決に力を入れ、投資
と貿易の障壁を取り除き、地域内と各国の良好なビジネス環境を整
え、積極的に沿線諸国や地域と自由貿易圏について協議し構築して、
協力のポテンシャルを引き出し、協力の「パイ」を大きくするべき
である。

　沿線諸国は情報交換や監督管理の相互認証、法執行の相互支援と
いった税関協力、および検査検疫、認証認可、標準計量、統計情報
などの二国間・多国間協力を強化し、世界貿易機関（WTO）の
「貿易円滑化協定」の発効と実施を推進する。通関地のインフラ環
境を改善し、通関地における「単一窓口」設置を加速し、通関コス
トを引き下げ、通関能力を高める。サプライチェーンの安全保障と
円滑化協力を強化し、国境を超えた監督管理手続きの協調を図り、
検査検疫証明の国際インターネット審査を推進し、「認定事業者」
（AEO）の相互承認を進める。非関税障壁を引き下げ、貿易の技術
的障害の透明度をともに高め、貿易の自由化と円滑化を進める。

　貿易分野を広げ、貿易構造を最適化し、貿易の新たな成長分野を
掘り起こし、貿易収支の均衡を図る。貿易方式を刷新して、国際電
子商取引などの新たなビジネス業態を発展させる。健全なサービス
貿易促進体系を構築し、従来型の貿易を強化・拡大し、現代型サー
ビス貿易を大いに発展させる。投資と貿易を有機的に結合し、投資
によって貿易の発展を牽引する。

　投資の円滑化プロセスを加速させ、投資障壁を取り除く。二国間
投資保護協定や二重課税回避協定の話し合いを強化し、投資家の合
法的権益を保護する。

付録

　互いの投資分野を開拓し、農林畜水産業や農業機械、農産物生産加工などの分野で協力を深め、海洋養殖、遠洋漁業、水産物加工、海水淡水化、海洋生物資源を利用した製薬、海洋エンジニアリング、環境保護産業および海洋観光などの分野の協力を積極的に進める。石炭、石油・天然ガス、金属鉱物などの従来型エネルギー資源の調査・開発でも協力を拡大し、水力発電、原子力発電、風力発電、太陽エネルギーなどのクリーン・再生可能エネルギーの協力を積極的に推進し、さらにエネルギー資源の現地での加工・転化の協力を進め、川上・川下が一体化したエネルギー資源協力のサプライチェーンを形成する。エネルギー資源の精密加工技術や整備・エンジニアリングサービスでの協力も強化する。

　新興産業の協力を推進し、優勢相補、互恵・ウィンウィンの原則に従って、沿線諸国が次世代情報技術やバイオ、新エネルギー、新素材などの新興産業分野での協力を深化させるよう促し、起業投資協力メカニズムの構築を進める。

　サプライチェーン分業配置を最適化し、川上・川下のサプライチェーンと関連産業の協調的な発展を図り、研究開発、生産、マーケティング体系の構築を後押しし、地域の産業付帯能力と総合的な競争力を高める。サービス業の相互開放を拡大し、地域のサービス業の急速な発展を後押しする。投資協力の新モデルを探り、国外の経済貿易協力区や国際経済協力区などの工業団地を協力して建設することを奨励し、産業クラスターの発展を促す。投資貿易においてはエコ文明理念を強く打ち出し、生態環境や生物多様性、気候変動対応での協力を強化し、グリーン・シルクロードをともに建設する。

　中国は、各国企業による中国での投資を歓迎する。そして沿線諸国のインフラ建設や産業投資に本国企業が参加することを奨励する。企業が属地主義に従って経営管理を行うよう働き掛け、現地の経済発展、雇用増加、生活改善を積極的に助け、社会的責任を自発的に負い、生物多様性と生態環境を厳格に保護する。

資金の融通。資金の融通は「一帯一路」建設の重要な柱である。金融協力を深め、アジアの通貨安定システム、投融資システム、信用システムの構築を進める。沿線諸国の二国間通貨スワップや決済範囲、決済規模を拡大する。アジアの債券市場の開放と発展を推進する。アジアインフラ投資銀行（AIIB）や新開発銀行の設立準備を共同で進め、上海協力機構（SCO）融資メカニズム構築について関係当事者で話し合いを行う。シルクロード基金の設立と運営を加速させる。中国・ASEAN銀行連合体やSCO銀行連合体の実務協力を深め、シンジケートローンや銀行与信などの方式で多国間の金融協力を展開する。沿線国政府と信用格付けの比較的高い企業および金融機関が中国国内で人民元建て債権を発行することを支援する。条件に合致する中国国内の金融機関や企業が国外で人民元建て債券と外貨建て債券を発行することを許可し、調達した資金を沿線諸国で使用することを奨励する。

　金融監督管理協力を強化し、二国間の監督管理協力に関する了解覚書の締結を進め、地域内に効率的な監督管理協調メカニズムを段階的に構築する。リスク対策と危機対応の制度配置を整え、地域性金融リスクの警告システムを構築し、越境リスク対策と危機対応の交流協力メカニズムをつくる。信用調査管理部門や信用調査機関、格付け機関の国の枠を超えた交流や協力を強化する。シルクロード基金や各国のソブリン・ウエルス・ファンドの機能を十分に活用し、商業性投資ファンドやソーシャル・ファンドが「一帯一路」の重点プロジェクト建設に共同参加するよう働き掛ける。

　民心の通い合い。民心の通い合いは「一帯一路」建設の社会基盤である。シルクロードの友好協力の精神を伝承・発揚し、文化交流、学術交流、人材交流と人材協力、メディア協力、若者と女性の交流、ボランティアサービスなどを幅広く展開し、二国間・多国間協力を深めるための堅実な民意基盤を築く。

　互いの留学生の規模を拡大し、学校運営での協力を進める。中国

は毎年、沿線諸国に一万人の政府奨学金枠を設ける。沿線国同士で国際交流年、芸術祭、映画祭、テレビ週間、図書展などのイベントを開催し、優れた放送・映像、舞台作品の創作や翻訳を協力して進め、世界文化遺産を共同申請し、世界遺産の保護活動も共同で進める。沿線国間の人材交流と人材協力を深める。

　観光協力を強化し、観光規模を拡大し、プロモーション週間や広報月間などの活動を互いに開催し、シルクロードの特色を備えた優れた国際観光ルートや観光商品を共同で開発し、沿線各国の観光ビザの利便性向上を図る。「21世紀海上シルクロード」の大型客船観光の協力を進める。スポーツ交流活動を積極的に展開し、沿線諸国による大きな国際スポーツイベントの開催申請を支援する。

　周辺国と伝染病流行状況の情報交換や予防技術の交流、専門家育成などの協力を強化し、突発的な公衆衛生事案に協力して対応できるようにする。関係国に医療支援や緊急医療救助を提供し、女性や子どもの健康、障害者のリハビリ、エイズ、結核、マラリアなどの主要伝染病の分野での実務協力を行い、伝統医薬分野の協力を拡大する。

　科学技術協力を強化し、共同実験室（研究センター）、国際技術移転センター、海上協力センターを共同で設立し、科学技術者の交流を促し、科学技術の重大な難題解決に協力して取り組み、科学技術のイノベーション能力をともに高める。

　既存の資源を統合し、若者の就業や起業訓練、職業技能開発、社会保障管理サービス、公共行政管理などの、沿線諸国が一様に関心を持つ分野での実務協力を積極的に広げる。

　政党や議会の懸け橋としての役割を十分に発揮させて、沿線国間の立法機関や主要政党、政治組織の友好的な交流を強化する。都市の交流や協力を進め、沿線諸国の主要都市同士が友好都市提携を結ぶことを歓迎し、人文交流を重点として、実務協力を際立たせ、より多くのこれまでにない協力モデルをつくる。沿線国のシンクタン

ク同士による共同研究やフォーラムの共催を歓迎する。

　沿線諸国の民間組織の交流と協力を強化し、末端の人々を重点的に配慮して、教育や医療、貧困対策、生物多様性や生態環境保護など、各種公益慈善活動を幅広く展開し、沿線の貧困地域の生産生活環境の改善を図る。文化メディアの国際交流協力を進め、ネットワークプラットフォームを積極的に利用し、新たなメディアツールを活用して、和やかで友好的な文化と世論をつくり上げる。


# 五、協力メカニズム

　現在、世界経済の融合が加速し、地域協力は大いに勢いを見せている。既存の二国間・多国間協力メカニズムを積極的に活用して、「一帯一路」建設を推進し、地域協力の活力に満ちた発展を図らねばならない。

　二国間協力を強化し、さまざまなルートで多層的に意思の疎通と話し合いを図り、二国間関係の全面的な発展を目指す。協力覚書や協力計画の締結を進め、複数の二国間協力モデルを構築する。二国間による連携業務体制を構築して整え、「一帯一路」建設の実施計画と行動ロードマップについて研究を進める。既存の連合委員会、合同委員会、協調委員会、指導委員会、管理委員会などの二国間メカニズムの役割を十分に生かし、協力プロジェクトの実施を協調して進める。

　多国間協力メカニズムの役割を強化し、SCO、中国・ASEAN「10+1」、アジア太平洋経済協力会議（APEC）、アジア欧州会議（ASEM）、アジア協力対話（ACD）、アジア信頼醸成措置会議（CICA）、中国・アラブ諸国協力フォーラム、中国・湾岸協力会議戦略対話、大メコン圏（GMS）経済協力、中央アジア地域経済協力（CAREC）などの既存のメカニズムの役割を生かして、関係国の意思疎通を図り、

付録

より多くの国や地域が「一帯一路」建設に参加するよう働き掛ける。

沿線各国の地域とサブ地域に関する国際フォーラムや展示会、ボアオ・アジアフォーラム、中国・ASEAN博覧会、中国・ユーラシア博覧会、ユーラシア経済フォーラム、中国国際投資貿易商談会、中国・南アジア博覧会、中国・アラブ諸国博覧会、中国西部国際博覧会、中国・ロシア博覧会、前海協力フォーラムなどのプラットフォームの建設的な役割を引き続き発揮させる。沿線諸国の地方や民間が「一帯一路」の歴史や文化遺産を掘り起こすことを支援し、投資、貿易、文化交流活動を共同で実施し、シルクロード（敦煌）国際文化博覧会やシルクロード国際映画祭、図書展の開催を成功させる。「一帯一路」国際サミットフォーラムの設立を呼び掛ける。


# 六、中国各地方の開放状況

「一帯一路」建設の推進にあたっては、中国は国内各地区の比較優位を十分に生かし、より積極的で能動的な開放戦略を実行し、東部・中部・西部の相互協力を強化して、開放型経済の水準引き上げを図る。

西北地区、東北地区については、新疆独自の地の利と西に向かって開かれた重要な窓口としての役割を生かし、中央アジア、南アジア、西アジア諸国との交流や協力を深め、「シルクロード経済ベルト」上の重要な交通ターミナル、商業貿易物流や文化・科学教育センターを形成し、「シルクロード経済ベルト」の中心エリアを築く。陝西、甘粛の総合的な経済文化と寧夏、青海の民族文化との優位性を生かし、西安に内陸型改革開放の新拠点を打ち立て、蘭州、西寧の開発と開放を加速させ、内陸開放型経済試験区の建設を寧夏で進め、中央アジア、南アジア、西アジア諸国に向かうルート、商業貿易物流ターミナル、重要産業・人文交流拠点を形成する。ロシアと

273

モンゴルにつながる内モンゴルの地の利を生かし、黒竜江のロシアへの鉄道路線と地域鉄道網を整備し、黒竜江、吉林、遼寧と極東ロシアとの水陸連絡輸送協力を進め、北京―モスクワ間ユーラシア高速輸送回廊の建設を推進し、北に向かって開かれた重要な窓口を構築する。

　西南地区については、ASEAN諸国と陸と海とで隣接する広西独自の優位性を発揮し、トンキン湾経済区と珠江・西江経済ベルトの開放と発展を加速させ、ASEAN地域に向かう国際ルートを建設し、西南地区、中南地区の開放と発展の新たな戦略的支点を築き、「21世紀海上シルクロード」と「シルクロード経済ベルト」を有機的につなげる重要な要地をつくる。雲南の地の利を生かし、周辺諸国との国際輸送ルート建設を推進し、大メコン圏経済協力の新たな拠点を打ち立て、南アジアや東南アジアへ向かって波及する中心とする。チベットとネパールなどの国との国境貿易と観光文化協力を推進する。

　沿海部と香港・マカオ・台湾地区については、長江デルタ、珠江デルタ、台湾海峡西岸、環渤海地区などの経済区の開放度の高さ、経済力の高さ、波及牽引力の大きさといった優位性を利用して、中国（上海）自由貿易試験区の設立を加速させ、福建の「21世紀海上シルクロード」中心エリア建設を支援する。深圳の前海、広州の南沙、珠海の横琴、福建の平潭などの開放協力エリアの役割を十分生かし、香港・マカオ・台湾との協力を深め、広東・香港・マカオ大港湾区を築く。浙江海洋経済発展モデル区、福建海峡藍色（海洋）経済試験区、舟山群島新区の建設を推進し、海南国際観光島の開発と開放を強化する。上海、天津、寧波―舟山、広州、深圳、湛江、汕頭、青島、煙台、大連、福州、アモイ、泉州、海口、三亜などの沿海都市の港湾建設を強化し、また上海、広州などの国際ハブ空港の機能を強化する。開放を拡大して深い段階の改革を迫り、開放型経済体制・メカニズムを革新し、科学技術のイノベーションを

付録

図り、国際協力競争に参加してこれをリードする新たな優位性をつくり、「一帯一路」の中でも特に「21世紀海上シルクロード」建設のリーダーおよび主力となる。海外の華僑や香港、マカオ特別行政区が持つ独自優位性を生かして、「一帯一路」建設に積極的に参加し支援を行う。台湾地区の「一帯一路」建設への参加に適切な措置を取る。

内陸地区については、内陸の広大な奥行きと豊かな人的資源、良好な産業基盤という優位性を活用して、長江中流都市群、成都・重慶都市群、中原都市群、フフホト・包頭・オルドス・楡林都市群、ハルビン・長春都市群などの重点地域をよりどころに、地域の相互協力と産業クラスターの発展を推進し、重慶西部の開発開放の重要な支柱や成都、鄭州、武漢、長沙、南昌、合肥などの内陸開放型経済拠点を構築する。長江中上流地区とロシア沿ヴォルガ連邦管区との協力推進を加速する。中国とヨーロッパをつなぐ鉄道の輸送・通関の協調メカニズムを構築し、国際定期貨物列車「中欧班列」ブランドを確立し、国内外と東部・中部・西部をつなぐ輸送ルートを建設する。鄭州や西安などの内陸都市による空港、国際陸港の建設を支援し、内陸の通関地と沿海・国境の通関地の協力を強化して、クロスボーダー取引や国際電子商取引サービスの試験事業に取り組む。税関の特殊監督管理区域の配置を最適化し、加工貿易モデルのイノベーションを行い、沿線諸国との産業協力を深める。


# 七、中国の積極的行動

中国政府はこの一年余り、積極的に「一帯一路」建設を推進し、沿線諸国との意思疎通や話し合いを強化して、実務協力を進め、一連の政策措置を実施し、早期の成果獲得に努めてきた。

上層部による指導と推進。習近平国家主席や李克強首相ら国家指

275

導者が20カ国余りの国々を相次いで訪問し、相互接続パートナーシップ強化対話会議や中国・アラブ諸国協力フォーラム第6回閣僚級会議に出席。二国間関係や地域発展問題について、関係国の元首や政府首脳と会談を重ね、「一帯一路」の深い中身と積極的な意義について詳しく説明し、「一帯一路」共同建設の幅広いコンセンサスを得た。

協力枠組みの締結。「一帯一路」共同建設に関する協力覚書を一部の国家と交わし、一部の隣国とは地域協力と国境協力に関する覚書および経済貿易協力の中長期発展計画を締結。また一部の隣国との地域協力計画綱要を研究・策定した。

プロジェクト建設の推進。沿線関係国との意思疎通と話し合いを強化し、インフラ相互接続、産業投資、資源開発、経済貿易協力、金融協力、人文交流、環境保護、海上協力などの分野で、条件が整った一連の重点協力プロジェクトを推進した。

政策措置の整備。中国政府は国内の各種資源について統一整理し、政策支援を強化してきた。AIIBの設立準備を進め、シルクロード基金設立を呼び掛け、中国・ユーラシア経済協力基金の投資機能を強化した。銀行カード決済機関による国際決済業務と、支払機関による国際支払業務の実施を推進した。投資貿易の円滑化を積極的に図り、地域の通関一体化改革を進めている。

プラットフォームの役割の発揮。各地で「一帯一路」をテーマとした一連の国際サミット、フォーラム、シンポジウム、博覧会などを成功させ、理解の増進や共通認識の形成、協力の深化に重要な役割を果たした。


# 八、美しい未来をともに創る

「一帯一路」共同建設は中国のイニシアチブであり、中国と沿線

付録

諸国の共通の願いでもある。新たなスタートラインに立ち、中国は沿線諸国とともに「一帯一路」共同建設を契機として、平等に協議し、各当事者の利益に配慮し、個々の要求を反映して、手を携えてより広範囲で、より高水準で、より深い段階の大開放、大交流、大融合を推進することを願っている。「一帯一路」建設は開放的かつ包括的なものであり、世界の国々や国際・地域機関の積極的な参加を歓迎している。

「一帯一路」共同建設の手段は、目標の協調と政策の意思疎通を主として、どこまでも一致を追求するものではなく、高い柔軟性と弾性を備え、多元的かつ開放的な協力プロセスである。中国は沿線諸国とともに、「一帯一路」の協力内容と協力方法の充実を常に図り、アジェンダとロードマップを共同で策定し、沿線諸国の発展と地域協力計画を積極的に結び付けることを望んでいる。

中国は沿線諸国とともに、既存の二国間・多国間および地域・サブ地域の協力メカニズムという枠組みの下、合同研究、フォーラム、展示会、人材育成、交流訪問などのさまざまな形式を通じて、「一帯一路」共同建設の内容、目標、任務などに対する沿線諸国のさらなる理解と賛同を促したいと考えている。

中国は沿線諸国とともに、モデルプロジェクトの建設を着実に進め、二国間・多国間の利益に配慮できるプロジェクトを共同で決定し、各当事者が許可し、条件の整ったプロジェクトを速やかに始動させて、早期に成果が得られるよう努める。

「一帯一路」は相互尊重と相互信頼の道であり、協力とウィンウィンの道であり、文明を互いに学び合う道である。沿線諸国が心を合わせ、歩み寄ることができれば、「シルクロード経済ベルト」と「21世紀海上シルクロード」建設の新たなページを開き、必ずや「一帯一路」共同建設の成果を沿線諸国の人々とともに分かち合うことができるだろう。

277

# あとがき

　本書は時局に合わせた本である。この時局とは時代のニーズを意味する。鋭い見識、プロフェッショナルな精神、時代を読むセンスで本書の出版を支えてくれた人民出版社の編集者・劉敬文氏に感謝する。また、タイムリーに本書を世に送り出してくれた人民出版社に感謝する。

　本書は情勢に応えた本である。「一帯一路」戦略の提起後、国内外でさまざまな意見が飛び交った。こうした反応は第一に、中央指導部が将来を見通して策を講じ、世界をリードして時代をとらえたこと、各方面がその中身を充実させて方法を考え、リスクを予測して対策を練ったことの表れであり、称賛すべきことだろう。だが、「一帯一路」に対する外部の誤った理解はなくならず、中国による「マーシャル・プラン」や「新朝貢体制」、「西進戦略」であるといった声が次々と耳に入ってきた。そのため、一刻も早く関係する権威的思考や論述を提供し、国内外の世論を引っ張り、学界の研究を後押しし、産学官連携を提唱する必要があった。本書が執筆できたのは、「一帯一路」という素晴らしい時代の賜物であり、シンクタンク時代の到来の賜物でもある。中国問題の研究は、世界問題研究の最前線であり、この時代に恥じない学問を生むことは間違いない。この共通認識に基づき、筆者は幸いにも中国人民大学重陽金融研究院、国家発展戦略研究院、中国共産党中央対外連絡部現代世界研究センター、チャハル学会、春秋発展戦略研究院シニアフェローの職に就き、研究と著述において、世界的に急成長したこれら著名シンクタンクの大きな支援を得ることができた。特にチャハル学会と重陽金融研究院は本書のために相次いで新書発表会を開催し、宣伝に

あとがき

努めてくれた。この場を借りて感謝申し上げる。その中でも重陽金融研究院執行院長の王文氏は、「一帯一路」研究プロジェクトを私に託し、大きく支えてくれた一人だ。

本書は学びの本である。「一帯一路」は新しい事象だ。調査と研究の過程で、筆者は幸運にも経済界、外交界に深く接触し、各界の指導者や関係者から多大な支援を得ることができた。特に中国工商銀行の張紅力副頭取、外交部国際経済司の劉勁松副司長ら「一帯一路」プロジェクト計画および政策立案者の助力によって、本書は現実の政策により近づくことができた。また、国務院新聞弁公室、外文出版発行事業局の招きで2014年6月にウルムチで開かれた「シルクロード経済ベルト―共建・共享と共贏・共栄の新たなチャンス」と、2015年2月に泉州で開かれた「ともに協議し、ともに建設し、ともに享受する―21世紀海上シルクロード」国際シンポジウムに参加したことで、かなり早い段階で「一帯一路」プロジェクトの研究にかかわることができ、国際的な観点の理解につながった。

本書は試みの本である。執筆時には「シルクロード経済ベルトと21世紀海上シルクロードの共同建設推進のビジョンと行動」はまだ公表されていなかった。このことで本書をより一段と理論面や巨視的な角度から検討することができたともいえる。公表後に改めて本書の内容をチェックし、手直しした。「一帯一路」は何代にもわたる人間と、数十に及ぶ国々が描く壮麗な絵巻である。そのため本書はあくまで初歩的な研究にすぎず、また明らかに性急に執筆したものであり、誤りや手抜かりは避けられないだろう。各方面から意見を頂戴し、常に修正を加えていきたいと考えている。

3年にわたり人民大学で指導と研究の職に就き、13年にわたり復旦大学で学び、働いてきた。この間、中国駐EU使節団に出向した3年を含め、政策や外交に心惹かれ、愛国意識をはぐくんでいった。そして30年にわたる知の探究と成長の道で、多くの先輩や師友、同級生の支えと助けを受けてきた。特に朱文熠、毛雨、鄭棟、陳子

越ら同級生諸氏は本書の一部の論述で、個々に手を貸してくれた。友人の程亜文氏らは初稿に貴重な修正意見を出してくれた。もちろん、家族の理解と配慮があったことは言うまでもない。最新の思考の成果を上梓できたことを、ここに感謝申し上げる。

2015年6月1日　中国人民大学静園

王義桅

# 訳者あとがき

　中国政府が2017年最大の外交イベントと位置づけたシルクロード経済圏構想「一帯一路」の初の国際会議が同年5月、北京で開かれた。29カ国の首脳を含む130カ国以上の代表団約1500人が参加し、関心の高さがうかがえた。開幕式で演説した習近平国家主席は「『一帯一路』を平和への道とし、協力とウィンウィンを核心とする新たな形の国際関係を構築しなくてはならない」と主張。参加国の協力を強化する共同声明を採択し、次回会議を2019年に開くことも決まった。だがこのとき、どれだけの人間が「一帯一路」を深く理解していただろうか。

　本書の中で著者が、「われわれ自身がいろいろと誤解している」と指摘しているように、「一帯一路」を正確にとらえることはなかなか難しい。著者いわく「一つの実体とメカニズムではない」ものであって、地理的空間も、理念も、完成にかかる時間も極めて大きく長い壮大な"絵巻"なのである。自国の発展につながることを期待する国、「本当の狙い」はどこにあるのかと訝る国。さまざまな

あとがき

思いが会場に渦巻いていたことだろう。だが、"絵巻"をひも解いてみたいという願望はどの会議参加者の胸中にもあったに違いない。この"絵巻"には何が描かれているのか、これから何が描かれていくのか、そこに自分たちは登場するのか。

　本書は"絵巻"をひも解く上で最適な文献だ。「一帯一路」が生まれた背景から役割、理念、古代シルクロードとの関係、そしてチャンスとリスクまであらゆる角度から分析している。興味深いのは、本書を通じて「一帯一路」に迫るうちに、中国という「人物像」が浮かび上がってくることだ。これまでの人生、抱えている悩み、物事に対する考え方、そして将来の夢—。

　世界情勢は刻々と動いている。2017年1月にはトランプ米大統領が誕生し、ほどなくして環太平洋経済連携協定（TPP）からの離脱を表明。一方で、「一帯一路」構想を提起した習主席は二期目の体制を始動させ、建国100周年を迎える2049年ごろまでに「社会主義現代化強国」を建設する長期ビジョンを示した。本書が中国で産声を上げた時とは早くも状況が大きく変化している。そうした中で、「一帯一路」という"絵巻"に何を描けばよいのか、中国という「人物」とどう付き合っていけばよいのか。本書を読み終えたときに、その答えが見えてくるだろう。

　日本の皆さまにとって、本書が世界の経済を知る一助となれば、訳者としてこの上ない喜びである。

2017年11月吉日

川村明美

■著者紹介

**王 義桅** (ワン・イーウェイ)

1971年生まれ。現在、中国人民大学国際関係学部教授、同大学国際事務研究所所長、重陽金融研究所シニアフェロー。このほか多くのシンクタンクに籍を置く。「一帯一路」研究の第一人者として著書や論文を多数発表。本書は著者初の邦訳本である。

■訳者紹介

**川村明美** (かわむら あけみ)

横浜市出身。早稲田大学第一文学部美術史学科卒業後、記者として新聞社に10年以上勤務。北京の首都経済貿易大学に留学も。現在はフリーの翻訳者として活動中。

## 「一帯一路」詳説 習近平主席が提唱する新しい経済圏構想

2017年12月25日 初版第1刷発行
著 者 中国人民大学教授 王 義桅 (ワン・イーウェイ)
訳 者 日中翻訳学院 川村明美 (かわむら あけみ)
発行者 段 景子
発売所 日本僑報社
〒171-0021 東京都豊島区西池袋3-17-15
TEL03-5956-2808 FAX03-5956-2809
info@duan.jp
http://jp.duan.jp
中国研究書店 http://duan.jp

Printed in Japan.　ISBN 978-4-86185-231-2　C0036
THE BELT AND ROAD INITIATIVE　WHAT WILL CHINA OFFER THE WORLD IN ITS RISE © People's Publishing House 2015
Japanese copyright © The Duan Press 2017.
All rights reserved original Chinese edition published by People's Publishing House.
Japanese translation rights arranged with People's Publishing House.

なぜ、二階俊博は年と共に「進化」と「深化」を続けられるのか——その「全身政治家」の本質と人となりに鋭く迫る最新版本格評伝。

——その人物（二階俊博自由民主党幹事長）は、見るもの触れるもの聞こえるものといった五感、そして頼まれたこと、あるいは頼まれもしていないものまで、政治化する「全身政治家」であり、かつ地元や永田町はおろか日本全国そして世界に出向く「東西南北の政治家」である。　　　（本文より）

## 二階俊博 —全身政治家—

著者 石川 好　定価 2200円＋税　ISBN 978-4-86185-251-0

## 第19回 中国共産党大会の新ガイドライン
## その新体制を理解するための必読書!

習近平は2016年10月の六中全会で「党中央の核心」と位置づけられた。本書は、その含意を読み解くとともに、習体制下で強化された集団指導体制の七大メカニズムを分析する。

### 中国集団指導体制の「核心」と「七つのメカニズム」
―習近平政権からの新たな展開―
著 者 胡鞍鋼、楊竺松
訳 者 安武真弓
定 価 1900円+税
ISBN 978-4-86185-245-9

人民を中心として推進される六大理念「イノベーション、調和、グリーン、開放、わかち合い、安全」について、習近平政権ブレーンである胡鞍鋼氏(清華大学教授)がわかりやすく解き明かす。

### 習近平政権の新理念
―人民を中心とする新ビジョン―
著 者 胡鞍鋼、鄢一龍、唐嘯 ほか
訳 者 日中翻訳学院 本書翻訳
　　　 チーム(代表 高橋静香)
定 価 1900円+税
ISBN 978-4-86185-233-6

# SUPER CHINA
## 〜超大国中国の未来予測〜

2020年までに中国がどのような発展を目指し、その進捗はどうかなどを、国際比較が可能なデータを用いながら論じる。米国で出版され世界的に話題となり、インド、韓国、中国でも翻訳版が出版された世界的話題作の邦訳版。ヒラリー・クリントン氏推薦、中国の実態と世界への影響を読み解く一冊、日本初上陸！

定価2700円+税　ISBN 978-4-9909014-0-0

---

### 中国の百年目標を実現する
# 第13次五カ年計画

2016〜2020年までの中国の目標を定めた「第13次五カ年計画」の綱要に関して、十三五計画専門家委員会委員である胡鞍鋼氏がわかりやすく紹介。中国の今と将来を知るための必読書。

定価1800円+税　ISBN 978-4-86185-222-0

---

# 中国のグリーン・ニューディール
### 「持続可能な発展」を超える「緑色発展」戦略とは

エコロジー活動と経済成長を両立する「グリーン・ニューディール」の中国的実践とは？　世界が注目する中国の「緑色発展」を詳説する。

定価2300円+税　ISBN 978-4-86185-134-6

---

# 中国の発展の道と中国共産党

中国の歴史的状況から現在の発展に至るまで、中国共産党がどのような役割を果たしたのかを全面的かつ詳細に分析。中国の発展の全体像を見渡すにあたって必読の一冊。

定価3800円+税　ISBN 978-4-86185-200-8

# 日本僑報社のおすすめ書籍

### 日中文化DNA解読
心理文化の深層構造の視点から

尚会鵬 著 谷中信一 訳
2600円+税
ISBN 978-4-86185-225-1

中国人と日本人の違いとは何なのか？文化の根本から理解する中日の違い。

### 日本語と中国語の落し穴
用例で身につく「日中同字異義語100」

久佐賀義光 著 王達 監修
1900円+税
ISBN 978-4-86185-177-3

中国語学習者だけでなく一般の方にも漢字への理解が深まり話題も豊富に。

### 日本の「仕事の鬼」と中国の〈酒鬼〉
漢字を介してみる日本と中国の文化

冨田昌宏 編著
1800円+税
ISBN 978-4-86185-165-0

ビジネスで、旅行で、宴会で、中国人もあっと言わせる漢字文化の知識を集中講義！

### 中国漢字を読み解く
〜簡体字・ピンインもらくらく〜

前田晃 著
1800円+税
ISBN 978-4-86185-146-9

中国語初心者にとって頭の痛い簡体字をコンパクトにまとめた画期的な「ガイドブック」。

### 日本語と中国語の妖しい関係
〜中国語を変えた日本の英知〜

松浦喬二 著
1800円+税
ISBN 978-4-86185-149-0

「中国語の単語のほとんどが日本製であることを知っていますか？」という問いかけがテーマ。

### 任正非の競争のセオリー
―ファーウェイ成功の秘密―

Zhang Yu、Jeffrey Yao 著
日中翻訳学院 訳
1600円+税
ISBN 978-4-86185-246-6

奇跡的な成長を遂げ世界が注目するファーウェイ。その誕生と発展の秘密を創業者の半生から探る。

### 一帯一路・技術立国・中国の夢……
いま中国の真実は

三潴正道 監訳 而立会 訳
1900円+税
ISBN 978-4-86185-244-2

「必読！いま中国が面白い」最新の中国事情がわかる人気シリーズ第11弾！

### 悩まない心をつくる人生講義
―タオイズムの教えを現代に活かす―

チーグアン・ジャオ 著
町田晶（日中翻訳学院）訳
1900円+税
ISBN 978-4-86185-215-2

無駄に悩まず、流れに従って生きる老子の人生哲学を、現代人のため身近な例を用いて分かりやすく解説。

### 新中国に貢献した日本人たち
友情で語る戦後の一コマ

中国中日関係史学会 編
武吉次朗 訳
2800円+税
ISBN 978-4-931490-57-4

日中両国の無名の人々が苦しみと喜びを共にする中で築き上げた友情と信頼関係。続刊好評発売中！

日本人論説委員が見つめ続けた
### 激動中国
中国人記者には書けない「14億人への提言」

加藤直人 著 〈日中対訳版〉
1900円+税
ISBN 978-4-86185-234-3

中国特派員として活躍した著者が現地から発信、政治から社会問題まで鋭く迫る！

# 日本僑報社のおすすめ書籍

来た！見た！感じた！！
**ナゾの国 おどろきの国
でも気になる国 日本**
中国人気ブロガー招へい
プロジェクトチーム 編著
2400円+税
ISBN 978-4-86185-189-6

中国人ブロガー22人の
「ありのまま」体験記。

若者が考える「日中の未来」Vol.3
**日中外交関係の改善に
おける環境協力の役割**
宮本雄二（元中国大使）監修
日本日中関係学会 編
3000円+税
ISBN 978-4-86185-236-7
Vol.2 **日中経済交流の次世代構想**
2800円+税
Vol.1 **日中間の多面的な相互理解
を求めて** 2500円+税

第16回華人学術章受賞作品
**中国東南地域の民俗誌的研究**
—漢族の葬儀・死後祭祀と墓地—
何彬 著
9800円+税
ISBN 978-4-86185-157-5

華人学術賞の原稿を募集
中です！

日中語学対照研究シリーズ
**中日対照言語学概論**
—その発想と表現—
高橋弥守彦 著
3,600円+税
ISBN 978-4-86185-240-4

中日両言語の違いを知り、
互いを理解するための一
助となる言語学概論。

**中国工業化の歴史**
—化学の視点から—
峰毅 著
3600円+税
ISBN 978-4-86185-250-3

中国近代工業の発展を、
日本との関係を踏まえて
化学工業の視点から解き
明かした歴史書。

**対中外交の蹉跌**
- 上海と日本人外交官 -
片山和之 著
3600円+税
ISBN 978-4-86185-241-1

現役上海総領事による、
上海の日本人外交官の軌
跡。近代日本の事例に学び、
今後の日中関係を考える。

**李徳全**
——日中国交正常化の「黄金の
クサビ」を打ち込んだ中国人女性
程麻・林振江 著
林光江・古市雅子 訳
1800円+税
ISBN 978-4-86185-242-8

戦犯とされた日本人を無
事帰国。日中国交正常化
18年前の知られざる秘話。

病院で困らないための日中英対訳
**医学実用辞典**
松本洋子 著
2500円+税
ISBN 978-4-86185-153-7

海外留学・出張時に安心、
医療従事者必携！指さし
会話集&医学用語辞典。

日中中日翻訳必携・実戦編III
**美しい中国語の手紙の
書き方・訳し方**
千葉明 著
1900円+税
ISBN 978-4-86185-249-7

日中翻訳学院の名物講師
武吉先生が推薦する「実
戦編」の第三弾！

日中中日翻訳必携・実戦編II
**脱・翻訳調を目指す
訳文のコツ**
武吉次朗 著
1800円+税
ISBN 978-4-86185-211-4

「実戦編」の第二弾！全
36回の課題と訳例・講
評で学ぶ。

# 学術研究 お薦めの書籍

- **中国の人口変動—人口経済学の視点から**
  第1回華人学術賞受賞　千葉大学経済学博士学位論文　李仲生著　本体6800円＋税　978-4-931490-29-1

- **現代日本語における否定文の研究**—中国語との対照比較を視野に入れて
  第2回華人学術賞受賞　大東文化大学文学博士学位論文　王学群著　本体8000円＋税　978-4-931490-54-3

- **日本華僑華人社会の変遷**（第二版）
  第2回華人学術賞受賞　廈門大学博士学位論文　朱慧玲著　本体8800円＋税　978-4-86185-162-9

- **近代中国における物理学者集団の形成**
  第3回華人学術賞受賞　東京工業大学博士学位論文　清華大学助教授楊艦著　本体14800円＋税　978-4-931490-56-7

- **日本流通企業の戦略的革新**—創造的企業進化のメカニズム
  第3回華人学術賞受賞　中央大学総合政策博士学位論文　陳海権著　本体9500円＋税　978-4-931490-80-2

- **近代の闇を拓いた日中文学**—有島武郎と魯迅を視座として
  第4回華人学術賞受賞　大東文化大学文学博士学位論文　陳鴻音著　本体8800円＋税　978-4-86185-019-6

- **大川周明と近代中国**—日中関係のあり方をめぐる認識と行動
  第5回華人学術賞受賞　名古屋大学法学博士学位論文　呉懐中著　本体6800円＋税　978-4-86185-060-8

- **早期毛沢東の教育思想と実践**—その形成過程を中心に
  第6回華人学術賞受賞　お茶の水大学博士学位論文　鄭萍著　本体7800円＋税　978-4-86185-076-9

- **現代中国の人口移動とジェンダー**—農村出稼ぎ女性に関する実証研究
  第7回華人学術賞受賞　城西国際大学博士学位論文　陸小媛著　本体5800円＋税　978-4-86185-088-2

- **中国の財政調整制度の新展開**—「調和の取れた社会」に向けて
  第8回華人学術賞受賞　慶應義塾大学博士学位論文　徐一睿著　本体7800円＋税　978-4-86185-097-4

- **現代中国農村の高齢者と福祉**—山東省日照市の農村調査を中心として
  第9回華人学術賞受賞　神戸大学博士学位論文　劉嫈著　本体8800円＋税　978-4-86185-099-8

- **近代立憲主義の原理から見た現行中国憲法**
  第10回華人学術賞受賞　早稲田大学博士学位論文　晏英著　本体8800円＋税　978-4-86185-105-6

- **中国における医療保障制度の改革と再構築**
  第11回華人学術賞受賞　中央大学総合政策学博士学位論文　羅小娟著　本体6800円＋税　978-4-86185-108-7

- **中国農村における包括的医療保障体系の構築**
  第12回華人学術賞受賞　大阪経済大学博士学位論文　王崢著　本体6800円＋税　978-4-86185-127-8

- **日本における新聞連載 子ども漫画の戦前史**
  第14回華人学術賞受賞　同志社大学博士学位論文　徐園著　本体7000円＋税　978-4-86185-126-1

- **中国都市部における中年期男女の夫婦関係に関する質的研究**
  第15回華人学術賞受賞　お茶の水大学大学博士学位論文　于建明著　本体6800円＋税　978-4-86185-144-5

- **中国東南地域の民俗誌的研究**
  第16回華人学術賞受賞　神奈川大学博士学位論文　何彬著　本体9800円＋税　978-4-86185-157-5

- **現代中国における農民出稼ぎと社会構造変動に関する研究**
  第17回華人学術賞受賞　神戸大学博士学位論文　江秋鳳著　本体6800円＋税　978-4-86185-170-4

---

**日中外交関係の改善における環境協力の役割**—学生懸賞論文集—

元中国大使　宮本雄二・監修
日本日中関係学会・編

若者が考える「日中の未来」Vol.3

判型 A5判 280頁
本体三〇〇〇円＋税
ISBN 978-4-86185-236-7

---

**東アジアの繊維・アパレル産業研究**
鹿児島国際大学教授　康上賢淑 著
本体 6800円＋税　ISBN 978-4-86185-236-7

The Duan Press
日本僑報社

TEL 03-5956-2808
FAX 03-5956-2809
Mail info@duan.jp
http://jp.duan.jp